中國學術思想 研究輯刊

初 編
林 慶 彰 主編

第 27 冊

戴震經學之研究（下）
林 文 華 著

花木蘭文化出版社

國家圖書館出版品預行編目資料

戴震經學之研究（下）／林文華 著 — 初版 — 台北縣永和市：
花木蘭文化出版社，2008〔民97〕
目 6+204 面：19×26 公分
（中國學術思想研究輯刊 初編：第 27 冊）
ISBN：978-986-6657-99-3（精裝）
1.〔清〕戴震 2.學術思想 3.經學 4.研究考訂
127.43   97016351

ISBN - 978-986-6657-99-3

9 789866 657993

中國學術思想研究輯刊
初　編　第二七冊   ISBN：978-986-6657-99-3

戴震經學之研究（下）

作　　　者　林文華
主　　　編　林慶彰
總 編 輯　杜潔祥
出　　　版　花木蘭文化出版社
發 行 所　花木蘭文化出版社
發 行 人　高小娟
聯絡地址　台北縣永和市中正路五九五號七樓之三
　　　　　　電話：02-2923-1455／傳眞：02-2923-1452
網　　　址　http://www.huamulan.tw 信箱 sut81518@ms59.hinet.net
印　　　刷　普羅文化出版廣告事業
封面設計　劉開工作室
初　　　版　2008 年 9 月
定　　　價　初編 28 冊（精裝）新台幣 46,000 元

戴震經學之研究（下）

林文華　著

目

次

第七章 禮 學

　　所謂「禮」，本指古代人們的日常生活規範以及名物制度，因其影響人倫日用，故也是古代貴族和士人必修的課程，亦是封建王朝維持其社會秩序的工具。隨著西周王朝的崩解，典藏於中央的禮、樂逐漸散失，孔子乃廣收流落於周、魯等各地的周代禮儀，定爲教材以傳授門徒〔註1〕，就形成了最早的禮經——《儀禮》。至戰國時代〔註2〕，則有學者參照西周王室典藏史料，並增入自己的設想，擬出一部專論周代政治制度的書——《周禮》，至西漢時由河間獻王購得，獻之朝廷，然〈冬官〉已亡，遂取〈考工記〉補入〔註3〕，王莽時立古文《周禮》博士，遂取得「經」之地位。至於《禮記》，一般指四十九篇《小戴禮》，乃是由先秦至漢初儒者學習《儀禮》之時，對經文的闡述或發揮己見的補充資料，非一時一人之作，至東漢鄭玄爲其作注，其地位因此提高，至唐代更取得「經」的地位。

　　唐代將《儀禮》、《周禮》、《禮記》皆立於經，號稱「三禮」，成爲禮學研

〔註1〕　《史記·孔子世家》云：「孔子之時，周室微而禮樂廢，詩書缺。追迹三代之禮，序書傳，上紀唐虞之際，下至秦繆，編次其事。曰：『夏禮吾能言之，杞不足徵也；殷禮吾能言之，宋不足徵也。足，則吾能徵之矣。』觀殷夏所損益，曰：『後雖百世可知也，以一文一質。周監二代，郁郁乎文哉！吾從周。』」

〔註2〕　關於《周禮》之成書時代，歷來說法不一，有說爲周公所作，或爲劉歆僞造，皆不可信。梁啓超《古書眞僞及其年代》以爲「必爲戰國末至漢初人」，洪誠《孫詒讓研究》以爲「成書最晚不在東周惠王後」，劉起釪《古史續辨》以爲《周禮》初步成于春秋，然「全書的補充寫定當在戰國時期」。綜觀以上各家，以成於戰國時代爲宜。

〔註3〕　唐陸德明《經典釋文》云：「河間獻王時，有李氏上《周官》五篇，失〈事官〉（按：即〈冬官〉）一篇，乃購千金不得，取〈考工記〉補之，獻於朝。」

究的中心，而鄭玄的三《禮》注也成爲後世治《禮》必讀之經注，戴震即云：
「鄭康成之學，盡在三《禮》注，當與《春秋》三傳並重。」﹝註4﹞足見鄭玄
之禮學已受到學者公認，地位不在《春秋》二傳之下。另外，漢代亦有儒者
輯錄八十五篇釋《禮》之「記」，名曰《大戴禮》，亦可補三《禮》之不足，
宋人史繩祖更主張增併《大戴禮》爲「十四經」。故後世治《禮》之學者，三
《禮》之外，亦須留意《大戴禮》。

戴震極爲重視禮學，嘗云：「爲學須先讀《禮》，讀《禮》要知得聖人禮
意。」﹝註5﹞又云：「古禮之不行於今已久，雖然，士君子不可不講也；況冠、
婚、喪、祭之大，豈可與流俗不用禮者同。」﹝註6﹞可見東原以爲士君子爲學
須先研讀禮書，因其中蘊含古聖賢之意。

戴震考釋禮學之作，今存有《考工記圖注》二卷、《中庸補注》一卷、《深
衣解》，以及《文集》所收錄之單篇有關禮學論文，如：卷一〈周禮太史正
歲年解〉二篇、〈大戴禮記目錄後語〉二篇，卷二之〈明堂考〉、〈三朝三門
考〉、〈記冕服〉等十七篇論名物制度之文，卷三之〈與盧侍講召弓書〉、〈再
與盧侍講書〉，卷七之〈釋車〉、〈旋車記〉、〈自轉車記〉，卷九之〈與任孝廉
幼植書〉、〈答朱方伯書〉，卷十之〈考工記圖序〉、〈考工記圖後序〉，卷十一
之〈序劍〉、〈代程虹宇爲程氏祀議〉、〈鄭學齋記〉等。其次，《經考》、《經
考附錄》卷四亦收錄四十六篇論禮之文，其中十九篇有按語，乃東原早年研
究禮學之心得札記。再者，東原晚年在四庫館從事校定禮學之作，如《儀禮
釋宮》、《儀禮集釋》、《儀禮識誤》、《大戴禮》等，皆其精心校勘考正者，段
玉裁云：「《儀禮》、《大戴禮》二經古本，蓊蘊已久，闡發維艱。先生悉心耘
治，焚膏宵分不倦。至於身後，館臣乃以《大戴》、《方言》二種進呈。」﹝註
7﹞又東原亦有《儀禮考正》、《葬法贅言》、《大學補注》等論禮之作，已佚，
今未見。

另外，算數之學，亦爲古代禮學之一，《周禮・地官・保氏》：「養國子以

﹝註4﹞ 參見段玉裁《戴東原先生年譜》，收入《戴東原先生全集》（《安徽叢書》第六
集，1936年），附錄。

﹝註5﹞ 參見段玉裁《戴東原先生年譜》，收入《戴東原先生全集》（《安徽叢書》第六
集，1936年），附錄。

﹝註6﹞ 參見戴震〈答朱方伯書〉，收入《戴震文集》卷九。

﹝註7﹞ 參見段玉裁《戴東原先生年譜》，收入《戴東原先生全集》（《安徽叢書》第六
集，1936年），附錄。

道，乃教之六藝：一曰五禮，二曰六樂，三曰五射，四曰五馭，五曰六書，六曰九數。」鄭眾注：「九數，方田、粟米、差分、少廣、商功、均輸、方程、贏不足、旁要，今有重差、夕桀、句股也。」則「九數」自古為上人所習之「六藝」之一，算數之學可說是經學的基礎學科。東原早年即用心於算數之學，如二十二歲即作成《策算》一書，乃介紹西洋納皮爾算籌進行乘除和開平方等方法，略取《周易》、《考工記》、《漢書律曆志》等經史中有資於算數之例，以提供研治算學者之用。又如三十三歲時作成的《句股割圜記》一書，更是東原最完整、篇幅最長的算學著作，其書主要在以中國傳統的句股弧矢、割圓術為立法根據，推演三角學的基本公式，以求中西算學之會通。東原五十一歲至四庫館參校《四庫全書》時，更用了四、五年的時間，校定《九章算術》、《五經算術》、《海島算經》、《周髀算經》、《孫子算經》、《張丘建算經》、《夏侯陽算經》、《五曹算經》、《緝古算術》、《數術記遺》等算經十種，均有提要說明，對發掘保存中國古代算數之學貢獻極大，也喚起了學者重新注意中國傳統數學之成就。

　　綜觀戴震禮學，遍及三《禮》及大戴禮，深入文字訓詁、名物制度、曆法歲時、數學算法、禮治思想等各層面，其中頗有改正前人誤說，釐清歷來紛擾禮學難題者，並能提供後學研治禮學之助。今就其禮學之大要，分述於以下各節。

第一節　名物制度

一、《考工記圖》

　　《考工記》原不屬於《周禮》，至西漢始附入，然亦先秦古書，郭沫若云：「《考工記》無疑是先秦古書，且看那開首的〈敘記〉裡說到『有虞氏上陶，夏后氏上匠，殷人上梓，周人上輿』，可知時已不屬於西周，而書亦非周人所作。又說到『鄭之刀，宋之斤，魯之削，吳越之劍，遷乎其地而弗能為良』；鄭、宋、魯、吳、越等國入戰國以後都先後滅亡，其技藝亦早已『遷乎其地』；可知這所說的還是春秋時代的情形。……再看書中所用的度量衡多是齊制，如〈冶氏〉為殺矢的『重三垸』，垸據鄭玄注即東萊稱重六兩大半兩（大半兩即三分之二兩）的環；如〈栗氏〉為量的釜豆等量名都是齊制。……據此我

們可以斷定:《考工記》是春秋年間的齊國的官書。」﹝註 8﹞可見《考工記》雖非西周之制,然也非晚至戰國,最遲應在春秋、戰國之際成書。

《考工記》乃記古代工匠之事,凡攻木之工七、攻金之工六、攻皮之工五、設色之工五、刮摩之工(玉石工)五、摶埴之工(陶工)二,分別記述各種生產工具、兵器、交通工具、飲食用器、樂器以及各種建築物的設計和製造工藝,是當時一部有關手工業製造的科學技術知識的匯編,反映出春秋戰國時代的科技工藝文明。《考工記》歷來之注疏,以鄭眾、鄭玄以及賈公彥、孔穎達等人為主,然一來對於各種古代器物僅止於文字敘述,且亦頗有訛誤;二來雖亦有學者繪製禮圖,然或失傳或疏略,皆令學禮者深感困惑難讀,戴震乃廣收旁要,輔翼鄭學,以推求古制,遂作《考工記圖》,其云:

> 立度辨方之文,圖與傳注相表裡者也。自小學道湮,好古者靡所依據,凡六經中制度、禮儀,覈之傳注,既多違誤,而為圖者,又往往自成詰詘,異其本經,古制所以日即荒謬不聞也。舊禮圖有梁、鄭、阮、張、夏侯諸家之學,失傳已久,惟聶崇義《三禮圖》二十卷見於世,於考工諸器物尤疏舛。同學治古文詞,有苦《考工記》難讀者,余語以諸工之事,非精究少廣旁要,固不能推其制以盡文之奧曲。鄭氏注善矣,茲為圖,翼贊鄭學,擇其正論,補其未逮。圖傳某工之下,俾學士顯白觀之。﹝註9﹞

因此,其書是以補正舊圖、考究經注為出發,將《考工記》中禮樂諸器、車輿、宮室、兵器、食器等古器物制度,詳考其記文及各家注疏,對部分訛誤之處予以糾謬補充;又繪製五十九幅古代器物簡圖,圖中注明尺寸、部件,使從事此學者能有所依據,而解除疑惑。

至於此書的成就與價值如下:

(一)考明古器之制

戴震詳考《考工》諸器,尤詳車制,錢玄云:「《考工記圖》中關于車制,特別詳盡。將車子分成若干部件,分別繪輪、轂、輻、蓋弓、輿、輈、衡、軸八張圖,並繪一張車的全圖。這種制圖的方法是比較合乎科學的。」﹝註10﹞

﹝註8﹞ 參見郭沫若《十批判書》之〈古代研究的自我批判〉,收入《中國現代學術經典·郭沫若卷》(石家莊:河北教育出版社,1996 年 8 月),頁 543〜544。

﹝註9﹞ 參見戴震〈考工記圖序〉,收入《戴震文集》卷十。

﹝註10﹞ 參見錢玄《三禮通論》(南京:南京師範大學出版社,1996 年 10 月),頁 66。

例如古代戰車上插有旌旗，旗之正幅曰「緣」，又有撐開旌旗旗幅的竹竿，其形爲弓，稱爲「弧」，弧外又有保護的衣袋，稱爲「韣」，《考工記・輈人》云：「弧旌枉矢，以象弧也。」鄭注：「〈覲禮〉口：『侯氏載龍旂，弧韣』，則旌旗之屬皆有弧也。弧以張緣之幅，有衣謂之韣。又爲設矢象，弧星有矢也。妖星有枉矢者，蛇行，有毛目。此云枉矢，蓋畫之也。」

　　按：枉矢即弧矢星也，共有九星，位於天狼星東南，《史記正義》云：「弧九星，在狼東南，天之弓也。」鄭注云：「此云枉矢，蓋畫之也。」鄭玄未說畫弧矢星於何處，唐賈公彥《周禮正義》云：「知畫之者，以其弓所以張幅，幅非弦，不可著矢，以畫於緣上也。」賈氏以爲畫弧矢星於緣幅上，戴震《考工記圖》則云：「畫矢於韣」〔註11〕，又云：「交龍鳥隼之屬，皆畫於緣」〔註12〕，是戴震以爲弧矢星乃畫於韣上，而非緣幅上，蓋緣幅上已畫有交龍鳥隼之屬也。孫詒讓《周禮正義》亦云：「案：賈、戴二說不同，未知孰得鄭旨。今依金榜說，旞旌即日月爲常等七旗而注羽，則緣上自各有正章，不得復畫枉矢以混廁其間，戴說於經義較合也。」〔註13〕因此，戴震之考究，應較賈公彥說爲長，符合《考工記》弧韣之制，也能補鄭注之不足。

　　又如辨輈、轅之制【參見附圖一】，蓋《考工記・輈人》云：「輈人爲輈」，鄭注：「輈，車轅也。」《說文・車部》：「輈，轅也。」「轅，輈也。」《方言》：「轅，楚、衛之間謂之輈。」皆以爲輈、轅爲同物異名。戴震則以爲二者有別，其《考工記圖》云：「小車謂之輈，大車謂之轅。人所乘欲其安，故小車暢轂、梁、輈，大車任載而已，故短轂直轅。此假大車之轅，以明揉輈使撓曲之故。」〔註14〕自戴氏辨輈、轅之制，後學多從之，如王宗涑《考工記考辨》云：「析言之，曲者爲輈，直者爲轅。小車曲輈，一木居中，兩服馬夾輈左右。任載車直轅，兩木分左右，一牛在兩轅中。」《說文》云：『輈，轅也。轅，輈也。』渾言之也。」〔註15〕孫詒讓《周禮正義》云：「案：小車曲輈，此輈人所爲者是也；大車直轅，車人所爲者是也。散文則輈轅亦通稱。」〔註16〕錢玄亦云：

〔註11〕收入《戴震全書》第五冊（合肥：黃山書社，1995年），頁341。
〔註12〕同上注。
〔註13〕參見孫詒讓《周禮正義》（北京：中華書局，2000年3月），頁3238。
〔註14〕收入《戴震全書》第五冊（合肥：黃山書社，1995年），頁340。
〔註15〕參見《續經解三禮類彙編》二冊，頁1005～1067。
〔註16〕參見孫詒讓《周禮正義》（北京：中華書局，2000年3月），頁3205。

　　輈與轅有別。轅用于大車，輈用于小車。大車為載貨物之車，駕一
　　牛，左右兩轅，轅形直。小車為乘車、兵車，駕兩馬或四馬，祇用
　　一輈，其形穹隆而曲，兩馬在輈旁。輈亦曰軒輈，軒言其隆起而高。
　　亦曰梁輈，言其如橋梁。輈於前端以束纏之，凡五束，曰鞃。《詩・
　　秦風・小戎》：「五鞃梁輈。」毛《傳》云：「一輈五束，束有歷錄。」
　　歷錄，文采分明。古行軍或田獵時，如須止宿於野，每列車作屏藩，
　　出入之處，豎置兩車，以轅為門，故稱轅門。《史記・項羽本紀》：「入
　　轅門，無不膝行而前。」〔註17〕

　　因此，可見戴震考釋《考工記》器物的成果，已得到學者的認同。

（二）正補鄭注之失

　　鄭玄《三禮注》，向稱精善，多為後世治《禮》者所宗，然亦有部份訛誤
者，戴震乃加以補正，例如《考工記・輈人》：「軓前十尺，而策半之。」鄭
眾云：「軓，謂式前也。書或作軌。」鄭玄注：「玄謂軓是。軌，法也。謂輿
下三面之材，輢式之所尌，持車正也。」蓋先鄭以為軓通軌，皆車軾之前也。
後鄭則以為軓書作軌乃取法正之意，軓乃車輿三面弇版所樹立者，而非單指
軾前之弇版。戴震則考辨云：

　　式前謂之軓。〈大馭〉：「右祭兩軹祭軓」，注：「故書軓為範，杜子春
　　云：『軓當為軌。』」軌，謂車軾前也。……〈少儀〉：「祭左右軌範」，
　　注：「《周禮・大馭》，祭兩軹祭軓，乃飲。軓與范聲同，謂軾前也。」
　　《詩・邶風》：「濟盈不濡軌」，毛《傳》曰：「由輈已上為軌」，今《詩》
　　軌作軌，以合韻改之也。《說文》：「軓，車軾前也。從車，凡聲。」
　　《周禮》曰：「立當前軓。」今《周禮・大行人》作前侯，又訛為疾，
　　與《說文》所引不同。軓與輢皆輿挀版，輢之言倚也，兩旁人所倚
　　也。軓之言範也，範圍輿前也。後鄭說誤，辨見前。〔註18〕

　　按：古代車輿前之橫木曰「軾」，「軾」與「輈」相連之板稱為「軓」，而
車輿左右兩面之板稱為「輢」，輢上之橫木稱為「較」，輢兩邊縱橫相貫之欄
木稱為「軹」【參見附圖二】。戴震考究軓、輢有別，軓可通「軌」，軌即範也，
故軓之言範，範圍輿前也，此說合於實物，清楚地辨正鄭玄「三面之材」之

〔註17〕 參見錢玄《三禮通論》（南京：南京師範大學出版社，1996 年 10 月），頁 196。
〔註18〕 參見戴震《考工記圖・釋車》卷上，收入《戴震全書》第五冊（合肥：黃山
　　　　書社，1995 年），頁 345。

誤也。故《說文》:「軓，車軾前也」，段玉裁注:「戴先生云:『車旁曰輢，式前曰軓，皆捧輿版也。』軓以捧式前，故漢人亦呼曰捧軓。」段氏引戴震之說爲證，足見此說甚確也。又戴震推測繪製之古代車輿圖，亦合於出土之實物【參見附圖三、四】。

又如古鐘之制，《考工記·鳧氏》云:「鳧氏爲鐘，兩欒謂之銑，銑間謂之于，于上謂之鼓，鼓上謂之鉦，鉦上謂之舞，……十分其銑，去二以爲鉦，以其鉦爲之鉦間，去二分以爲之鼓間，以其鼓間爲之舞脩，去二分以爲舞廣。」鄭玄注:

> 此言鉦之徑居銑徑之八，而銑間與鉦之徑相應;鼓間又居銑徑之六，與舞脩相應。舞脩，舞徑也。舞上下促，以橫爲脩，從爲廣。舞廣四分，今亦去徑之二分以爲之間，則舞間之方恒居銑之四也。舞間方四，則鼓間六亦其方也。鼓六、鉦六、舞四，此鐘口十者，其長十六也。鐘之大數，以律爲度，廣長與圓徑，假設之耳。其鑄之，則各隨鐘之制爲長短大小也。凡言間者，亦爲從篆以介之，鉦間亦當六。今時鐘或無鉦間。

戴震則云:

> 銑與鉦之脩也。古鐘體羨而不圓，故有脩有廣。橢圓，大徑爲脩，小徑爲廣。以舞脩六廣四例之，脩十者其廣六又三之二，脩八者其廣五又三之一。鐘體下大上斂，銑之脩廣，據銑下鐘口也。鉦之脩廣，據鉦下界於銑鼓之處，當鐘體之半也。銑間、鼓間，同爲鐘體之下半。銑以兩旁言，鼓以中擊處言。兩旁有垂角，鐘脣穹曲而上不齊平，故中殺於旁四之一。舞者，鐘體上覆。其脩六，是爲橢圓大徑。其廣四，是爲橢圓小徑。鐘之羨宜準此爲度矣。〔註19〕

戴震更駁鄭玄之說云:

> 又如鳧氏之鐘後，鄭云「鼓六、鉦六、舞四，其長十六。」又云:「今時鐘或無鉦間。」既爲圖觀之，直知其說誤也。句股法，自銑至鉦，八而去二，則自鉦至舞，亦八而去二。銑爲鐘口，舞爲鐘頂。《記》曰銑、曰鉦者，徑也;曰銑間、曰鼓間者，崇也;曰脩、曰廣者，羨也。羨之度，舉舞則鉦與銑可知，而鉦間因銑、鉦、舞之徑以得

〔註19〕 參見戴震《考工記圖》卷上，收入《戴震全書》第五冊(合肥:黃山書社，1995年)，頁361。

其崇。然則《記》所不言者,皆可互見。若據鄭説,有難爲圖者矣。
〔註20〕

按:古鐘之制,如【附圖五】,鄭玄誤以銑十爲鐘口之橫徑,鉦八爲鉦之橫徑,銑間八爲鐘體下半之直徑,又誤以鼓間爲鼓之直徑,舞脩爲鐘體近頂處之橫徑,亦誤鐘分三體,鉦上別有舞,凡此皆不合經義。東原則辨止鄭誤,以舞之廣脩爲鐘頂平體縱橫之度,古鐘本無舞間而有鉦間,鄭誤以舞爲鐘直體之一,故據鄭説,有難爲圖也。程瑤田、孫詒讓亦同意戴氏之説〔註21〕,於此有辨正鄭注之功也。戴震又云:「《考工記圖》既成,後來乾隆某年所上江西大鐘,正與余說合。」〔註22〕足見東原說鐘之制,合於出土實物也。

(三)開創後學之風

古禮之圖,最早見洪适《隸續》載東漢碑刻《六玉圖》,其後鄭玄、阮諶等人續有禮圖,至宋代聶崇義撰《新定三禮圖》,並加集注,禮圖之制始稍具其形,然其註解多疏舛。另外,宋人楊復亦著《儀禮圖》十七卷,繪制二○五圖,並有簡注,然亦粗略。至清代戴震,感舊禮圖之疏略,尤以《考工記》諸器物圖注多所舛誤,乃整理前說,雖以鄭注爲主,然亦時加補正,禮圖之制始稍完備。

與戴氏同時的學友程瑤田,嘗讀戴震《考工記圖》,其後乃撰作《考工創物小記》,其書繪製一三○餘圖,並能廣收出土古代器物與之印證,故比戴氏之書更勝一籌。其後,阮元《考工記車制圖解》、王宗涑《考工記考辨》、黃以周《禮書通故·名物圖》等書,均受戴、程之影響,對於考工諸器作深入之研究,陳澧乃云:「《考工記》,注疏多誤,且有圖而佚之。戴東原,復爲之圖,有草創之功。阮文達、程易疇,治之益精,爲古人所不及。其最精者,車人之事。」〔註23〕最後,孫詒讓撰《周禮正義》,集各家之大成,其中關於考工諸器之考釋,亦頗多採用戴震之說。

〔註20〕 參見戴震〈考工記圖後序〉,收入《戴震全書》第五冊(合肥:黃山書社,1995年),頁461~462;本文亦收入《戴震文集》卷十。

〔註21〕 參見孫詒讓《周禮正義》(北京:中華書局,2000年3月)卷七十八,頁3266~3277。

〔註22〕 參見段玉裁《戴東原先生年譜》,收入《戴東原先生全集》(《安徽叢書》第六期,1936年),附錄。

〔註23〕 參見陳澧《東塾讀書記》(臺北:臺灣商務印書館,1997年6月)卷七,頁112。

二、明堂考

　　古代有所謂「明堂」之制，乃古代執政者進行祭祀或處理政務之處，夏曰世室，殷曰重屋，周曰明堂，《周禮・考工記・匠人》云：「夏后氏世屋，堂脩二七，廣四脩一，五室三四步四三尺。……殷人重屋，堂脩七尋，堂崇三尺，四阿，重屋。周人明堂，度九尺之筵，東西九筵，南北七筵，堂崇一筵，五室，凡室二筵。」鄭注：「世室者，宗廟也。……堂上爲五室，象五行也。……重屋者，王宮正堂若大寢也。……明堂者，明政教之堂。此三者或舉宗廟，或舉王寢，或舉明堂，互言之，以明其同制。」此言明堂有五室，然《大戴禮・明堂》云：「明堂者，古有之也，凡九室，一室而有四戶八牖，三十六戶，七十二牖，以茅蓋屋，上圓下方。」此則以明堂有九室。《禮記・明堂位》：「天子居青陽左个」，其制乃分東青陽、西總章、南明堂、北玄堂、中太廟或太室等五堂，除太廟外，其餘四堂又可分左个、右个、太廟三室，如此乃成五堂十二室之制。因此，明堂之制似乎甚爲分歧，未有定論。戴震乃詳考「明堂」之制云：

> 明堂法天之宮，故曰明堂月令。中央大室，正室也，一室而四堂：其東堂曰青陽大廟，南堂曰明堂大廟，西堂曰總章大廟，北堂曰玄堂大廟。四隅之室，夾室也，四室而八堂：東北隅之室，玄堂之右夾，青陽之左夾也，其北堂曰玄堂右个，東堂曰青陽左个；東南隅之室，青陽之右夾，明堂之左夾也，其東堂曰青陽右个，南堂曰明堂左个；西南隅之室，明堂之右夾，總章之左夾也，其南堂曰明堂右个，西堂曰總章左个；西北隅之室，總章之右夾，玄堂之左夾也，其西堂曰總章右个，北堂曰玄堂左个。凡夾室前堂，或謂之箱，或謂之个，兩旁之名也。古者宮室恆制，前堂、後室、有夾、有个、有房。惟南嚮一面，明堂四面闇達，亦前堂、後室、有夾、有个，而無房。房者，行禮之際別男女，婦人在房。明堂非婦人所得至，故無房，宜也。〔註24〕

　　按：戴震認爲明堂除一正中太室外，可分青陽、總章、明堂、玄堂等四堂【參見附圖六】，似乎近於《禮記・月令》之說法。王國維〈明堂廟寢通考〉亦贊同明堂爲四堂一太室之制，以爲《大戴禮》九室之說乃秦制〔註25〕。然

〔註24〕參見戴震〈明堂考〉，收入《戴震文集》卷二。
〔註25〕參見王國維《觀堂集林》（北京：中華書局，1994 年 12 月）卷三，頁 125。

而，近年來出土的西周宮室遺址則推翻了戴、王之說，據出土的岐山鳳雛西周甲組宮室基址〔註26〕【參見附圖七】，王恩田、尹盛平認為乃西周王室所有〔註27〕，觀其形並未有五堂之制，而是由南而北，依序為門、庭、堂、室四個部分，兩旁再圍繞著廊廡、廂房等，其正中的堂，即為太室〔註28〕，乃宮室主體，亦為祭神祭祖之處，應相當於《禮記》所說之太室，但絕無其他四堂之制。錢玄亦云：

> 關於明堂之形制，如九室五室之辯，堂室之分，戶牖之繁，脩廣之數，眾說淆雜，難以考定。凡此皆系秦漢間推衍陰陽五行之說，侈言其制，逞臆區劃，形如棋格，在先秦非必實有此類建築。先秦明堂、宗廟、王寢三者似應同制，亦即明堂應同於《儀禮》中所述，其正屋僅有南向一面堂室之制。〔註29〕

雖然東原以明堂為四堂一太室不合西周制度，不過，東原言明堂乃採前堂後室，有夾〔註30〕，有个〔註31〕，則符合西周宮室遺址之實況。

三、深衣考

所謂「深衣」，乃古代衣裳相連之服飾，其衣裳滾邊有采飾也，乃諸侯、大夫、士燕居之服，亦可為庶人之吉服【參見附圖八】。《禮記・深衣》鄭玄

〔註26〕 參見陝西周原考古隊〈陝西岐山鳳雛村西周建築遺址發掘簡報〉，《文物》1979年10期。

〔註27〕 參見王恩田〈陝西鳳雛村西周建築遺址初探〉，《文物》1981年1期。尹盛平〈周原西周宮室制度初探〉，《文物》1981年9期。

〔註28〕 如杜正勝云：「『堂』之名晚起，堂字未見於甲骨和金文，但殷商與西周文獻有『大室』。西周冊命彝銘通例稱王在某宮，旦格大室，以行策命典禮，也有逕稱在某大室的，此『大室』即是某宮主體建築，也就是後來的堂。」（見氏著《古代社會與國家》（臺北：允晨文化，1992年10月），頁181。）

〔註29〕 參見錢玄《三禮通論》（南京：南京師範大學出版社，1996年10月），頁185。

〔註30〕 戴震云：「四隅之室，夾室也。《釋名》：『夾室在堂兩頭，故曰夾也。』《儀禮釋宮》云：「堂之東西牆謂之序，序之外謂之夾室，夾室之前曰箱。」皆以夾為夾室。江永則以為所夾者堂，不可謂之夾室，其《增註》云：「按序外之室，《儀禮》及〈顧命〉皆言東夾、西夾，未有言夾室者。蓋此處所夾者堂，不可謂之夾室。注疏或有言夾室者，因〈雜記下〉釁廟章及《大戴禮・釁廟篇》而誤耳。……夾與室是二處，室謂堂後之室也。室是事神之處，釁廟不可遺，先儒讀者誤連之，則事神之室胡獨不釁？而序外夾室之處謂之夾室，亦名不當物矣，當正其名曰東夾、西夾。」按：夾之意，以江永之說為宜。

〔註31〕 《左傳・昭公四年》杜注：「个，東西箱。」箱通廂，故廂房謂之个。

注：「深衣者，連衣裳而純之以采者。」孔穎達《正義》云：「凡深衣皆用諸侯、大夫、士夕時所著之服。故〈玉藻〉云：『朝玄端，夕深衣』，庶人吉服亦深衣。……餘服則上衣下裳不相連，此深衣衣裳相連，被體深邃，故謂之深衣。」

戴震詳考「深衣」之制云：

> 深衣，連衣裳，殺幅而不積。鄭氏曰：「深衣，連衣裳而純以采者；素純曰長衣；有表則謂之中衣。」《詩》：「麻衣如雪」，言深衣也，此其純采者。布純亦曰麻衣，「大祥，素縞麻衣」是也。「公子爲其母及妻，練冠、麻衣、縓緣」，鄭氏以爲「如小功布。」《深衣記》曰：「具父母、大父母，衣純以繢；具父母，衣純以青；如孤子，衣純以素。」〈曲禮〉曰：「爲人子者，父母存，冠衣不純素；孤子當室，冠衣不純采。」《論語》曰：「君子不以紺緅飾。」古者布幅廣二尺有二寸，謂之中量。凡削幅減寸者，二齊亦寸。衣袂左右終幅屬袪，終幅減削幅，中人之手八尺，是其度也。長衣、中衣過之，捈尺。袂之圍四尺四寸，自胡下殺而前，袂末謂之袪，圍二尺四寸。規胡下剡衣之幅。《記》曰：「袂圜以應規」，又曰：「袼之高下，可以運肘。」袼，胡下也，剡之，要中之圍七尺二寸。所謂深衣三袪也。裳以布六幅，幅分之，尺一寸。正者八，減削幅則八九七尺二寸，與衣相屬。旁屬交裁，殺幅一端二寸，一端二尺在下，減削幅則尺八寸，殺而上。如是者四，是爲深衣之衽。所謂衽，當旁也。衣裳之左、前、後續，右有曲裾鉤之，故曰續衽、鉤邊。合十二幅，則下齊丈四尺四寸，倍於要。中衣交領謂之袷，廣二寸。緣謂之純，純邊謂之綼，裳下緣謂之緆，與純袂廣各寸半。〔註32〕

按：戴震言「深衣」之制，甚爲詳盡，並據鄭注分析深衣、中衣、長衣之異，亦頗明確。戴震嘗與江永相與問學，有關「深衣」之制，亦頗有與江永《深衣考誤》同者，如言「衽當旁」，則非前後之正幅也，此意或得自永者，如戴氏曾作〈江愼修先生事略狀〉云：

> 後儒爲《深衣圖考》者至數十家，大體相踵裳交解十二幅之譌，而續衽鉤邊，致滋異說。先生以〈玉藻篇〉明言衽當旁，則非前後之正幅也。以鄭康成注曰：「衽謂裳幅所交裂也」，則在旁名衽者交裂，

〔註32〕參見戴震〈記深衣〉，收入《戴震文集》卷二。

而餘幅不交裂也。續衽者，裳之左旁，連合其衽。鉤邊者，裳之右旁，別用布一幅斜裁之，綴於後衽之上，使鉤曲而前以揜裳際，漢時謂之曲裾，故康成注曰：「鉤邊若今曲裾也。」〔註33〕

由此文可知戴氏「深衣」之考，部分內容實受江永之啓發也。

第二節　文字訓詁

一、軌、軌、軹、軒考辨

戴震考釋禮書文字，發現其中頗有訛混難辨者，例如「軌」、「軌」、「軹」、「軒」四字禮注多混同，戴震詳考之云：

《周禮・大馭》：「右祭兩軹、祭軓。」鄭注曰：「故書軹爲軒，軓爲軌。」杜子春云：「軒當爲軹，軹謂兩轊也。」「軌當爲軓，軓謂車軾前也。或讀軒爲簪笄之笄。」震謂軒讀如笄，是也。杜君改爲軹，與轛內之軹，二名淆淆，非也；以轊釋轂端之軒，亦非也。後代字書，併軒字無之。《考工記・輈人》：「軓前十尺」，鄭注曰：「謂輈軓以前之長也。鄭司農云：『軓謂式前也，書或作軌』，玄謂軓是軓法也。」《禮記・少儀》：「祭左右軌范」，鄭注曰：「《周禮・大御》『祭兩軹、祭軓，乃飲』，軌與軹，於車同謂轊頭也。軌與范聲同，謂軾前也。」《詩・匏有苦葉》釋文辨別之曰：「案《說文》云：『軌，車轍也，從車九聲，龜美反。』『軓，車式前也，從車凡聲，音犯，車轊頭所謂軹也。』相亂，故具論之。」孔沖遠於此亦曰：「〈少儀〉與〈大馭〉之文，事同而字異，以范當大馭之軓，軌當大馭之軹，故並其文而解其義，不復言其字誤耳。其實〈少儀〉軌字誤，當爲軹也。」孔君於《禮記》不言軌乃字誤，當據《詩正義》爲定。〔註34〕

按：《周禮・大馭》：「右祭兩軹、祭軓」，鄭注：「故書軹爲軒」，則「軹」當爲「軒」字之誤，「軒」乃車輪之轂末，經書多誤作「軹」，如此則與「轛」內縱橫相貫之欄木之「軹」相混，宜加辨正。《考工記》：「六尺有六寸之輪，軹崇三尺有三寸也。」鄭注：「玄謂軹，轂末也。」戴震考辨云：「轂末之軹，

〔註33〕收入《戴震文集》卷十二。
〔註34〕參見戴震〈辨詩禮注軌軌軹軒四字〉，收入《戴震文集》卷三。

－226－

故書本作軝，讀如簪笄之笄。轂末出輪外，似笄出髮外也。」〔註35〕又云：
「轂末小釭謂之軝。」所謂「釭」，《說文》：「釭，車轂中鐵也。」《釋名》：
「釭，空也，其中空也。」又「軝」與「轊」有別，「轊」爲軸末，兩轊則
在軝外，故杜子春以軝當兩轊，誤也。「軝」之部位，乃車輪之轂末內穿，
見圖，與輢內之「軹」有別，經注混淆「軝」、「軹」二字，遂使一車有兩處
同名而異實之部位，學者又以「軹」代「軝」，於是經書、字書不復有軝字
矣。

又「軹」亦與「軌」相混，如《禮記・少儀》：「祭左右軌、范」，此與《周
禮・大馭》：「右祭兩軹、祭軓」當爲同一事，范與軓聲同，軌、軹則明顯不
同，蓋「軓」乃軾前之搚輿版，「軹」爲輢內交錯之欄木，二者皆爲車輿之部
件，宜一同爲祭也。至於「軌」乃車轍，乃車輪輾過之痕跡，與軓、軹關係
甚遠。因此，〈少儀〉「祭左右軌范」，「軌」當是「軹」之誤也，故孔穎達《詩
正義》云：「其實〈少儀〉軌字誤，當爲軹也。」又因「軌」、「軹」相混，「軹」
又代「軝」爲字，「軝」又被誤釋作軸末之車轊，《經典釋文》乃誤以「軌」
爲車轊頭也。

「軌」既非車轊頭，而是車轍，則《詩・邶風・匏有苦葉》：「濟盈不濡軌」
毛《傳》：「由輈以上爲軌」，鄭《箋》：「軌，舊龜美反，謂車轊頭也，依《傳》
意，直音犯。」蓋毛《傳》誤混軌、軹爲一字，故云「由輈以上爲軌」，實則「由
輈以上爲軹」也，〈匏有苦葉〉「軌」應是車轍也，與「軹」無關。故戴震辨毛
《傳》之誤云：「震謂：音犯，則字當作軹，以韻考之不合。疑漢時軌軹二字譌
溷莫辨，毛君讀此詩，豈聲從軌而義從軹，誤倂二字爲一歟？」〔註36〕

最後，戴震總結云：

《詩傳》誤溷同「軌」、「軹」二字，《禮》注誤溷同「軝」「軹」「軌」
三字，而軌字遂有車轊頭之說，謬也。「軓」者式前，「軌」者車轍，
「軹」者車輇，「軝」者轂末，「轊」者軸末，治其名，詳其制，庶
可以正譌文交錯，謬說因循矣。〔註37〕

按：戴震辨正《詩傳》、《禮注》混淆軓、軌、軹、軝四字，不僅有釐清

〔註35〕參見戴震《考工記》卷上，收入《戴震全書》第五冊（合肥：黃山書社，1995
　　　　年），頁 318。
〔註36〕參見戴震〈辨詩禮注軓軌軹軝四字〉，收入《戴震文集》卷三。
〔註37〕參見戴震〈辨詩禮注軓軌軹軝四字〉，收入《戴震文集》卷三。

名物制度之功，且對於四字確實的文字意義，有析明古訓之助，此可說是由訓詁名物考究文字本義的最佳典範。

二、鋝、鍰考辨

「鋝」音刷，乃古代度量名，古字亦通率、選、撰、饌，《周禮・考工記・冶氏》云：「戈廣二寸，……重三鋝。」鄭司農云：「鋝，量名也。讀為刷。」戴震考之云：

> 《史記・周本紀》「其罰百率」，徐廣曰：「率即鍰也，音刷。」〈平準書〉「白選」，《索隱》曰：「《尚書大傳》云：『夏后氏不殺不刑，死罪罰二千饌。』馬融云：『饌，六兩。』」《漢書》作撰，二字音同也。〈蕭望之列傳〉：「甫刑之罰，小過赦，薄罪贖，有金選之品。」應劭曰：「選，音刷，金銖兩名也。」師古曰：「音刷是也。字本作鋝。」〔註38〕

戴震又云：「鋝，讀如刷，六兩太半兩。率、選、饌，其假借字也。」〔註39〕三分之二為太，一鋝則為六又三分之二兩。

至於「鍰」，古書多以為與「鋝」同，如《說文》：「鍰，鋝也，從金爰聲。」《周禮・冶氏》鄭注：「今東萊稱或以太半兩為鈞，十鈞為鍰（按：原誤作環）。鍰重六兩太半兩，鍰、鋝似同矣。則三鋝為一斤四兩。」《漢書》顏師古注：「字本作鋝，鋝即鍰也。」《書・呂刑》孔穎達《正義》引馬融注云：「鋝，量名，當與〈呂刑〉鍰同。」因此，馬、許、鄭等漢人注疏多認為鋝、鍰二字義同也。然而，戴震則不以為然，其云：「鍰、鋝篆體易譌，說者合為一，恐未然也。『鍰』讀如丸，十一銖二十五分銖之十三，『垸』其假借字也。『鋝』讀如刷，六兩大半兩，『率』『選』『饌』，其假借字也。二十五鍰而成十二兩，三爛而成二十兩。」〔註40〕因此，戴震以為「鍰」、「鋝」二字有別，鍰小而爛大，「鍰」讀如丸，《周禮・考工記・冶氏》：「冶氏為殺矢，刃長寸，圍寸，鋌十之，重三垸。」「垸」即是「鍰」之假借字也。

古文字學家唐蘭亦認為「鍰」、「鋝」二字不同，其云：

〔註38〕參見戴震《考工記》卷上，收入《戴震全書》第五冊（合肥：黃山書社，1995年），頁354。
〔註39〕同上注
〔註40〕參見戴震〈辨《尚書》《考工記》鍰 二字〉，收入《戴震文集》卷三。

「爰」是鍰的原始字，是上下兩手授受一塊銅餅的形狀。銅餅畫成橢圓形的點，也可以畫成空心的圓圈，所以大孔的玉璧和門環叫做瑗和鍰，正因爲這圓圈和璧字、環字中的圓圈是一樣的。古文字對這種圓圈，有時用帀字來代替（如衛作衞），所以《虢季子白盤》的爰字寫作𤔲，後來把不字寫得像于（于）字，就是小篆的爰字。有些人把爰字釋作寽，是錯的。寽字原作𤔲，是将的原始字，與爰字來源不同。但由于戰國時爰字或變成𤔲，兩字就很難分別，所以漢人常以鍰鋝爲一。〔註41〕

戴震既以「鍰」讀如丸，通「垸」，則以爲《考工記・弓人》「膠三鋝」，「鋝」字當爲「鍰」，一弓之膠爲三十四銖二十五分銖之十四；又以「鋝」讀如刷，通「率」、「選」、「饌」，以爲《書・呂刑》「其罰百鍰」，「鍰」字當爲「鋝」。然而，唐蘭則以爲爰字本像授受銅餅，銅的重量應作爰，古書上罰多少鍰的字也只作鍰字，故唐蘭認爲戴震說罰鍰的鍰應作鋝，〈弓人〉的鋝應作鍰，其說甚誤也〔註42〕。二者孰是孰非，尚俟辨正，惟「鍰」、「鋝」二字古代原本有別，應可確定。

第三節　曆法歲時

戴震嘗撰〈周禮太史正歲年解〉二篇，闡明《周禮・春官・太史》「正歲年以序事」之義，其云：

周之曆法掌於馮相氏，占變掌於保章氏，而太史所掌者，歷日天時之書，凡推步望氣不屬焉。然又曰：「正歲年以序事」，據推步言之乎？非也。《爾雅》：「夏曰歲，商曰祀，周曰年。」夏數得天，故殷周雖改正朔，仍兼用夏正。周用夏不用殷，故舉歲、年，不及祀。歲也者，夏時也，以建寅爲孟春。年也者，周以建子爲正月也。夏之歲，周之年，不同而兼用，不可弗正之，以序別其行事。如祭祀、田獵、逆暑、迎寒之屬，夏時繫仲春者，周爲四月；繫仲秋者，周爲十月是也。鄭康成注：「中數曰歲，朔數曰年。」中數云者，日躔發斂一周，凡三

〔註41〕 參見唐蘭〈陝西省岐山縣董家村新出西周重要銅器銘辭的譯文和注釋〉，收入
　　　　《唐蘭先生金文論集》（北京：紫禁城出版社，1995年10月），注16，頁203。
〔註42〕 同上注。

百六十有五日小餘不及四分日之一，十二分之。自前中氣入後中氣，三十日而有盈分。朔數云者，月與日會以成一月，凡十二月，三百五十四、五日，有閏月則三百八十四日。日月同行，謂之合朔。自前朔距後朔三十日而有虛分。中、朔之法，馮相氏職之矣。康成據以別歲、年之名，稽諸古籍，未有明證。矧夏時首建寅，中數起冬至建子，是又二說之不可相通也。然則偏據《爾雅》，得非孤證歟？曰：《周禮》有之，其為夏時之正月元日，謂之「正歲」。正歲者，猶曰歲之正始也。「凌人歲十有二月，令斬冰」，明夏時之十有二月也。以《周禮》解《周禮》，一書之中，無事於更端立異矣。〔註43〕

按：《周禮》之「太史」一職，掌曆日天時之書，並「頒之於官府及都鄙」，使天下臣民知所遵循。另有「馮相氏」一職，「掌十有二歲、十有二月、十有二辰、十日、二十有八星之位，辨其敍事，以會天位。冬夏致日，春秋致月，以辨四時之敍。」鄭注：「會天位者，合此歲、日、月、辰、星宿五者，以為時事之候。」孫詒讓云：

> 《爾雅・釋詁》云：「會，合也。」謂推歲日月辰星宿五者所在次度，合而課之，以推時之早晚，為行事之候，若後世推步家所為。《大戴禮記・曾子天圓篇》云：「聖人慎守日月之數，以察星辰之行，以序四時之順逆，謂之麻。」〔註44〕

因此，「馮相氏」乃依據日月星辰以及春夏秋冬四時，以推步之法算出合於民用之曆法，其功能相當於後代之推步家及曆法家。《周禮》又有「保章氏」之職，「掌天星，以志星辰日月之變動，以觀天下之遷，辨其吉凶。」則保章氏乃觀日食、月食等天象變化，以為人事吉凶之依據，其功能頗類後代之星相家。如此，戴震以為「馮相氏」掌曆法，「保章氏」掌星象之變，與「太史」有別，故「正歲年以序事」非指觀象推步之事也。

戴震引《爾雅》：「夏曰歲，商曰祀，周曰年。」證明〈太史〉「正歲年以序事」，所正之「歲年」即謂夏歲、周年。蓋夏歲得天，合於農時，故民間多用之。周改正朔，官府則用周之紀年。故周代實兼用夏、周兩種曆法。周之正月，相當於夏之十一月。戴震又引《周禮》本經為證，〈凌人〉：「凌人掌冰正，歲十有二月，令斬冰。」此「歲」即用夏時。按：據日人新城新藏《東

〔註43〕 參見戴震〈周禮太史正歲年解一〉，收入《戴震文集》卷一。
〔註44〕 參見孫詒讓《周禮正義》（北京：中華書局，2000年3月），頁2107～2108。

洋天文學研究》一書考證，中國在春秋以前所用爲接近夏正之曆法，春秋前期爲接近殷正之曆法，春秋後期至戰國中葉爲接近周正之曆法，故曆有所謂「三正」，乃春秋後期始有之觀念。

又以干支紀月，始於《逸周書・周月篇》，其云：「惟一月既南至，……是月，斗柄建子。」則周正以建子之月爲首；又云：「夏數得天，百王所同。其在商湯，……改正朔，……以建丑之月爲正，……亦越我周王，致伐於商，改正異械，以垂三統。」這裡就出現所謂「三正」、「三統」之說。至於〈周月篇〉之時代，當不早於戰國，如黃沛榮認爲《逸周書》之〈周月篇〉、〈時訓篇〉詳記一年二十四節氣及七十二候，此在先秦文獻中毫無記載，乃襲取《禮記・月令》而成，《禮記・月令》又是後世禮家抄合《呂氏春秋・十二紀》首章敷衍而成〔註45〕，故其時代必在戰國以後〔註46〕。因此，所謂「周正建子，殷正建丑，夏正建寅」之「三正」，應爲戰國晚期以後之觀念，並非西周、春秋之制也，至西漢《尚書大傳》乃云：「夏以孟春月爲正，殷以季冬月爲正，周以仲冬月爲正」。「三正說」雖爲晚出，春秋時代則已兼用夏、周二曆，如晉國用夏曆，其他各國用周曆，《論語・衛靈公篇》：「顏淵問爲邦，子曰：『行夏之時』」，可見孔子亦認爲治國於天時宜用夏曆。因此，《周禮》「太史」之職「正歲年以序事」，乃因春秋戰國時代兼用夏、周二曆，必須由太史辨正二者之不同，才能「頒之於官府及都鄙」，使天下臣民知所遵循。

至於鄭玄注云：「中數曰歲，朔數曰年。中朔大小不齊，正之以閏，若今時作厤日矣。」蓋中數者，乃自前年冬至，數至今年冬至，日行天一周，是爲一歲二十四氣之數；朔數者，乃自今年正月朔，數至明年正月朔，月會日於十二次一周，是爲一年十二月之數。因此，鄭玄乃以二十四節氣言「歲」，以十二月朔言「年」，則似乎以「太史」乃調和中、朔之職。然而，戴震乃辯駁曰：「中朔之法，馮相氏職之矣」，清楚地指出鄭氏說法有誤，則〈太史〉之「正歲年」非指中朔，明矣。故戴震認爲《周禮》曰歲終、曰正歲，曰春秋冬夏，皆夏時也，然周之頒朔，必以周正，故用夏謂之歲，用周謂之年，太史按其從夏時所行之事，合以周之曆日，此之謂「正歲年以序事」也〔註47〕。

〔註45〕鄭玄嘗指出《禮記・月令》乃後世禮家抄合《呂氏春秋・十二月紀》之首章而成，其中官名、時、事，多不合周法。
〔註46〕參見黃沛榮《周書研究》，臺灣大學博士論文，1976年7月。
〔註47〕參見戴震〈周禮太史正歲年解二〉，收入《戴震文集》卷一。

戴震又以爲《周禮》之「正月之吉」乃指周正月也，非用夏時，其云：

> 後儒或謂正月之吉亦夏時，其說曰：「凌人掌冰政，歲十有二月令斬
> 冰，三其凌。十二月爲夏之十二月，則正月亦爲夏之正月。」舍此
> 無證也。余以謂《周禮》重別歲、年之名，直曰正月之吉，則知爲
> 周正月也。不直曰十有二月，而曰歲十有二月，加歲以明夏，以別
> 周，則知爲夏時也。此《周禮》之義例也。如正月之吉亦夏時，是
> 無別於正歲。而大司徒「正月之吉始和，布教于邦國都鄙」，又曰「正
> 歲，令于教官」。鄉大夫「正月之吉，受教法于司徒，退而頒之于其
> 鄉吏，使各以教其所治」，「正歲，令群吏考法于司徒以退，各憲之
> 於其所治之國」。州長「正月之吉，各屬其州之民而讀法」，「正歲則
> 讀教法如初」。異正月、正歲之名，而事不異，其爲二時審矣。凡言
> 正月之吉，必在歲終、正歲之前，未嘗一錯舉於後。其時之相承，
> 正月爲建子之月，歲終爲建丑之月，正歲爲建寅之月也。周之以建
> 子爲正月，一王正朔之大，不可沒焉者也。使有夏無周，周焉用改
> 正朔哉？〔註48〕

按：《周禮》「正月之吉」，指周之正月朔日也，〈大司徒〉、〈鄉大夫〉、〈州
長〉、〈大宰〉、〈大司馬〉、〈大司寇〉等頒布憲令，皆言「正月之吉」，乃用周
之正朔也。如《周禮·大宰》：「正月之吉，始和布治于邦國都鄙」，鄭玄注：
「正月，周之正月。吉，謂朔日也。大宰以正月朔日，布王治之事於天下。」
夏炘《學禮管釋》云：

> 《周禮》〈大宰〉、〈大司徒〉、〈鄉大夫〉、〈州長〉、〈大司馬〉、〈大司
> 寇〉布憲，皆言「正月之吉」，鄭君以周正朔日解之；〈族師〉「月吉」，
> 鄭君以每月朔日解之；《詩·小明》「二月初吉」，毛公亦以朔日解之；
> 《論語》「吉月」，孔安國亦以月朔解之，此自來相傳之古訓也。「吉」
> 訓善，不訓始，然亦有始義。《爾雅》：「元，始也。」元又訓善，故
> 天子之善士名元士；賈逵《左傳·文十八年》注：「元，善也。」元
> 訓始，亦訓善，則「吉」訓善，亦可訓始，故凡始月、始日皆以「吉」
> 名之。

又〈大司徒〉先云：「正月之吉，始和布教于邦國都鄙」，末文又云：「正
歲，令于教官曰：『各共爾職，脩乃事，以聽王命。』」鄭玄注：「正歲，夏正

月朔日。」蓋周之正月朔日頒布朝廷憲令于各邦國都鄙，使天下各地臣民共同遵循；又各地官屬因時制宜，各以夏時正之，以行王命，遂又有「正歲」之事，凡此皆《周禮》紀時之制。戴震綜理《周禮》「正月之吉」、「正歲」之義云：

> 今其書先之以「正月之吉」，布政之始也，故曰「始和」，謂始協調之。繼之以「正歲」，於是而後得徧奉以行也。六官之長，有止言「正月之吉」，不言「正歲」者，上之所慎在宣布之始也。六官之屬，有止言「正歲」，不言「正月之吉」者，待上之宣布，乃齊同奉行也。上之布之必不能一日而徧王畿千里之廣，下之奉行，又同用是日，惡能相及乎哉？故因時制宜，以建子之月，宣布自上，一王正朔之大，既非闕然無事；以建寅之月，百職咸舉，夏數得天，復順其序而不違。孔子論爲邦用夏時，而作《春秋》必奉周，《周禮》用正歲以合天，而必先正月之吉以著正朔，其義一而已矣。〔註49〕

戴震詳考《周禮》歲、年之別，頗得古人制禮之意，既符合政治體制，亦能切合人民日用。

第四節　數學算法

一、《策算》

此書著成於乾隆九年（1744）甲子，東原二十二歲之年。書原名「籌算」，後改爲「策算」，東原云：

> 《漢書·律曆志》：「算法用竹，徑一分，長六寸，二百七十一枚而成六觚爲一握。」古算之大略可考如是。其一枚謂之一算，亦謂之籌。〈梅福傳〉：「福上書曰：臣聞齊桓之時，有以九九見者。」所謂九九，蓋始一至九，因而九之，終於八十一。《周髀算經》商高曰：「數之法出於圓方，圓出於方，方出於矩，矩出於九九八十一」是也。以九九書於策，則盡乘除之用，是爲策算。策取可書，不曰籌而曰策，以有別於古籌算，不使名稱相亂也。〔註50〕

〔註49〕 參見戴震〈周禮太史正歲年解二〉，收入《戴震文集》卷一。
〔註50〕 參見《策算》東原自序，收入《戴震全書》第五冊，頁5。

　　東原因「籌」爲古代算法之竹枚，「籌算」乃以竹枚進行排列，是中國古代算數之法。爲運用西法來進行乘除和開平方運算之便，東原乃將西洋籌算改爲「策算」，與中國傳統籌算作區別，以「不使名稱相亂」也。

　　蓋西洋算法自明末傳入中國，由傳教士羅雅谷、湯若望介紹英國數學家納皮爾（J.Napier,1550～1617）發明的一種用於乘除運算的算法，著成《籌算》一卷。納皮爾籌算與中國傳統籌算完全不同：中國傳統籌算主要是用來擺數字，有時一枚當 1，有時又當 5，看是什麼數字和擺的位置及擺法來確定；納皮爾籌算是用若干個長方形板條作成，兩面一般分別分成均勻的九段或若干段（格），每格按同方向畫對角線，分爲兩個相等的直角三角形，其上寫阿拉伯數碼。羅雅谷撰寫的《籌算》根據中國人的習慣改爲漢文數字，其法能計算乘除、平方、立方，也能開平方和開立方〔註51〕。清初數學家梅文鼎（1633～1721），亦採納皮爾籌算之法，撰成《籌算》二卷，其書作了兩項改變，一是爲符合中國人直書的習慣，乃將以前的直籌橫書改爲橫籌直書；二是將以前的直線斜格改爲半圓形格。

　　東原此書，仍採梅氏橫籌直書之法，但將梅氏半圓形格改回以前的直線斜格【參見附圖九】。其書內容在介紹西洋納皮爾算法之乘、除和開平方法，但未介紹開立方法，乃因「算法雖多，乘除盡之矣。開方，亦除也。平方用廣，立方罕用。故《策算》專爲乘、除、開平方。」〔註52〕因此，東原《策算》一書乃以乘、除、開平方這三項運算爲主要內容，並以《周易》、《論語》、《考工記》、《呂氏春秋》、《漢書》等古籍爲例加以說明。例如「乘」法之介紹，東原云：

　　　　凡兩數相乘，任以一爲實，一爲法。列實從右向左，橫書之。法有幾位，則用幾策。列策從上而下。凡上策之下位與下策之上位，相并成一數，滿十則進之於上數。策之九位，上下合爲九行。視實某數，於策某行取數，書所列實之上。列乘數，從實首至末，每行低一位；從實末至首，每行陞一位，以次列畢，橫并之，書於左，有空行空位，必以圓表而識之。定位法：視策所取之數，最上一位當法首萬、千、百、十、單之位；自上而下至單數之下一位，以實首之萬、千、百、十、單命之。如《易》二篇之策，萬有一千五百二

〔註51〕參見李迪《中國數學通史》（明清卷），頁 115。
〔註52〕參見《策算》東原自序，收入《戴震全書》第五冊，頁 5。

十。凡老陽策數四九三十六，老陰策數四六二十四，上下經陽爻、
陰爻各一百九十二。其策數各若干？術以一百九十二爲法，用第一、
第九、第二策：以三十六爲實，視第三、第六行之數，并之，得陽
爻六千九百一十二策。又以二十四爲實，視第二、第四行之數，并
之，得陰爻四千六百八策。〔註53〕

二、《句股割圓記》

　　《句股割圓記》，乃乾隆二十年（1755）乙亥，東原三十三歲時所作，即
今段刻經韻樓《戴震文集》卷七之《句股割圓記》上中下三篇。其後又於乾
隆二十三年（1758）戊寅增改擴大，加上託名吳思孝〔註54〕之注與圖，段玉
裁《戴東原先生年譜》云：「是年歙人吳行先（名思孝）爲序刻《句股割圓記》
成，記其後曰：『總三篇，凡爲圖五十有五，爲術四十有九，記二千四百十七
字。因《周髀》首章之言，衍而極之，以備步算之全。」此三篇又被收入《原
象》之五、六、七篇，成爲《七經小記》之一〔註55〕，始成今日《戴震全書》
所見之三卷本。
　　東原於託名吳思孝之〈序〉中闡釋著書之由與作注之因云：

　　　　《句股割圓記》之書三卷，余友戴君東原所撰，戴君之於治經，分
　　　　數大端，各究洞原委，步算其一也。余嘗謂儒者仰不知天道，不可
　　　　以通經，如命羲和，爲〈堯典〉之端，首一啓卷蓋已茫然。《詩・大
　　　　雅・十月之交》鄭氏箋爲周正，虞　推之在周幽王六年建酉之月，
　　　　劉原甫乃云宜用夏正。《春秋》襄公二十一年、二十四年，比月連書
　　　　日食，推步家姜岌、一行皆言無比月頻食之理，楊士勛《穀梁傳疏》
　　　　以爲疑古有之。而漢初高帝、文帝二十八年之間，比月日食者再，
　　　　此經史不決之大疑。他端未易剖析者，遽數之不能終其物也。……

〔註53〕參見《策算》，收入《戴震全書》第五冊，頁7。
〔註54〕吳思孝（行先），乃戴震自己之僞託，段玉裁云：「注亦先生所自爲，假名吳
　　　　君思孝。」
〔註55〕段玉裁《戴東原先生年譜》云：「《原象》凡八篇，一篇、二篇、三篇、四篇，
　　　　即先生之《釋天》也。……五篇、六篇、七篇，即《句股割圓記》上中下三
　　　　篇。……《迎日推策記》亦舊時所爲，玉裁與《釋天》皆於癸未抄寫，則成
　　　　書皆在壬午以前可知矣。至晚年合九篇爲《原象》，以爲《七經小記》之一，
　　　　天體算法，全具於此。」

《記》中立法稱名，一用古義，蓋若劉原甫之禮補亡，欲踵古人傳
記之後，體固不得不爾也。余獨慮習今者未能驟通古，乃附注今之
平三角弧三角法於下。又以治經之士能就斯記卒業，則凡疇人子弟
所守，以及西國測量之長，胥貫徹靡遺焉。〔註56〕

序文中，東原以為「步算」乃治經之基礎工夫，尤其有助於觀測天象，
可謂數學在天文學研究上之應用，故「儒者仰不知天道，不可以通經」，要
熟知天道，又得在數學方面下工夫。東原又有〈與是仲明論學書〉，可與上
文相發明，其云：「至若經之難明，尚有若干事：誦〈堯典〉數行，至『乃
命羲和』，不知恆星七政所以運行，則掩卷不能卒業。……不知少廣旁要，
則《考工》之器不能因文而推其制。……凡經之難明，右若干事，儒者不宜
忽置不講。」〔註57〕其言「不知恆星七政所以運行」、「不知少廣旁要」，皆
與步算之法相關，儒者必須做好此類基本工夫，不宜忽略不講。因此，《句
股割圜記》之作，當是東原為通經而作的基礎，是用來通貫經書中有關天文、
步算之義的工具。

關於書中內容，則以中法為主，而以西法附注，相關數學用語力求簡古，
所謂「《記》中立法稱名，一用古義」，此乃東原推崇中國傳統算學之用心，
故嘗云：「中土測天用句股，今西人易名三角八綫，其三角即句股，八綫即綴
術，然而三角之法窮，必以句股御之，用知句股者，法之盡備，名之至當也。」
〔註58〕可見東原認為西法三角八綫之術，皆可在中國句股、綴術中找到相應
之法，甚至「三角之法窮，必以句股御之」，其尊崇中法可知矣。

所謂「句股」，乃中國古代數學名詞，以直角三角形的底邊為「句」，豎
邊為「股」，斜邊為「弦」，《周髀算經》：「句股之法，先知二數，然後推一，
見句股，然後求弦。先各自乘，成其實，實成勢化，外乃變通。」趙君卿注：
「句股，各自乘，併之為弦實，開方除之，即弦也。」此與西方畢達哥拉斯
定律相同。又所謂「割圜」，即古代割圜之術，即於曲綫上取兩點相連為一直
線，稱為「割線」，若截圜而連成割線，可稱「割圜」。戴震的《句股割圜記》
就是將句股與割圜結合運用的一部數學著作，全書分上、中、下三卷，計有
六十四圖四十九術，上卷論平面三角形的公式及解法，包括正弦定理與正切

〔註56〕參見《句股割圜記》之〈序〉。
〔註57〕收入《戴震文集》卷九。
〔註58〕參見〈與是仲明論學書〉，《戴震文集》卷九。

定理；中卷論球面三角形解法，下卷論球面斜三角形的解法，包括球面三角正弦定理和正矢定理。

至於東原在書中建立一套自己獨特的術語，如將「角」改爲「觓」，「邊」曰「距」，「切」曰「矩」，八綫之名除正矢、餘矢之外，其他六者則「正弦」改爲「內矩分」，「正切」改爲「矩分」，「正割」改爲「徑引數」，「餘切」改爲「次矩分」，「餘弦」改爲「次內矩分」，「餘割」改爲「次引數」。東原這種自創術語造成後人閱讀之困難，如焦循云：「戴書務爲簡奧，變易舊名，恆不易了。」〔註59〕凌廷堪亦批評東原之法其實大致略同梅文鼎，亦即略同西洋算法，只是變更新名而已，其云：

> 戴氏《句股割圜記》唯斜弧兩邊夾一角及三邊求角，用矢較不用餘弦，爲補梅氏所未及，其餘皆梅氏成法，亦即西洋成法，但易以新名耳。如上篇即《平三角舉要》也，中篇即《塹堵測量》也，下篇即《環中黍尺》也。其所易新名，如角曰觓，邊曰距，切曰矩，分弦曰內矩，分割曰徑引數，同式形之比例曰同限互權，皆不足異。……又《記》中所立新名，懼讀之者不解，乃托吳思孝注之，如矩分今日正切云云。夫古有是名而云今日某某可也，今戴氏所立之名皆後於西法，是西法古而戴氏今矣，而反以西法爲今，何也？凡此，皆竊所未喻者。〔註60〕

按：自西方數學方法傳入中國之後，清初數學家梅文鼎曾運用中國傳統的句股術論證西方幾何定理，著有《句股舉隅》、《幾何通解》論證之。梅氏又撰《平三角舉要》、《弧三角舉要》和《環中黍尺》、《塹堵測量》等書，其中《平三角舉要》乃論說平面三角與幾何的基本概念，至於《弧三角舉要》和《環中黍尺》則論述球面三角形之問題。可見東原之前，梅文鼎對於平面三角與球面三角已有深入之研究，故凌廷堪認爲東原此書所論大抵「皆梅氏成法，亦即西洋成法」也。不過，東原並非不知梅文鼎已曾會通中西三角之術，然不滿於梅氏過度推崇西法，而謂中法句股不能御三角，似有貶抑中法之嫌，故東原云：

> 近人殫精此學，如梅定九、薛儀甫諸家，兼通西洋之說，有八綫表、平三角、弧三角等法，雖別立名目，於古之句股弧矢不異。惜譯書時欲張其說，凡一語可該，必衍爲千百言，多其端緒，使觀之者目

〔註59〕 參見焦循《釋弧・自序》。
〔註60〕 參見凌廷堪〈與焦里堂論弧三角書〉，收入《校禮堂文集》卷二十四。

眩，而莫測其涯涘。又譁言立法之本，出於句股弧矢，轉謂句股不能御三角，三角能御句股。以梅氏考論之，詳於《平三角舉要》論三角形用正弦爲比例之理。凡爲圖者十，而不能知其爲共半弧背之句股，其他大抵類此。〔註61〕

可見東原不滿梅文鼎輩尊西法太過，乃欲發揚中法句股之術，足與西法三角之術相抗衡。

至於書中所提出之術，茲舉例如下，如〈句股第一術〉云：

有句、有股，求其弦：句自乘，股自乘，併之，開方得弦。如句七丈，股二十四丈，句自乘得四十九丈，股自乘得五百七十六丈，相併共六百二十五丈，爲弦實。開方，得弦二十五丈。〔註62〕

此乃簡單的平面三角弦求法，而以傳統的句股之術可得之。又如〈五十四圖〉【參見附圖十】後吳思孝注云：

今之斜弧三角形，有銳角，有鈍角。或三角俱銳，或兩銳一鈍，或兩鈍一銳，或三角俱鈍。其三邊或俱不滿一象，或一邊過之，或兩邊過一象，或三邊俱過。約其大致，有相對之邊、角，及對所求之邊、角，用邊角互求法。有相對之邊、角，又有一邊或一角非對所求之邊、角，則用垂弧法，截爲兩正弧三角。若有兩邊一角求對角之邊，或有三邊求角，則用矢較法。不能直用三法者，如上前後二術，易大邊爲小邊，易鈍角爲銳角，及邊易爲角，角易爲邊。然後隨其體勢，總不出三法之範圍矣。〔註63〕

此乃將球面三角形的類型作了分類，又體現出對偶之原理，其中提到「三法」：邊角互求法、垂弧法、矢較法。如果不能用此三法，則可透過邊、角互易進行解決。關於「邊角互求法」之運用，如〈句股第四十五術〉云：

以對正觚之距內矩分，乘對所求一距之觚內矩分，正觚內矩分除之，得所求之距內矩分。〔註64〕

吳思孝注云：「此邊角互求法，以對角求對邊。」又如〈句股第四十六術〉云：

〔註61〕參見《句股割圜記》卷上，收入《戴震全書》第五冊，頁168。
〔註62〕參見《句股割圜記》卷上，收入《戴震全書》第五冊，頁130。
〔註63〕參見《句股割圜記》卷下，收入《戴震全書》第五冊，頁238。
〔註64〕同上註。

以正觚內矩分乘對所求一觚之距內矩分，對正觚之距內矩分除之，
得所求之觚內矩分。若所求爲倨於句股之觚，則所得爲其外弧內矩
分。以外弧減圓半周，得所求之觚。〔註65〕

吳思孝注云：「此亦邊角互求法，以對邊求對角。」以上略舉東原句股
割圓術之一二，可見東原整理傳統的句股割圓之術，以與西法三角之術相對
應，而求能以中法御西法，提振中國傳統數學之地位。故李開盛讚東原之學
云：

> 戴震的《句股割圓記》，以特有的方式系統推演了平面三角形和球面
> 三角形的句股原理，大大發展了自《周髀》以來的句股弦求法，戴
> 震的傳統句股學以其個人的努力達到了同時代的平面三角和球面三
> 角函數學的水平，是一了不起的奇迹。明清之際，我國傳統的研究
> 因西學的傳入而趨於中斷，戴震崛起於日趨衰落的中法數學之壇，
> 把傳統數學的研究推向一個新的或許是最後一個高峰，這是數學史
> 上弘揚民族文化的盛事。〔註66〕

李開的評論或有過譽，但戴震的《句股割圓記》對恢復中國傳統的數學
確實有一定的貢獻，戴震結合西法闡述中法的方式，大抵繼承梅文鼎的路數，
而更以中法爲尊，確有引領當時學者重新體認並研究中國傳統數學之功。

三、校定算經十種

戴震在四庫館中校定群經，其中關於古代算數之書咸爲大宗。戴震於早
年從事算學研究，即深感古籍之殘缺，乃有志於發掘算學之古籍，然受到民
間流傳書籍不足所限，如王錫闡、梅堯臣等數學大家皆有甚多古籍不得及見。
戴震雖料知宮中或有藏書，然迄不得見，及至乾隆三十八年癸巳，東原奉詔
入京參校《四庫全書》，始有機會見到宮中所藏之《永樂大典》，並由其中輯
校出《九章算術》、《五經算術》、《海島算經》、《周髀算經》、《孫子算經》、《夏
侯陽算經》、《五曹算經》、等古代算經七種，又從毛晉蒐得的宋本校錄出《張
丘建算經》、《緝古算術》二種，加上據兩江總督採進本所校定之《數術記遺》
一種，合計古代算經十種，其後孔繼涵刊刻《算經十書》，即依據東原所校本。
東原嘗自言校定古算書之過程云：

〔註65〕同上注，頁239。
〔註66〕參見李開《戴震評傳》（南京大學出版社，1992年），頁222。

古者六藝之教：禮、樂殘闕失傳，射、御則絕無師說，書者治經之
本，僅僅賴許叔重《說文解字》，略見梗概；而所謂九數即《九章》，
世罕有其書，近時以算名者，如王寅初、謝野臣、梅定九諸子，咸
未之見。余訪求二十餘年不可得，擬《永樂大典》或嘗入書，在翰
林院中。丁亥歲因吾鄉曹編修往一觀，則離散錯出，思綴集之未之
能也。出都後，恆竊寐乎是。及癸巳夏，奉召入京師，與修《四庫
全書》，躬逢國家盛典，乃得盡心纂次，訂其譌舛，審知劉徽所注，
舊有圖而今闕者補之。書既進，聖天子命即刊行，又御製詩篇冠之
於首。古書之隱顯，蓋有時焉，誠甚幸也。〔註67〕

　　戴震所以花費甚多心力從事校訂古代算經，乃有鑒於自古以來九數列為
六藝之一，唐代科舉考試且有明算科，列有算經十種，宋因唐制，算學亦為
科舉項目，仍保有相當之地位。然而明代以後，科舉廢考算學，加上儒者亦
不重視，甚至視為小數而不願為，致使流傳不廣，甚至以為古籍已亡佚，乃
造成傳統數學衰落。及至明代末年，西方傳教士將西洋數學傳入，其法精良
銳新、簡便明確，一時學者趨之若鶩，反以中法不如西法也。戴震乃欲重新
整理傳統數學古籍，以使國人明瞭中法之精義，而能與西法相抗衡。戴震云：
「唐取士有明算科，其《算經十種》，道藏攘而有之，儒者或嘆其書亡，非亡
也，不知寶貴也。」〔註68〕正因學者不知傳統數學之寶貴，致使中不如西，
故戴震乃要由大量校定古籍的工作，來發掘並恢復傳統數學的面貌與價值。

　　戴震所校之算經十種，均於校畢之後著有〈提要〉一篇，此蓋《四庫全
書》之通例，由此〈提要〉也可窺知東原校書之原委以及本書之內容大要與
價值。茲舉《九章算術》一書為例，列其〈提要〉如下：

臣等謹案：《九章算術》九卷，蓋《周禮・保氏》之遺法，不知何人
所傳。《永樂大典》引《古今事通》曰：「王孝通言：周公制禮，有
九章之名。其理幽而微，其形祕而約。張蒼刪補殘缺，校其條目，
頗與古術不同」云云。今考書內有長安、上林之名。上林苑在武帝
時，蒼在漢初，何緣預載？知述是書者，在西漢中葉後矣。舊本有
注，題曰劉徽所作。考《晉書》稱「魏景元四年劉徽注《九章》」。
然注中所引有「晉武庫銅斛」，則徽入晉之後，又有增損矣。又有注

〔註67〕參見戴震〈刊九章算術序〉，收入《戴震文集》卷七。
〔註68〕參見戴震〈戴童子壙銘並序〉，收入《戴震文集》卷十二。

釋，題曰「李淳風」所作，考《唐書》稱：淳風等奉詔注《九章算
術》，爲《算經十書》之首。國子監置算學生三十人，習《九章》及
《海島算經》，共限三歲，蓋即是時作也。北宋以來，其術罕傳。自
沈括《夢溪筆談》以外，士大夫少留意者，書遂幾於散佚。至南宋
慶元中，鮑澣之始得其本於楊忠輔家，因傳寫以入祕閣，然流傳不
廣。迨明又亡。故二三百年來，算數之家均未睹其全。惟分載於《永
樂大典》者，依類裒輯，尚九篇具在。考鮑澣之《後序》稱「唐以
來所傳舊圖，至宋已亡」；又稱「〈盈不足〉、〈方程〉之篇，咸缺淳
風注文。」今校其所言，一一悉合，知即慶元之舊本。蓋顯於唐，
晦於宋，亡於明，而幸逢聖代表章之盛，復完於今。其隱其見，若
有數默存於其間，非偶然矣。謹排纂成編，併考訂訛異，各附案語
於下方。其注中指狀表目，如朱實、青實、黃實之類，皆就圖中所
列而言。圖既不存，則其注猝不易曉，今推尋注意，爲之補圖，以
成完帙。唐李籍《音義》一卷，亦併附焉。算術莫古於是書，雖新
法屢更，愈推愈密，而窮源探本，要萬變不離其宗。錄而傳之，固
古今算學之弁冕矣。〔註69〕

　　按：《九章算術》是中國傳統數學最重要的經典，書中的數學框架、成
就與體例，深深地影響中國傳統數學，其內容有關分數四則運算法則、比例
問題算法、盈不足術、開方術、方程術、正負術、損益術、解句股形方法與
公式等，其成就在世界數學史上占重要之地位，甚至超前其他文化傳統的數
學成就好幾個世紀。因此，東原校《九章算術》成，段玉裁稱之「古九數之
學大顯矣」。

　　關於《九章算術》的時代與作者，魏人劉徽注云：

周公制禮而有九數，九數之流則《九章》是矣。往者暴秦焚書，經
術散壞。自時厥後，漢北平侯張蒼、大司農中丞耿壽昌皆以善算命
世。蒼等因舊文之遺殘，各稱刪補。故校其目則與古或異，而所論
者多近語也。

　　劉徽以爲《九章算術》的作者是西漢初年的張蒼（卒於漢景帝前元五年），
戴震則不以爲然，在〈提要〉中指出書中存有「上林」之武帝時地名，故斷
定書非張蒼所作，成書時代應在西漢中葉以後。戴震之言甚確，考1984年初

〔註69〕參見〈九章算術提要〉，收入《戴震全書》第六冊，頁634。

大陸湖北省江陵縣張家山二四七號漢墓出土一千二百餘枚竹簡，經整理後其中有《算數書》一種重新面世。《算數書》的成書時代比《九章算術》更早，其下限據書中曆譜所記最後一年是西漢呂后二年（西元前 186）。比較《算數書》與《九章算術》，前者匯集六十九個算題名和九十二道算題，後者則匯集了二百四十六道算題，內容來說，前者略而後者詳，後者之〈方程〉、〈句股〉兩章更是前者完全沒有的。因此，彭浩云：

> 從現存《算數書》與《九章算術》的差別來看，後者的形成確實還需要一段較長的時間來完成句股、方程兩章及其他各章的補充、歸納。〔註70〕

又據《後漢書・馬援傳》謂馬續「博覽群籍，善《九章算術》」，以及東漢光和二年（179）《大司農斛》銘文：「依黃鍾律曆、九章算術，以均長短、輕重、大小。」則《九章算術》應該淵源於西漢時期，而寫定於東漢之時。郭書春總論戴震之功云：

> 對《九章算術》的校勘，起碼可以追溯到李淳風、楊輝。然而，全面的校勘則是從戴震開始的。……戴震輯錄、整理《九章算術》的貢獻極其重大，他也提出了若干正確的校勘。有了他的工作，我們今天才能看到全本的《九章算術》，並且基本上可以卒讀。……戴震的工作引發了乾嘉時期研究《九章算術》，進而整理、研究中國古算的高潮。李潢、汪萊、李銳等分別以孔刻本爲底本校勘《九章算術》。〔註71〕

四、成就與影響

戴震在算學上的成就，可分爲兩方面來看，一是提升算數之學的地位，使當時學者不敢忽置不論；二是帶動學者研究傳統數學的風潮，進而促使中西之學交流、會通。關於前者，阮元云：

> 九數爲六藝之一，古之小學也。自暴秦焚書，六經道湮，後世言數者，或雜以太一三式占候卦氣之說。由是儒林之實學，下與方技同科，是可慨已。庶常以天文輿地聲音訓詁諸大端，爲治經之本，故所爲步算

〔註70〕 參見彭浩《張家山漢簡算數書註釋》（北京：科學出版社，2001 年 7 月），頁32。

〔註71〕 參見郭書春《匯校九章算術》（瀋陽：遼寧教育出版社，2004 年 8 月）之〈增補版前言〉，頁 7〜8。

諸書，類皆以經義潤色，縝密簡要，準古作者，而又周羅算氏，綴輯
遺經，以紹前哲，用遺來學。蓋自有戴氏，天下學者，乃不敢輕言算
數，而其道始尊，然則戴氏之功，又豈在宣城下哉？〔註72〕

　　東原將算數之學提升到治經的高度，使學者明瞭其為治經的基本工夫，
非屬世俗之小道也。東原在〈與是仲明論學書〉即申論此說，前文已有討論。
東原所以如此重視算數之學，乃因「數學徵諸於實，不可臆說。」數學推演，
徵之於實，其數之用甚廣，非空談之學也，故儒者以數為用，乃可通天地人
之道，故古代經學家多兼善數學，乃因其有利於通經明道也。阮元即指出類
似的觀念云：

通天地人之道曰儒，孰謂儒者而可以不知數乎！自漢以來，如許商、
劉歆、鄭康成、賈逵、何休、韋昭、杜預、虞喜、劉焯、劉炫之徒，
或步天路而有驗於時，或著算術而傳之於後，凡在儒林，類能為算。
後之學者，喜空談而不務實學，薄藝事而不為，其學始衰；降及明
代，寖以益微。〔註73〕

　　戴震以乾嘉考據名家身分提倡算數之學，有效地提高了數學之地位，其
始至京師之時，秦蕙田方纂集《五禮通考》，聞其善於步算之名，乃邀其參與
其事，其中「觀象授時」部分，多採東原之說，並收錄其《句股割圓記》等
數學之作。其後阮元、淩廷堪、焦循等亦精於數學，殆乃受東原提振斯學之
影響。

　　關於傳統數學之研究，乃針對西洋數學而發，前文已論述東原力主中法
不輸於西法，甚至主張以中法御西法，其《句股割圓記》即在發揮此意，錢
大昕亦贊賞東原此說云：

今人所用三角八綫之法，本出於句股，而尊信西術者輒云：「句股不
能御三角。」先生折之曰：「《周髀》云：『圓出於方，方出於矩，矩
出於九九八十一。』三角中無直角，則不應乎矩，無例可比矣。必
以法御之，使成句股而止。八綫比例之術，皆句股法也。」〔註74〕

　　所言尊信西術者，殆指梅文鼎之輩，東原不滿於其過度崇信西法而貶抑
中法。為了與西法相抗衡，東原利用在四庫館校書之便，大量發掘宮中所藏

〔註72〕參見阮元《疇人傳》卷四十二。
〔註73〕參見阮元《揅經室三集》卷五。
〔註74〕參見錢大昕《戴先生震傳》，收入《戴震文集》附錄。

歷代古籍，輯錄纂校其中有關算數之書，乃有算經十種之校定。東原期望藉由校定古代算經，恢復中國傳統數學之面貌，使學者重新認識傳統數學之價值，並證明中法實有優於西法之處。持平而論，中法雖未必優於西法，但戴震對於恢復數學古籍的確功勞甚大，也促使學者紛紛投入傳統數學研究之列，並能從中更清楚分辨中西數學彼此之優劣，進而會通互補之。

第五節　禮治思想

　　古人制「禮」，本為規範日常生活，亦須合於人倫日用，進而促使社會和諧進步。然而，後人學「禮」，若執著於成文法規，則拘泥不可變通，至若欲以古範今，則又有不合人情者。戴震對於古代經書所言之「禮」，不僅在探求其文字訓詁，更欲探求古聖賢制禮之義，以切合人倫日用也。例如〈詩摽有梅解〉一文，乃戴震考究《詩經》中存有古人禮意者，東原引證《周禮‧媒氏》：「媒氏掌萬民之判，凡男女自成名以上，皆書年月日，名焉。令男三十而娶，女二十而嫁，凡娶、判妻、入子者，皆書之。中春之月，令會男女，於是時也，奔者不禁。若無故而不用令者，罰之。」戴震認為「此舉其終之大限言之也」，「男自二十至三十，女自十五至二十，皆婚姻以時者也。」又云：

> 不使民之後期而聽其先期，恐至於廢倫也，亦所以順民之性，而民自遠於犯禮之行也。《周禮》凡言會者，皆謂歲計曰會。中春「令會男女」者，使其屬稽之、覈之。三十之男，二十之女，貧不能婚嫁者，許其殺禮。殺禮則媒妁通言而行，謂之不聘，不聘謂之奔。故曰：「於是時也，奔者不禁」，奔之為妻者也。……若民之先期，男十六而娶，女十四而嫁，亦不聞古人有禁也。凡有父母之命，媒妁之言，如《周禮》中春許行之者，皆男女以正者也。〔註75〕

　　此言古人制禮，本為「順民之性」，故三十之男、二十之女尚未婚嫁者，許其「殺禮」而行，亦可知權變也。故東原認為古人制禮之法，在順民之性，遂民之欲，並參考各種政治、社會、經濟等之變化，以求合於人倫日用。
　　又如〈答朱方伯書〉一文，戴震辨明古今喪服之禮制用法云：

> 〈喪服〉：「昆弟之子期，從父昆弟大功，此正服也；大夫為昆弟之子為士者大功，大夫之子為從父昆弟為士者小功，此降服也。」《記》

曰：「大功之末，可以冠子，可以嫁子；父小功之末，可以冠子，可以嫁子，可以取婦。己雖小功，既卒哭，可以冠、取妻。」震竊觀後人於禮之名，無不從其重，未嘗聞大夫及大夫之子降旁期巳下之爲士者也；而於禮之實，幾蕩然不用。與其實去而名徒存，何如古人有正有降，一一各盡其實也。今欲講明古禮，而但從正服，不從降服，則是用其一不用其一，竊亦以爲不可。以今準古，名爲期，名爲大功，古禮斷然爲大功及小功也。小功卒哭之後，即可以取妻，況越過大功除服之後乎？然必父亦在小功之末方可。若父在大功之末，則可以冠子、嫁子，不可以取婦。凡言末者，謂卒哭之後，非謂除服之後。然則既虞、卒哭，服雖未除，可借吉明矣。大功之末，不可以取婦，大功既除服，固可取婦甚明。〔註76〕

　　按：戴震於此指出「喪服」之制，古禮有正服及降服之分，今人不明，皆從其重，則有失古人制禮之意。故戴震認爲用禮應「斟酌古今，名實兩得」，而不應「執禮太過」，故「君子行禮，不求變俗，要歸於無所苟而已矣」。

　　再者，戴震在《中庸補注》一書中，更闡明古代聖賢「中庸」之意，乃是隨時審處言行舉止，使其協於人倫日用，協于中也，如云：「庸，即篇內所謂『庸德之行，庸言之謹。』由之務協於中，故曰中庸。君子何以中庸？乃隨時審處其中。小人何以反中庸？乃肆焉以行」〔註77〕，又云：「人倫日用之常，由之而協於中，是謂中庸。」〔註78〕又《中庸》：「君子依乎中庸，遯世不見知而不悔，唯聖者能之」，戴震補注云：「『依乎中庸』，於人倫日用之常道無不盡也。用之則行，舍之則藏，故『不見知不悔』。」〔註79〕蓋此「中庸」，須合於人倫日用之常，亦是所謂「道」。故東原云：「凡人倫日用，無非血氣心知之自然，故曰『率性之謂道』。」〔註80〕又云：「道不出人倫日用之常」、「人之爲道若遠人，不可謂之道」、「君子治人之道，非自我立之法，不過以心之所同然者喻之」，更釋《中庸》「君子之道，費而隱」云：

　　許叔重《說文解字》曰：「費，散財用也。」故其義爲散之所廣徧。

〔註76〕　參見戴震〈答朱方伯書〉，收入《戴震文集》卷九。
〔註77〕　參見戴震《中庸補注》，收入《戴震全書》第二冊（合肥：黃山書社，1995年），頁54。
〔註78〕　同上注，頁56。
〔註79〕　同上注，頁58。
〔註80〕　同上注，頁51。

君子之道，雖若深隱難窺，實不過事物之咸得其宜，則不可徒謂其隱，乃費而隱也。後儒以隱爲道之體，是別有所指以爲道，非聖賢之所謂道也。道即人倫日用，以及飛・潛・動・植，盈天地之間無或違其性，皆是也。故下推言所謂費，而不及隱，文理甚明。〔註81〕

蓋宋儒釋中庸之道多以之爲天理之精微，似有玄虛化之傾向，如朱子云：「中庸者，不偏不倚、無過不及，而平常之理，乃天命所當然，精微之極至也，惟君子爲能體之。」〔註82〕又云：「道也者，天理之當然，中而已矣」〔註83〕，又朱子釋「君子之道費而隱」云：

費，用之廣也。隱，體之微也。君子之道，近自夫婦居室之間，遠而至於聖人天地之所不能盡，其大無外，其小無内，可謂費矣。然其理之所以然，則隱而莫之見也。蓋可知可能者，道中之一事，及其至而聖人不知不能。則舉全體而言，聖人固有所不能盡也。〔註84〕

戴震則不同意宋儒側重以「隱」釋「道」，不認爲「道」乃深隱難窺，相對而言，東原重視「道」之普遍性，認爲「道」同「中庸」，皆切於人倫日用之常，要在皆得事物之宜，而非深隱難見也。由此「中庸」之辨，可看出東原論道已逐漸與宋儒區別，段玉裁乃言此書「其言理皆與《原善》、《孟子字義疏證》無纖微不合者。」〔註85〕段氏之言甚確，《中庸補注》言「道」、言「中庸」，已近於《原善》、《孟子字義疏證》之「理」，如《原善》云：「心得其常，耳目百體得其順，純懿中正，如是之謂理義。故理義非他，心之所同然也。」〔註86〕《孟子字義疏證》云：「古聖賢之所謂道，人倫日用而已矣，於是而求其無失，則仁義禮有加於道也，於人倫日用行之無失，如是之謂仁，如是之爲義，如是之謂禮而已矣」〔註87〕，又云：「古之言理也，就人之情欲求之，使之無疵之爲理；今之言理也，離人之情欲求之，使之忍而不顧之爲理。此理欲之辨，適以窮天

〔註81〕 同上注，頁 58～59。

〔註82〕 參見朱熹《中庸章句》。

〔註83〕 同上注。

〔註84〕 同上注。

〔註85〕 參見段玉裁《戴東原先生年譜》，收入《戴東原先生全集》（《安徽叢書》第六期，1936 年），附錄。

〔註86〕 參見戴震《原善》卷中，收入《戴震全書》第六冊（合肥：黃山書社，1995年），頁 19。

〔註87〕 參見戴震《孟子字義疏證》，收入《戴震全書》第六冊（合肥：黃山書社，1995年），頁 202。

下之人盡轉移爲欺僞之人，爲禍何可勝言也哉！」〔註88〕此乃反對宋儒將「道」、「理」歸爲精微不可測之天理，而應普遍及於人倫日用之理，合於人情，合於人心之所同然者，才不會落入天理與人欲截然對立，有失人情的詐僞之弊也。

又戴震云：「人之常情，於人易於求盡，以此反諸身，則盡道矣。凡所當盡者，行之誠不易，亦可知勿責於人矣。自古施於人而不顧其難受，責於人而己概未能，天下國家之所以亡也。」〔註89〕此乃「己所不欲，勿施於人」之主張，亦同於《孟子字義疏證》所謂「以我之情，絜人之情，而無不得其平」的「以情絜情」之主張，也才能體諒人情，以公平之心待人接物，而合於「公理」也。

因此，戴震在《中庸補注》中反映出一種切合人倫日用的禮治思想，明確指出古禮之制乃爲服務人群，而非束縛人群，反對落入「以理（禮）殺人」的禍害，凡此可見東原論禮與宋儒不同之處，也爲其義理學思想之發展奠定基礎。

〔註88〕同上注，頁 217。
〔註89〕參見戴震《中庸補注》，收入《戴震全書》第二冊（合肥：黃山書社，1995年），頁 61。

第八章　《易》學、《春秋》學

　　戴震並無成系統之《易》學研究之專著，相關研究多為單篇論文，如〈周易補注目錄後語〉、〈法象論〉、〈讀周易繫辭論性〉等，今收入段玉裁所編之《戴震文集》。其他如《經考》、《經考附錄》卷一，收錄二十九篇與易學相關札記，其中十篇有按語，代表東原自身的易學觀點，亦可一併參考。其次，戴震《春秋》學的研究專著，較為可觀者以〈春秋改元即位考〉上中下三篇為代表作，乃東原釐清《春秋》義例，以為讀經之法也。其他如《文集》卷十之〈春秋究遺序〉，以及《經考》、《經考附錄》卷五收錄五十四篇有關春秋學之札記（其中僅四篇有按語），亦可作為研究東原春秋學之參考。

　　就整體而言，戴震在易學及春秋學上的研究成果不如《詩》、《書》以及三禮之學，且並無獨立之研究專書，多零散分布於《文集》及《經考》、《經考附錄》之研究札記中，其影響力不如《詩》、《書》、《禮》之學，但以其中仍有部分觀點有益於學者之研究，且能利於相關問題之釐清，故仍將東原之易學及春秋學研究併為一章，並分述探究之。

第一節　《易》學

　　《易經》，又稱《周易》，原本是中國古代的占筮之書，傳說伏羲氏畫卦，周文王作卦、爻辭〔註1〕，《易經》遂被認為乃六經中最早著成之書，古文家

〔註1〕如《漢書‧藝文志》云：「《易》曰：『伏羲氏仰觀象於天，俯觀法於地，觀鳥獸之文，與地之宜，近取諸身，遠取諸物，於是始作八卦，以通神明之德，以類萬物之情。』至於殷周之際，紂在上位，逆天暴物；文王以諸侯順命而

乃以《易》爲六經之首〔註2〕。屈萬里則認爲易卦源於龜卜，它和卦爻辭同是西周初年的產物，其云：

> 卜辭順序之由下而上，其成爲通習，既在殷代末年，而《易》卦爻畫已依此順序。則《易》卦之產生，自以在殷代末年或周初爲近理。……不但八卦和六十四卦是同時的產物，就是卦爻辭也應該和八卦及六十四卦出於同時，因爲它們是一整套的東西，而不能夠個別的獨立存在的。卦爻辭無疑地是西周初年的作品，那麼八卦和六十四卦也應該產生在這個時候。〔註3〕

楊伯峻亦認爲從卦爻辭來看，其內容載有殷商祖先的故事，如〈大壯·六五爻辭〉：「喪羊於易」，〈旅·上九爻辭〉：「喪牛於易」，此乃殷商先祖王亥之故事，王國維從卜辭中予以印證；也有周代初年的史事，如〈晉·爻辭〉：「康侯用錫馬蕃庶」，這是周武王封弟康叔於衛，飼養王所賞賜之馬的史事；卻沒有夾雜後代的任何色彩，如堯舜禪讓、湯武革命等春秋戰國時代流行的傳說，故卦爻辭應作於西周初年〔註4〕。因此，綜合屈、楊二氏之考證，《易》之卦爻辭應以作於西周初年爲確，而非周文王所作也。

其次，《易經》另有闡釋卦爻辭的《傳》，依序是〈彖〉、〈象〉、〈文言〉、〈繫辭〉、〈說卦〉、〈序卦〉、〈雜卦〉，其中〈彖〉、〈象〉、〈繫辭〉又分上下，合計十篇，後人稱之「十翼」，乃輔佐經義之翼助，又可稱《易傳》或《易大傳》。「十翼」相傳爲孔子所作，然而孔子對於六經「述而不作」，故此說不確。近代學者研究「十翼」，多認爲各篇寫作時代不同，非一時一人之作，大抵成於孔子之後，最遲至漢初〔註5〕。

西漢易學，今文經有施讎、孟喜、梁丘賀、京房四家立於學官，民間則有古文費直、高相兩家流傳，其中施、孟、梁丘三家說《易》切合人事，不談陰陽術數，可稱「義理派」；另外，京、高兩家多言陰陽災異，稱爲「象數派」。西漢末年，又有如《乾鑿度》之讖緯之書出現，亦爲《易》之象數派。

行道，天人之占，可得而效，於是重《易》六爻，作上、下篇。」
〔註2〕 如《漢書·藝文志》列六經次序爲《易》、《書》、《詩》、《禮》、《樂》、《春秋》，許慎《說文解字序》以及唐九經、宋十三經等，皆以《易》爲首。
〔註3〕 參見屈萬里〈易卦源於龜卜考〉，收入氏著《書傭論學集》（臺北：臺灣開明書店，1980年），頁48～69。
〔註4〕 參見楊伯峻《經書淺談》（臺北：萬卷樓圖書，1993年9月），頁10～12。
〔註5〕 同上注，頁13～14。

北宋以後，邵雍、周敦頤等人提出所謂〈太極〉、〈先天〉、〈後天〉之圖，透過圖表推衍宇宙、易卦之生成，易學乃籠罩在陰陽圖說之中，此亦漢代象數一派之流傳，至清代則爲胡渭《易圖明辨》所駁倒。另外，宋代又有程頤作《易程傳》、朱熹作《周易本義》，，多談性命道德之說，返歸易學義理一派。

　　清代既爲經學復盛時代，易經之研究亦甚爲興盛，如惠棟《周易述》、張惠言《周易虞氏義》、姚配中《周易姚氏學》、江藩《周易述補》等，皆爲考釋文義之新疏，並宗奉漢人師說。其後又有焦循作《雕菰樓易學五書》（《易章句》、《易通釋》、《易圖略》、《易話》、《易廣記》），不依附漢人之學，專從本經推勘比例，致力於《周易》通例之研究，王引之譽其書爲「鑿破混沌，掃除雲霧，可謂精銳之兵」，可見其書實有超出前人之見者。梁啓超認爲足以代表清儒《易》學者不過三家，曰惠定宇、曰張皋文、曰焦里堂〔註6〕。故惠棟《周易述》、張惠言《周易虞氏義》、焦循《雕菰樓易學五書》等三家，實爲研究清代易學必讀之作。

　　戴震之易學，主張「《周易》當讀程子《易傳》」〔註7〕，則頗有取於宋人易學，與惠棟等專務漢人師說有別。戴震在早年經學研究札記《經考》、《經考附錄》卷一，論《易》多抄錄宋人之說，並據以發揮之，如〈易取變易之義〉〔註8〕，引用宋儒胡瑗、程頤、朱熹之言，認爲「易」當取變易之義，而批評漢儒說「易」一名含三義尤爲疏遠；又如〈先後天圖〉〔註9〕，所謂〈先天〉、〈後天〉之圖本爲道教圖說而爲宋儒附會於解《易》者，黃宗炎、胡渭等已駁斥推翻之，戴震卻於按語全引朱熹迴護《易圖》之言，云：「凡《圖》特以釋經，使學者易尋耳。」此皆見東原早年治學有宗從程朱之學者，而對《易圖》之辨尙未認識清楚。周兆茂云：

　　　　從哲學思想看：在《經考》卷一中，戴震對程頤的《程氏易傳》和
　　　　朱熹的《周易本義》多有肯定。尤其在「理、象、數」條中，戴震
　　　　對《程氏易傳》所言的「有理而後有象」、「理無形也，故因象以明

〔註6〕　參見梁啓超〈清代學者整理舊學之總成績〉，《中國近三百年學術史》（臺北：
　　　　里仁書局，1995 年 2 月），頁 251。
〔註7〕　參見段玉裁《戴東原先生年譜》所輯錄戴震之言。
〔註8〕　參見戴震《經考》卷一，收入《戴震全書》（合肥：黃山書社，1995 年）第二
　　　　冊，頁 192〜193。
〔註9〕　參見戴震《經考附錄》卷一，收入《戴震全書》（合肥：黃山書社，1995 年）
　　　　第二冊，頁 385〜387。

理」等唯心主義觀點極表贊成，詳加摘錄。接著，在《經考》卷一
基礎上寫成的〈法象論〉，則進一步提出了「道」（「理」）爲天地萬
物本原的客觀唯心主義思想。〔註10〕

因此，由以上之引證，可知戴震早年之易學研究，實受程朱之影響，在
言「理」方面尚未與宋儒有異，此與後期之以《易》作爲批判程、朱之工具，
實有甚大之不同。以下僅就東原《易》學研究中，較值得討論者分述之。

一、「易」之名義

《易經》之「易」名義，歷來之說解，如孔穎達《周易正義》云：

夫「易」者變化之總名，改換之殊稱。……然變化運行在陰陽二氣，
故聖人初畫八卦，設剛柔兩畫，象二氣也；布以三位，象三才也，
謂之爲「易」，取變化之義。既義總變化，而獨以「易」名者，《易
緯・乾鑿度》云：「《易》一名而含三義：所謂易也、變易也、不易
也。」……鄭玄……《易贊》及《易論》云：「《易》一名而含三義：
易簡，一也；變易，二也；不易，三也。故〈繫辭〉云：『乾坤其《易》
之蘊邪』，又云：『《易》之門戶邪』，又云：『夫〈乾〉確然示人易矣；
夫〈坤〉隤然示人簡矣』，易則易知，簡則易從，此言其簡易之法則
也。又云：『爲道也屢遷，變動不居，周流六虛，上下無常，剛柔相
易，不可爲典要，唯變所適』，此言順時變易，出入移動者也。又云：
『天尊地卑，乾坤定矣；卑高以陳，貴賤位矣；動靜有常，剛柔斷
矣』，此言其張設布列，不易者也。」〔註11〕

鄭玄依據緯書《乾鑿度》闡釋《易》之名義，認爲有「易簡」、「變易」、
「不易」三種意旨，後世多從之，然而三者之中，何者是《易》之本義？孔
穎達以爲《易》之總名取變化之義，則似以鄭玄之「變易」當作《易》之本
義。又《易・繫辭上》云：「生生之謂易」，王弼注：「陰陽轉易，以成化生」，
孔穎達《正義》云：「生生不絕之辭，陰陽變轉，後生次於前生，是萬物恆生
謂之易也。前後之生，變化改易。」則《易》亦取變易、變化之義。

戴震於《易》之名義，亦取「變易」之義，並引宋儒之說爲證，如胡瑗
曰：「《易繫辭》云：『易窮則變，變則通。』又云：『生生之謂易。』是《大

─────────────

〔註10〕 參見《戴震全書》第二冊之《經考》文前之「說明」。
〔註11〕 參見孔穎達《周易正義・序》。

易》之作專取變易之義。」程子曰：「易，變易也，隨時變易以從道也。」又曰：「上天之載，無聲無臭。其體則謂之易，其理則謂之道，其用則謂之神，其命於人則謂之性，率性則謂之道，修道則謂之教。」朱子曰：「《易》，書名也。其卦本伏羲所畫，有交易、變易之義，故謂之《易》。」又《朱子語類》：「問：『易有交易、變易之義，如何？』曰：『交易，是陽交於陰，陰交於陽，是卦圖上底，如天地定位，山澤通氣云云者是也。變易，是陽變陰，陰變陽，老陽變爲少陰，老陰變爲少陽，此是占筮之法。如晝夜、寒暑、屈伸、往來者是也。』」戴震則綜理宋儒之義云：

> 《易》之名，惟取「變易」之義，故「四營而成易」，謂之變也。「變易」之義，足以盡之。朱子兼「交易」爲言，就成卦以後圖位明之耳。「變易」中能兼「交易」，聖人命名祇歸於一。漢人謂一名而含三義者尤疏遠。〔註12〕

其次，《易》之書名，雖取變易之義，然非「易」字本義，《說文・易部》云：「易，蜥易、蝘蜓、守宮也，象形。《秘書》說曰：『日月爲易，象陰陽也。』一曰從勿。」段玉裁注云：「《秘書》謂緯書。……按《參同契》曰：『日月爲易，剛柔相當。』陸氏德明引虞翻注《參同契》云：『字從日，下月。』」按：《說文》以「易」爲象形字，乃蜥蜴也，卻又引《易緯・參同契》「日月爲易」之說，乃引致後學之紛爭。主張「易」取象於蟲者，如宋儒陸佃曰：

> 《說文》云：「蜥易、蝘蜓、守宮也，象形。」《周易》之義疑出於此，取其陰陽構合而名。一曰蜥易，日十二時變色，故曰易也。舊說蜥易嘔雹，蓋龍善變，蜥易善易，故《乾》以龍況爻，其書謂之《易》。爻者，言乎其變也。「象」之義出於象，「彖」之義出於豕，「易」之義出於易，皆取諸物也。

清人黃宗炎亦曰：

> 易者，取象於蟲。其色一時一變，一日十二時，改換十二色。因其倏忽變更，借爲移易、改易之用。易之爲文，象其一首四足之形。《周易》卦次俱一反一正，兩兩相對。每卦六爻，兩卦十二爻，如蜥易之十二時。在本卦者，象日之六時；在往來之卦者，象夜之六時。取象之奇巧精確，不可擬議，無踰於此。俗儒反病其一物之微，

〔註12〕參見戴震《經考》卷一〈易取變易之義〉，收入《戴震全書》（合肥：黃山書社，1995年）第二冊，頁192～193。

不足以包含大道。誤解日月爲易，開端於虞仲翔，而聖人之取義漸
隱。

另有主張「日月爲易」者，如宋儒張載曰：「《易》乃是性與天道，其字
日月爲易，易之義包天地變化。」王弘撰亦曰：「古篆文『易』從日，從月，
則日月爲易明矣。《參同契》亦如此說。……以易爲蝪，陴佴之渦也。」

戴震則不同意以上二說，認爲「易」乃六書之假借字，蜥易或日月爲易
之說皆非也，其〈易象象三字皆六書之假借〉一文云：

六書之假借，《說文・序》云：「本無其字，依聲託事」是也。凡六
書之字，古人謂之名。名者，聲之爲也。既以聲名之，從而爲之字。
假借者，本無其字，而假他字以寄是名者也。或兩名聲同，則爲同
聲之假借；或兩名聲微異，則爲轉聲之假借。上古但有語言，未有
文字，語言每多於文字，亦先於文字。事物之變換遷移謂之易，此
一名也；蜥易之爲物，以雙聲名之，此又一名也。未立蜥易字之前，
不可謂無變易之語。專就蜥易傅會變易之義，可乎？易之爲變易，
象之爲像，無涉於蟲獸。說者支離穿鑿，由六書不明，不知假借之
說耳！日月爲易尤謬。《說文》又有「无」字云：「奇字『无』，通於
『元』者。王育說：『天屈西北爲无』。」日月爲易，无通於元，其
始乃異端所爲，好新奇者或取之。今《易》中「無」皆作「无」，俗
本相承，莫是正也。〔註13〕

按：戴震以聲求義，明六書假借之旨，「本無其字，依聲託事」，故易、
象、象三字皆非取象於物，乃取聲同或聲近之字爲之，故不可以象形、會意
等強加訓解，所謂蜥易或日月爲易皆漢人附會之說，實非「易」之本義。

考甲骨文有「易」字作、、等之形，金文「易」字作、，徐中
舒考釋云：

原字爲，象兩酒器相傾注承受之形，故會賜與之義，引申之而有
更易之義。後省爲，乃截取之部分而成。金文作（史霊尊）、
或省作（德簋）、（辛巳簋）形，義皆與甲骨文略同。經傳作錫、
賜，皆後起字。《說文》：「易，蜥易、蠑蜓、守宮也，象形。秘書說：
『日月爲易，象陰陽也。』一曰從勿。」《說文》所說形義皆不確。

〔註13〕 參見戴震《經考》卷一，收入《戴震全書》（合肥：黃山書社，1995年）第二
冊，頁370〜371。

〔註14〕

可見「易」原象兩酒器相傾注承受之形，故推而有賜與之義，甲、金文之「易」多有作賞賜之義，或爲祭日、地名或平安之義〔註15〕，皆與蜥易或變易無關，則《易》之變易義後起可知也。或有說卜辭之「王疾齒，佳易」、「王疾齒，亡易」，其「易」乃更易之義，如楊樹達云：「卜辭或言『疾齒唯易』『疾齒亡易』，舊解爲錫非。易者猶今言換牙也，即《素問》所謂『齒更』。」〔註16〕姚孝遂則考辨云：「楊樹達以『疾齒唯易』爲齒更，亦有可商，『齒更』乃小兒生理之常，此言『王疾齒』，商王爲武丁，不得以『換牙』解之。易當讀作『俁』，《禮記‧中庸》：『故君子居易以俟命』，注：『平安也』，疾齒而占『佳易』、『亡易』，謂平安與否也。」〔註17〕按：姚氏考辨爲確，卜辭並無以「易」爲變易之義，故可信變易之義乃後出之說也。

二、《易》之篇目

《易》之古本，經傳相離，後世則將傳合於經，則亂其本也。或言亂經傳之本始自費直，如《崇文總目‧序》云：「以〈彖〉、〈象〉、〈文言〉雜入卦中者，自費氏始。」吳仁傑亦云：「費直《易》省去〈彖〉、〈象傳〉、〈繫辭傳〉之目，但總以一『傳』字加於〈象傳〉之首。王弼、王肅《易》皆存『傳』字，蓋本於此。」或亦有言鄭玄、王弼所爲，如《三國志‧魏志》載淳于俊認爲合傳于經始於鄭玄，孔穎達《周易正義》則以爲始於王弼。

戴震則認爲費直未曾改經，其解經皆以「十翼」說之，並未自立章句。後人誤讀《漢書‧儒林傳》：「費直治《易》，長於卦筮，無章句，徒以〈彖〉、〈象〉、〈繫辭〉十篇之言解說上、下《經》。」故僞作費氏《易》，省去〈彖〉、〈象〉、〈繫辭〉之目，總以一「傳」字加於〈彖〉、〈象〉之首，後世遂多責怪費直改經，凡此皆不察之論也，實則合傳於經，乃鄭玄、王弼所爲。戴震詳考之云：

　　陸德明《易釋文》於〈繫辭上篇〉題下云：「王肅本皆作〈繫辭上傳〉，

〔註14〕參見徐中舒《甲骨文字典》（成都：四川辭書出版社，1995年5月），頁1063。
〔註15〕甲骨文「易」字相關考證，可參于省吾主編《甲骨文字詁林》（北京：中華書局，1996年5月），頁3382～3390。
〔註16〕參見楊樹達〈釋易〉，《積微居甲文說》卷上。
〔註17〕參見于省吾主編《甲骨文字詁林》（北京：中華書局，1996年5月）之按語，頁3390。

託於〈雜卦〉，皆有『傳』字。」肅所注亦費氏《易》，未嘗省去〈繫辭〉之目也。而吳氏謂「費直《易》省去〈彖〉、〈象〉、〈繫辭〉之目，但總以一『傳』字加於〈彖傳〉之首」者，此後人誤解《漢書》，傅會為之。《漢書》但云：「費氏《易》無章句，徒以〈彖〉、〈象〉、〈繫辭〉十篇之言解說上下經。」蓋費氏《易》仍是《經》二篇、《傳》十篇，但不自立訓詁章句。其解說《經》即用《傳》意，明其當時口授學徒如此，何嘗汩亂古經，沒〈彖〉、〈象〉、〈繫辭〉之名乎？使如吳氏所云，則劉向、班固皆當言其篇題與古文異矣。凡以改《易》古經咎費氏，皆不察之論也。〔註18〕

又作〈周易補注目錄後語〉云：

鄭康成始合〈彖〉、〈象〉於《經》，如今王弼本之〈乾卦〉後加「彖曰」、「象曰」者是也。弼又分〈文言〉於〈乾〉、〈坤〉後，各加「文言曰」；而自〈坤卦〉已後，〈象〉及〈象〉之論兩體者，分屬卦詞後，解爻詞者逐爻分屬其後。於是漢時所謂十二篇，莫能言其舊。……〈儒林傳〉曰：「費直治《易》，長於卦筮，無章句，徒以〈彖〉、〈象〉、〈繫辭〉十篇之言解說上、下《經》。」蓋費氏《易》不自立故訓章句，其解說《經》，即用十篇之言，明其當時之口講指畫如此。是十二篇，費氏未嘗改也。劉向以中古文《易經》校施、孟、梁丘《經》，或脫去無咎、悔亡，惟費氏《經》與古文同，初不聞劉向、班固言其篇題與諸家異。後人誤讀〈儒林傳〉，乃贗作費氏《易》，省去〈彖〉、〈象〉、〈繫辭〉之目，總以一「傳」字加於〈彖〉、〈象〉之首，紛紛咎費氏改經，不察之論也。〔註19〕

其次，有關於「十翼」之作，《史記》、《漢書》以為乃孔子所作，如《史記·孔子世家》：「孔子晚而喜《易》，序〈彖〉、〈繫〉、〈象〉、〈說卦〉、〈文言〉。」《漢書·藝文志》：「孔氏為之〈彖〉、〈象〉、〈繫辭〉、〈文言〉、〈序卦〉之屬十篇。」自漢至唐，孔子為十翼之說，各家無異辭。宋人始疑《易傳》非孔子所作，如歐陽修《易童子問》認為十翼皆非孔子所作，此後各家考證紛紛而出，大抵已確認《易傳》並非孔子所作，乃孔門弟子或後學輯錄發揮孔子

〔註18〕 參見戴震《經考》卷一之〈十翼〉，收入《戴震全書》（合肥：黃山書社，1995年）第二冊，頁200～201。

〔註19〕 收入《戴震文集》卷一。

《易》教思想，並吸收黃老、道家及陰陽之學思想而成的一套體系，託言解《易》，實則部分內容多不合於經文原意，可視爲戰國諸子思想之一家之言。戴震亦認爲《易傳》中實有後人之說，如〈說卦〉、〈序卦〉、〈雜卦〉三篇，不類孔子之言，或後世經師所記，其考辨云：

> 《隋志》言：宣帝時，河內女子得《易・說卦》三篇、《書・太誓》一篇。本後漢王充、房宏等之說。劉歆《移書太常博士》，只云〈太誓〉後得，不繫何年。〈說卦〉三篇，宜與之同時而得。但武帝世已有，不當宣帝世耳。《易》以卜筮得不禁，而漢初失〈說卦〉三篇者，考〈說卦〉、〈序卦〉、〈雜卦〉辭指不類孔子之言，或經師所記。孔門餘論，或別有傳聞。漢武帝時，博士集而讀之，合於上下《經》、〈象〉、〈象〉、〈繫辭〉、〈文言〉，爲《易經》十二篇。猶以〈太誓〉合於伏生所傳二十八篇，爲《今文尚書》二十九篇也。〈序卦〉、〈雜卦〉雖各自爲題，統而言之，固可謂之〈說卦〉三篇。先儒合爲「十翼」，遂一歸孔子而無敢異議矣。〔註20〕

按：揚雄《法言・問神》云「《易》損其一」，王充《論衡・正說》云宣帝時得逸《易》一篇，至《隋書・經籍志》則云秦焚書，《周易》獨以卜筮得存，惟失〈說卦〉三篇，宣帝時河內女子得之，亦得〈太誓〉一篇，一併獻給朝廷。則河內女子得逸《易》，似乎有其事也。然而，〈太誓〉之僞，馬融已有證，其非先秦之書可知。故與〈太誓〉同出之逸《易》，亦可能是漢人所作。至於逸《易》著成時代，應與今文〈太誓〉同出於武帝前，王充、《隋志》誤置於宣帝，戴震乃詳辨之。

至於〈說卦〉、〈序卦〉、〈雜卦〉晚出，學者多有言之，如屈萬里云：

> 十翼之名，始見於《易緯・乾鑿度》，緯書出哀、平之際，十翼之名，蓋即產生於是時或稍前未久也。……〈說卦傳〉言「帝出於震」云云，已受五德終始說之影響；自當在鄒衍之時或其後。〈序卦傳〉記諸卦之序，語多淺鄙，後人疑之者尤多。然汲冢所出卦下《易經》一篇，似〈說卦〉而異（見《晉書・束晳傳》）；明戰國晚年，說《易》者已有此類作品。《淮南子・繆稱篇》曾引〈序卦〉「剝之不可遂盡也，故受之以復」二語。是〈序卦傳〉已傳布於西漢初年。據《史

記》此二者亦皆田何所傳，殆皆戰國晚年人所作也。惟〈雜卦〉之篇，不見於西漢及以前人所徵引，其爲河內女子所獻者無疑（說見《漢石經周易殘字集證》）。河內女子所獻〈泰誓〉，與先秦諸書所引者不相應，馬融曾疑其僞。然則此〈雜卦〉之篇，蓋亦漢人所爲，而託諸河內女子，以售其欺耳。〔註21〕

屈氏指出《淮南子‧繆稱篇》曾引〈序卦〉「剝之不可遂盡也，故受之以復」二語，是〈序卦傳〉已傳布於西漢初年之證，則可破除《隋志》言〈說卦〉、〈序卦〉、〈雜卦〉出於宣帝時之說。因此，戴震指出〈說卦〉等三篇晚出，蓋信而有徵也。

三、論〈雜卦〉之互體

《易傳》之〈雜卦〉，是以卦象對舉見義的形式揭示《周易》六十四卦卦德的一篇文字，其云：

> 乾剛、坤柔。比樂、師憂。臨、觀之義，或與或求。屯見而不失其居；蒙雜而著。震，起也；艮，止也。損、益，盛衰之始也。大畜，時也；无妄，災也。萃聚而升不來也。謙輕而豫怠也。噬嗑，食也；賁，无色也。兌見而巽伏也。隨，无故也；蠱則飭也。剝，爛也；復，反也。晉，晝也；明夷，誅也。井通而困相遇也。咸，速也；恆，久也。渙，離也；節，止也。解，緩也；蹇，難也。睽，外也；家人，內也。否、泰，反其類也。大壯則止；遯則退也。大有，眾也；同人，親也。革，去故也；鼎，取新也。小過，過也；中孚，信也。豐，多故也；親寡，旅也。離上而坎下也。小畜，寡也；履，不處也。需，不進也；訟，不親也。大過，顛也。姤，遇也；柔遇剛也。漸，女歸待男行也。頤，養正也。既濟，定也。歸妹，女之終也。未濟，男之窮也。夬，決也；剛決柔也；君子道長，小人道憂也。

〈雜卦〉通篇用韻，除篇末「大過」以下之八個卦外，其餘五十六卦的排列順序都很有規律，皆兩兩相耦，採「覆」、「變」之法形成二十八組。如《師》卦上坤下坎，《比》卦上坎下坤，將《比》卦的卦形倒轉過來，就是《師》卦；《臨》卦上坤下兌，上下倒轉過來就是上巽下坤的《觀》卦，這種現象稱

〔註21〕 參見屈萬里〈經書八種解題〉，《古籍導讀》（臺北：臺灣開明書店，1985 年 10 月），頁 134～136。

之「覆」。又如《乾》卦六爻皆爲陽爻，《坤》卦六爻皆爲陰爻，陰陽相對；《屯》卦與《蒙》卦六爻亦彼此陰陽相對，如此同組內的兩卦同位之爻採陰陽相對之法，則可謂之「變」。此即韓康伯所云：「雜卦者，雜糅眾卦，錯綜其義。」

　　然而，自《大過》以下八卦，卻不以「覆」、「變」爲耦，學者乃多有疑之，如東漢鄭玄於「大過，顚也」下注云：「自此以下，卦音不協，似錯亂失正，弗敢改耳。」鄭玄以爲〈雜卦〉等十翼爲孔子所作，故雖懷疑《大過》以下八卦「錯亂失正」，卻又「弗敢改耳」。及至宋儒，勇於疑經改經，蘇軾《易傳》乃改《大過》以下八卦之次序云：

　　　　〈雜卦〉自乾、坤以至需、訟，皆以兩兩相從，而明相反之義，自大過以下則非相從之次，蓋傳者失之也。凡八卦，今改正之，曰：「頤，養正也；大過，顚也。姤，遇也，柔遇剛也；夬，決也，剛決柔也，君子道長，小人道憂也。漸，女歸待男行也；歸妹，女之終也。既濟，定也；未濟，男之窮也。」

朱熹《周易本義》則云：「自《大過》以下，或疑其錯簡。以韻協之，又似非誤。」則朱子亦疑此八卦有錯簡之可能，但卻又因其韻諧〔註 22〕而不敢確定。

　　爲彌合此種錯亂，於是又有學者提出「互體」之說。所謂「互體」，或稱互卦，乃指《易》卦凡卦爻二至四、三至五，兩體交互，各成一卦。此說最早見於《左傳·莊二十二年》：「陳侯使筮之，遇《觀》之《否》，曰是謂觀國之光，利用賓於王。……坤，土也。巽，風也。乾，天也。風爲天於土上，山也。」杜預注：「坤下巽上，《觀》。坤下乾上，《否》。《觀》六四爻，變而爲《否》。此《周易·觀卦》六四爻辭，易之爲書，六爻皆有變象，又有互體，聖人隨其義而變之。……巽變爲乾，故曰風爲天。自二至四有艮象，艮爲山。」〔註 23〕蓋《觀卦》乃上巽下坤，其爻自下往上數之第四爻爲陰，陰變爲陽則成上乾下坤之《否卦》。觀之上卦爲巽，巽爲風；否之上卦爲乾，乾爲天，故自觀至否，可謂風爲天。至於《否》之第二爻至第四爻，爲艮卦，艮爲山，故言風爲天於土上，山也。因此，《觀》之陰爻變成《否》之陽爻，二體交互，可稱「互體」。

〔註 22〕鄭玄謂此八卦卦音不協，黃沛榮認爲其所據異於今本，故與朱子所言不同。（參見黃氏撰《易學乾坤》，頁 22。）

〔註 23〕參見杜預注、孔穎達正義《十三經注疏·左傳》，頁 163～164。

於是部分學者乃用「互體」解釋〈雜卦〉「大過」以下八卦之錯雜現象，朱子對於「互體」，存而不論，其《周易本義》云：「王弼破互體，朱子發用互體，自《左氏》已言，亦有道理，只是今推不合處多。」顧炎武亦言「互體」之誤云：「凡卦爻二至四，三至五，兩體交互，各成一卦，先儒謂之互體。……然大子未嘗及之。後人以『雜物撰德』之語當之，非也！其所論二與四、三與五同功而異位，特就兩爻相較言之，初何嘗有『互體』之說？」戴震亦云：

> 若〈雜卦傳〉末簡以韻協之，不誤。而卦不反對，先儒因以互體爲之說。則《大過》之初二三成巽，二三四成乾，是爲《姤》。上初二成艮，初二三本成巽，是爲《漸》。五上初成震，上初二成艮，是爲《頤》。四五上本成兌，五上初成震，是爲《歸妹》。三四五成乾，四五上本成兌，是爲《夬》。此自《大過》以下之次第也，別爲互體之一例。又自二至五，互之則復爲乾矣。其說至巧，〈雜卦傳〉若信爲孔子所作，竊疑聖人言不如是之巧也。〔註24〕

按：戴震認爲用「互體」解釋〈雜卦傳〉之末八卦，其言雖巧妙，但疑孔子不作此言。宋人蔡淵則認爲此末八卦實有錯亂，應改正其序爲《大過》、《頤》、《既濟》、《未濟》、《歸妹》、《漸》、《姤》、《夬》，其云：

> 大過，顛也；頤，養正也。既濟，定也；未濟，男之窮也。歸妹，女之終也；漸，女歸待男行也。姤，遇也，柔遇剛也；夬，決也，剛決柔也，君子道長，小人道憂也。

蔡淵此說，既合「覆」、「變」爲偶之規律，又能協合卦韻，如在《大過》之前的《訟》卦「訟，不親也。」「親」與《大過》之「顛」協韻；《頤》之「正」與《既濟》之「定」協韻；《未濟》之「窮」與《歸妹》之「終」協韻；《漸》之「行」與《姤》之「剛」協韻。其後元人吳澄、明人何楷皆從之。今人高亨亦云：

> 自「大過，顛也」以下諸句，語序錯亂。《周易》作者乃將六十四卦分爲三十二偶。《頤》與《大過》爲一偶，《漸》與《歸妹》爲一偶，《夬》與《姤》爲一偶，《既濟》與《未濟》爲一偶。《雜卦》雖不依六十四卦之順序，但每一偶卦相連作解，則當爲全篇之通例。前五十六卦皆然，獨此八卦不然，其有錯亂，明矣。〔註25〕

〔註24〕參見戴震《經考》卷一，收入《戴震全書》第二冊，頁209。
〔註25〕參見高亨《周易大傳今注》，頁663。

黃沛榮亦云：

> 綜觀諸說，蔡說爲得，然亦未盡其蘊。……以「變」、「覆」與協韻
> 環環相扣，絕不可易；而最特殊者，乃末句「柔」、「憂」二韻又與
> 篇首「乾剛坤柔，比樂師憂」相呼應，此蓋〈雜卦傳〉作者之匠心
> 獨運也。〔註26〕

按：蔡淵、高亨、黃沛榮諸氏說法爲確，今本《易傳‧雜卦》自《大過》
以下八卦，卦序錯亂失次，宜改正其序爲《大過》、《頤》、《既濟》、《未濟》、
《歸妹》、《漸》、《姤》、《夬》。將此改正之後的八卦與其他五十六卦相合來看，
則《雜卦》之六十四卦，分作三十二組，其中《乾》與《坤》、《小過》與《中
孚》、《離》與《坎》、《大過》與《頤》等四組屬於「變」，其餘二十八組屬於
「覆」，如此則合於「兩兩相偶，非覆即變」之規律。另外，在卦象義理上，
戴璉璋認爲《雜卦傳》對此三十二組的說明不外乎「同類相從」、「異類相應」
兩種觀點，其云：

> 同類相從，異類相應，可以代表《雜卦傳》作者對於易道的看法。《繫
> 辭傳》說：「方以類聚，物以群分，吉凶生矣。」又說：「剛柔相推
> 而生變化。」易道所以生生不已、可大可久，無非是事物同類相從、
> 異類相應所導致的衍生與變化。《雜卦傳》作者雖然未曾進一步論述
> 易道的內涵，但是他對於易道的基本觀點是與《易傳》其他各篇可
> 以相通的。〔註27〕

因此，《雜卦傳》不論在卦序、音韻、義理上皆有其巧妙之安排，應出自
戰國以後學者所爲，實非孔子所作。過去學者所以不敢非議《雜卦》之卦序
錯亂，實受孔子作《易傳》之成見影響。戴震不從蔡淵之說，而用「互體」
來解釋，實不如蔡淵之說爲確。然而，戴震認爲用「互體」來說明《雜卦》
之錯亂，其理雖巧妙可通，然亦疑孔子所言不如是之巧也，則亦有破除孔子
作《易傳》成見之效也。

最後，關於「互體」之說，雖推本於《左傳‧莊公二十二年》周史之說，
然僅此孤例，且傳文未明言「互體」，「互體」實出於漢魏注疏家之附會也，

〔註26〕參見黃沛榮〈周易卦序探微〉，《易學乾坤》（臺北：大安出版社，1998 年 8
月），頁 23。

〔註27〕參見戴璉璋《易傳之形成及其思想》（臺北：文津出版社，1997 年 2 月），頁
196。

應非《易傳》之原意，顧炎武已辨正其非，高亨亦云：

> 講卦的互體，《左傳》、《國語》再無此例，未知是否。據我理解，《說
> 卦》：「巽爲高，乾爲圓。」坤上有巽有乾，是土地又高又圓之象，
> 這是山上的土，所以說「風爲天於土上，山也。」〔註28〕

高亨之說足可解釋《左傳》「風爲天爲十上，山也」之言，故不須依從漢魏注疏家「互體」之說。

四、論《易圖》

《易》之有圖，始自宋儒，邵雍以象數解釋《易》，作《先天圖》，其圖雖源自道士陳摶，然主要經過邵雍之改造，與道教之圖已有不同，故朱熹云：「此圖（按：先天圖）自陳希夷（摶）傳來，如穆、李，想只收得，未必能曉。康節自思量出來。」〔註29〕鄭吉雄亦指出推論圖表之法源自道教，而〈太極〉、〈先天〉等圖則屬儒家無疑，儒家《易》圖之學興盛後，道教中人反引用而擴充之，往下則儒家學者復受道教系之《易》圖影響〔註30〕。其次，周敦頤則取陳摶《無極圖》，改定而作《太極圖》，爲圓者四，位五行其中，自上而下，最上曰「無極而太極」；次二，陰陽配合，曰「陽動陰靜」；次三，五行定位，曰「五行各一其性」；次四曰：「乾道成男，坤道成女」；最下曰「化生萬物」。又有劉牧傳《河圖》、《洛書》，因《易·繫辭》云：「河出圖，洛出書，聖人則之」，以爲出自伏羲氏。

其後朱熹作《周易本義》一書，乃取《河圖》、《洛書》等九圖冠於全書之首，又極力推崇周敦頤《太極圖說》，並據此暢論其理氣心性之論，更成爲理學家道統維繫之中心。朱熹云：

> 先生（按：周敦頤）之學，其妙具於《太極》一圖，《通書》之言，
> 皆發此圖之蘊。而程先生兄弟（按：程顥、程頤）語及性命之際，亦
> 未嘗不因其說。觀《通書》之誠、動靜、理性命等章，及程氏書之〈李
> 仲通銘〉、〈程邵公誌〉、〈顏子好學論〉等篇，則可見矣。〔註31〕

朱子之學自元明至清初，皆爲官學所尊崇，故宋人以圖書說《易》，影響

〔註28〕參見高亨〈左傳國語的周易說通解〉，引自楊伯峻《春秋左傳注》，頁223。
〔註29〕參見《朱子語類》卷六十五。
〔註30〕參見鄭吉雄〈論宋代《易》圖之學及其後之發展〉，《中國文學研究》第一期，1987年5月。
〔註31〕參見朱熹〈周子太極通書後序〉。

甚大。梁啓超云：

> 須知所謂「無極」、「太極」，所謂《河圖》、《洛書》，實組織「宋學」
> 之主要根核。宋儒言理、言氣、言數、言命、言心、言性，無不從
> 此衍出。周敦頤自謂「得不傳之學於遺經」，程朱輩祖述之，謂爲道
> 統所攸寄。於是佔領思想界五六百年，其權威幾與經典相埒。〔註32〕

宋儒這種以圖書說《易》的方式，乃宋人自得，並非《易》之原意，亦
與孔孟之說不合。故至清初，黃宗羲作《易學象數論》，黃宗炎作《圖書辨惑》，
毛奇齡作《河圖洛書原舛》，乃考究宋人以圖書解《易》之非。及至胡渭作《易
圖明辨》一書，更是引證詳博，指出宋人之學實源自陳摶、邵雍，並非羲文
周孔之學，朱子承襲其說，於是《易》圖盛行，遂造成解《易》之一大迷亂，
其云：「《易》之爲書，八卦焉而已」，「《易》之作全由『圖書』，而舍『圖書』
無以見《易》矣。學者溺於所聞，不務觀象玩辭，而唯汲汲於『圖書』，豈非
易道之一厄乎？」〔註33〕又云：

> 嘗謂《詩》、《書》、《禮》、《春秋》，皆不可無圖，惟《易》無所用圖。……
> 安得有先後天之別？《河圖》之象，自古無傳，何以擬議？《洛書》
> 之文，見於《洪範》，五行九宮，初不爲《易》而設。……《洪範》
> 古聖所傳，漢儒專主災異，以瞽史矯誣之説，亂彝倫攸敍之經，害
> 一。《洛書》之本文，具在《洪範》，宋儒創爲黑白之點，方圓之體，
> 九十之位，且謂《洪範》之理通於《易》。……害二。《洪範》原無
> 錯簡，後儒任意改竄，移「庶征」、「王省惟歲」以下，爲五紀之傳，
> 移「皇極」「斂時五福」至「作汝用咎」及「三德」、「惟辟作福」以
> 下，爲「五福」「六極」之薄，害三。〔註34〕

黃、閻、胡之辨正宋人易圖，打破了清代《易》學圖書派之勢力，也劃清
先天、後天、太極等圖與《易》之界線，梁啓超乃稱許胡渭此書「以《易》還
諸羲文周孔，以《圖》還諸陳、邵，並不爲過情之抨擊，而宋學已受『致命
傷』。自此，學者乃知宋學自宋學，孔學自孔學，離之雙美，合之兩傷。」〔註35〕

戴震對於《易圖》之態度，則有前後不同之差異。前期反映在東原早年

〔註32〕　參見梁啓超《清代學術概論》五。
〔註33〕　參見胡渭《易圖明辨》卷一。
〔註34〕　同上注。
〔註35〕　參見梁啓超《清代學術概論》五。

的著作《經考》與《經考附錄》中，在此表現維護朱子之學的態度，如云：

> 朱子曰：「以《河圖》、《洛書》爲不足信，自歐陽公以來已有此說。
> 然終無奈《顧命》、《繫辭》、《論語》皆有足言。而諸儒所傳二圖之
> 數，雖有交互，而無乖戾。順數逆推，縱橫曲直，皆有明法，不可
> 得而破除也。至如《河圖》與《易》之天一至地十者，合而載天地
> 五十有五之數，則固《易》之所自出也。《洛書》與《洪範》之初一
> 至次九者，合而具九疇之數，則固《洪範》之所自出也。」〔註36〕

戴震於此節錄朱子之言，其後又節錄閻若璩反駁宋人之言，但自己卻未
下按語評斷，此乃雖知宋人圖書說有誤，但仍不願抨擊朱子也。又東原於〈先
後天圖〉一條則下按語云：

> 朱子《易學啓蒙》載：「伏羲先天、文王後天諸圖，其圖傳自邵康節。
> 先天云者，所以推原伏羲卦畫，故謂之『先天』，而繫諸伏羲。『後
> 天』云者，姑就其方位言之，如坤之象曰：『利西南得朋，東北喪朋。』
> 蹇之象曰：『利西南，不利東北。』解之象曰：『利西南』之屬，此
> 固文王所繫之辭，而《說卦傳》發明之。治經者因而爲圖，故謂之
> 『後天』，而繫諸文王。凡圖特以釋經，使學者易尋耳。不知者妄意
> 伏羲曾爲是圖，文王曾爲是圖，而目象、象、說卦若因圖爲之說者，
> 則大惑矣。」〔註37〕

戴震於此引用朱子《易學啓蒙》之言，說明朱子亦不以《易圖》爲伏羲、
文王所作，乃後人爲釋經而特作圖也。然而，朱子《周易本義》明明將易圖
冠於篇首，又云：「有天地自然之易，有伏羲之易，有文王周公之易，有孔子
之易。自伏羲以上，皆無文字，只有圖畫，最宜深玩，可見作《易》本原精
微之意。文王以下，方有文字，即今之《周易》。然讀者亦宜各就本文消息，
不可便以孔子之說爲文王之說也。」〔註38〕所謂天地自然之易指《河圖》、《洛
書》，伏羲之易指先天八卦及六十四卦方位，文王周公之易指後天八卦及六十
四卦變，此皆立於孔子之易前，則顯然朱子主張圖書先於周易經傳。故余英
時認爲東原此條按語，其意顯然特爲朱子開脫，這也是跟東原早年爲學贊同

〔註36〕參見《經考附錄》卷一「河圖洛書」條，收入《戴震全書》第二冊（合肥：
黃山書社，1995 年），頁 381。
〔註37〕參見《經考附錄》卷一，收入《戴震全書》第二冊（合肥：黃山書社，1995
年），頁 386～387。
〔註38〕參見朱熹《周易本義·圖說》。

朱子之義理有關〔註39〕。

中年以後，東原自得義理之學日益成熟，逐漸不以宋儒《易圖》之說爲然，其云：

問：宋儒論陰陽，必推本「太極」。……

曰：後世儒者紛紛言太極，言兩儀，非孔子贊《易》太極、兩儀之本指也。孔子曰：「易有太極，是生兩儀，兩儀生四象，四象生八卦。」曰儀、曰象，皆據作《易》言之耳，非氣化之陰陽得兩儀、四象之名。《易》備於六十四，自八卦重之，故八卦者，《易》之小成，有天、地、山、澤、雷、風、水、火之義焉。其未成卦畫，一奇以儀陽，一偶以儀陰，故曰兩儀。……孔子贊《易》，蓋言《易》之爲書起於卦畫，非漫然也，實有見於天道之一陰一陽爲物之終始會歸，乃畫奇偶者從而儀之，故曰「易有太極，是生兩儀」。既有兩儀，而四象，而八卦，以次生矣。孔子以太極指氣化之陰陽，承上文明於天之道言之，即所云「一陰一陽之謂道」。萬品之流形，莫不會歸於此。極有會歸之義，太者，無以加乎其上之稱，以兩儀、四象、八卦指《易》畫。後世儒者以兩儀爲陰陽，而求太極於陰陽之所由生，豈孔子之言乎！況「氣生於理」，豈其然乎！況《易》起於卦畫，後儒復作圖於卦畫之前，是伏羲之畫奇偶，不惟未精，抑且未備，而待後人補苴罅漏矣。〔註40〕

戴震指出宋儒之託於《易圖》之「太極」，構成其「氣生於理」之說，其說與孔子贊《易》顯然不同，故並非孔子之言。又言「《易》起於卦畫，後儒復作圖於卦畫之前」，所指「後儒」，當爲邵、周、朱子等宋儒，東原乃不滿宋儒以後出的先天、後天、太極等圖來解《易》，其非伏羲畫卦之本義明矣。

五、論《易》之「道」、「性」

《易傳》乃戰國迄漢初儒學吸收道家、陰陽家思想，附會《易經》本文以闡釋本身哲學思想，如李鏡池云：「〈彖傳〉作者並不是純粹的儒家，……

〔註39〕 參見余英時〈戴震的經考與早期學術路向〉，收入《論戴震與章學誠》（臺北：東大圖書，1996 年 11 月），頁 204。

〔註40〕 參見《緒言》卷上，收入《戴震全書》第六冊（合肥：黃山書社，1995 年），頁 84～85。

迹近『無爲主義』的道家思想」〔註41〕，侯外廬亦云：「戰國後期，陰陽家的思想逐漸侵入了儒家的一些流派。現存的〈洪範〉和《易傳》就是儒家接受了陰陽家影響而形成的作品。」〔註42〕因此，《易傳》並非純粹解經之作，可視爲具有獨特哲學主張的作品。戴震早年研讀《易傳》，乃引用〈繫辭〉等有關天地人三者之道的言論，闡述其氣化的宇宙論，其論「道」，認爲陰陽二氣循環變化，生成天地萬物以及男女夫婦之道，聖人乃觀象於天地陰陽而爲人倫之道也，則以爲人道乃由效法天道而來，其云：

> 《易》曰：「法象莫大乎天地。」又曰：「成象之謂乾，效法之謂坤。」又曰：「仰則觀象於天，俯則觀法於地。」夫道無遠邇，能以盡於人倫者反身求之，則靡不盡也。作論以貽好學治經者。觀象於天，觀法於地，參之者人也。天垂日月，地竅於山川，人之倫類，肇自男女夫婦。是故陰陽發見，天成其象，日月以精分；地成其形，山川以勢會。日月者，成象之男女也；山川者，成形之男女也；陰陽者，氣化之男女也；言陰陽於一人之身，血氣之男女也。……立於一曰道，成而兩曰陰陽，名其合曰男女，著其分曰天地，效其能曰鬼神。天地之道，動靜也，清濁也，明幽也，外內上下尊卑之紀也，明者施而幽者化也。……盈天地之間，道，其體也；陰陽，其徙也；日月星，其運行而寒暑晝夜也；山川原隰，丘陵谿谷，其相得而終始也。生生者，化之原；生生而條理者，化之流。……君子之學也如生，存其心以合天地之心如息。爲息爲生，天地所以成化也。……天所以成象，地所以成形，聖人之所以立極，一也，道之至也。〔註43〕

因此，戴震認爲「道」乃陰陽二氣化成，是充滿天地之間，君子之爲仁義禮智，乃效法天地之動靜變化，歸納條理而成。此東原之「道」，近於宋儒張載之「一陰一陽不可以形器拘，故謂之道。」其後，東原更發揮道之陰陽氣化論，認爲人乃本五行陰陽以成「性」，通乎天地之德可與言「性」也，故人性、道皆由天地之化而來，其說云：

> 《易》曰：「一陰一陽之謂道，繼之者善也，成之者性也。」一陰一陽，蓋言天地之化不已也，道也。一陰一陽，其生生乎，其生生而

〔註41〕 參見李鏡池《周易探源》，北京：中華書局 1982 年版。

〔註42〕 參見侯外廬《中國思想史綱》（臺北：五南圖書，1993 年 9 月），頁 86。

〔註43〕 參見戴震〈法象論〉，收入《戴震文集》卷八。

條理乎，以是見天地之順，故曰「一陰一陽之謂道」。……有天地，
然後有人物；有人物，於是有人物之性。人與物同有欲，欲也者，
性之事也。人與物同有覺，覺也者，性之能也。事能無有失，則協
於天地之德，協於天地之德，理至正也。理也者，性之德也。……
人與物之中正同協於天地之德，而存乎其得之以生，存乎喻大喻小
之明昧也各殊。此之謂本五行陰陽以成性，故曰「成之者性也」。善，
以言乎天下之大共也。性，言乎成於人人之舉凡自爲。性，其本也。
所謂善，無他焉，天地之化，性之事能，可以知善矣。君子之教也，
以天下之大共正人之所自爲，性之事能，合之則中正，違之則邪僻，
以天地之常，俾人咸知由其常也。明乎天地之順者，可與語道。察
乎天地之常者，可與語善。通乎天地之德者，可與語性。〔註44〕

此可見東原主張「天道」具有陰陽五行之氣，人或物皆秉受此陰陽之氣
而有形體和實質，此謂氣化。東原又言「有天地，然後有人物；有人物，於
是有人物之性。」則「性」乃與生俱來，非外求也。人與物之性雖同本陰陽
之氣，然「存乎喻大喻小之明昧也各殊」，乃人性能辨別喻大喻小之理義，可
通乎天地之德也。故人性能通乎理義，乃根源於天性，並非後天產生。東原
這種性、理皆根源於天道之說，明顯與程朱將「理」與「氣」、「欲」對立之
說不同，程朱認爲理在氣先，欲在理外，故導出「理氣二元」以及「存天理，
滅人欲」之說，東原於此則借讀《易‧繫辭》發揮己說，認爲人之性、欲皆
出於天，無有不善，人秉受陰陽之氣而化生人性，性得其中正而明辨於天理，
則通於天地之德，故不須以天理爲純善而人性、人欲爲惡也。〈讀《易‧繫辭》
論性〉一文，後來全收入《原善》上卷，可見東原此說乃是後期《原善》、《孟
子字義疏證》之先聲，也可看出東原之哲學主張逐漸與宋儒有所區別。周兆
茂亦云：

這裡，戴震提出了「道」——「性」——「善」三者的關係問題。
即認爲人的本性是「善」的，而這一「善」性並非如程、朱所說的
先天固有，而是來自於「道」。「道」爲陰陽氣化，故人的善性來自
於自然界。這就爲他在《疏證》中提出「人道本於性，而性原於天
道」的進步人性論開啓了先河。〔註45〕

〔註44〕 參見戴震〈讀《易‧繫辭》論性〉，收入《戴震文集》卷八。
〔註45〕 參見周兆茂《戴震哲學新探》（安徽人民出版社，1997年），頁198。

第二節　《春秋》學

　　《春秋》既是古代各國史書之通名，亦爲魯國史書之專名，目前則多以後者爲用。現存的《春秋》，乃以春秋時代魯國史事爲主，旁及其他相關諸侯國之史事，起至魯隱公元年，終於魯哀公十四年，歷十二代君主，計二百四十二年（《左傳》經多二年，傳多十三年。）相傳《春秋》乃孔子自作，然後世學者多有疑之者〔註46〕，或爲魯國史官所作，孔子嘗取《春秋》當作教材以授門徒。

　　《春秋》記事簡略，加以流傳之中有所缺漏，故其經文自古難讀，宋代王安石更譏爲「斷爛朝報」。其後則有號爲解《經》之三《傳》出現，其中《左氏傳》最早成於戰國，乃用戰國文字寫成，至漢時稱爲古文，其書詳於記事，對《春秋》本經疏略的史事有補證之功；《公羊》、《穀梁》成書較晚，大略遲至漢初，乃用當時的文字寫定，故稱今文，此二傳皆立於學官。《公羊》、《穀梁》二傳敘述史事較少，多闡釋《春秋》之「微言大義」，以經文訓解爲主，但多發揮己見，未必合於經意。

　　自漢代三《傳》之學出，研治《春秋》者，多不能擺脫其影響，有據《傳》解《經》者，甚至乃有以《傳》代《經》之議，而三傳以及經之間的分合歧異又形成不少問題，凡此皆爲歷代治《春秋》之學者必須面對的課題。

　　戴震對《春秋》之學亦甚留意，嘗言：「作〈改元即位考〉三篇，倘能如此文字做得數十篇，《春秋》全經之大義舉矣。」〔註47〕又云：「唐初，漢時書籍存者尚多，作《正義》者，不能廣爲搜羅，得所折衷，於《春秋》專取杜預，於《易》專取王弼，於《尚書》專取孔安國，遂使士人所習不精。」〔註48〕可見戴震已能掌握治《春秋》的訣竅，認爲歸納「改元即位」等條例，可爲明瞭全經大義之助，又認爲治《春秋》不能偏主一家，如唐代孔穎達作《五經正義》，於《春秋》專取西晉杜預《春秋左氏經傳集解》，而有廢棄漢人注疏之弊，則不能明瞭《春秋》全體大義也。以下僅就戴震的《春秋》之學相關研究，歸納三項要點作深入探討。

〔註46〕如顧頡剛《春秋三傳及國語之綜合研究》、楊伯峻《春秋左傳注》皆推斷《春秋》不出孔子之手。然亦有學者主張孔子確曾修撰《春秋》，如張以仁〈孔子與春秋之關係〉（收入《春秋史論集》）。

〔註47〕參見段玉裁《戴東原先生年譜》所輯錄戴震之言。

〔註48〕同上注。

一、論《春秋》書法

《春秋》經有其特殊的書寫方式，多稱「書法」或「義例」，即是其書之體例也。《春秋》既爲史書，成於史官之手，則「寓褒貶，正名份」的義法亦爲《春秋》之通例。因占今事遷勢移，對於《春秋》所記之文字，若能了解其「書法」、「義例」，當有助於通讀經文，故後世學者多將研治《春秋》之書法當作治學要務。早在孔子傳授門徒之時，即以明白《春秋》之義法爲要務，如《孟子‧離婁下》云：「王者之跡息而《詩》亡，《詩》亡然後《春秋》作。晉之《乘》，楚之《檮杌》，魯之《春秋》，一也。其事則齊桓、晉文，其文則史，孔子曰：『其義則丘竊取之矣。』」可見孔子主張閱讀《春秋》，不僅在於明白其中所記之史事，更要了解其中蘊含的微言大義。此乃《春秋》能從史書的地位，提升至經書的價值所在。

戴震亦甚爲重視《春秋》之義例，嘗云：

> 《春秋》一再傳，而筆削之意已失。故《傳》之存者三家，各自爲例，以明書法，不得《春秋》之書法者蓋多。何邵公、杜元凱諸人，徒據《傳》爲本，名爲治《春秋》，實治一《傳》，非治《經》也。唐啖、趙、陸氏而後，言《春秋》者一變。迨宋而廢例之說出，是爲再變。〔註49〕

蓋《春秋》自魯國史官記載之後，殘缺、凌亂和後人增改之處不少，其後《公羊》、《穀梁》及《左氏》三家之《傳》出，名爲解《經》，實多發揮己說，各自爲例，故不得《春秋》之書法者多。何休《春秋公羊解詁》及杜預《春秋左氏經傳集解》、《春秋釋例》，皆僅據一《傳》治《經》，所見有所偏蔽也，如陳振孫《直齋書錄解題》評述杜預之書云：「專修邱明之《傳》以釋《經》，後世以爲左氏忠臣者也，其弊或棄《經》而信《傳》，於《傳》則忠矣，如《經》何？」及至唐代，啖助《春秋集傳》、趙匡《春秋闡微纂類義疏》、陸淳《春秋纂例》雜揉三《傳》，以意去取，乃變專門爲通學，此春秋經學之一大變也，故《經義考》引明人楊慎之說云：「杜預作《春秋釋例》，趙匡作《春秋纂例》，蓋以《春秋》難明，故以例求之。至於不通，則又云變例；變例不通，又疑經有闕文誤字。嗚呼！聖人之作，豈先有例而後作《春秋》乎？」宋人研治《春秋》者其多，如劉敞《春秋權衡》與《春秋傳》、孫復《春秋尊

王發微》、蘇軾《春秋集解》、胡安國《春秋傳》、趙鵬飛《春秋經筌》等，大抵多承襲唐代啖、趙之說，擺脫三《傳》而直求《春秋》經義，更有借《春秋》以明己意者，如馬宗霍評胡安國《春秋傳》云：「其書事按《左氏》，義取《公》、《穀》之精者，採孟子、莊周、董仲舒、王通、邵雍、程顥、程頤、張載之說以潤色之，惟作於南渡之後，故感激時事，往往借《春秋》以寓意。」〔註50〕胡氏之書對後世影響甚大，元明兩代科舉於《春秋》多推尊胡《傳》，此書可說是宋代春秋學的代表作。

因此，戴震綜觀歷代的《春秋》學研究，認為過去學者或據《左氏》、《公羊》、《穀梁》之一釋《經》，或雜揉三《傳》以求通《經》，甚至以己意改經解經，凡此皆不明《春秋》之書法也。

戴震對於《春秋》之書法，認為不可與魯史記之例同條而論，其云：

> 《春秋》，魯史也，有史法在。古策書之體，其例甚嚴，所以為禮義之防維而不敢苟，此則魯之史官守之。自魯公以來，行事有常經，魯史記書法不失者，君子以為不必修也。而修《春秋》自隱始，則王迹熄而諸侯僭樂壞禮，肆行征伐；諸侯之政又失，而大夫操其國柄。而廢例之說，知其益疏矣。〔註51〕

按：《春秋》原為魯史所記，再經孔子整理，起於魯隱公元年，而隱公以前的史事則已亡佚。據《左傳‧昭公二年》：「二年春，晉侯使韓宣子來聘，且告為政，而來見，禮也。觀書於大史氏，見《易象》與《魯春秋》，曰：『周禮盡在魯矣，吾乃今知周公之德與周之所以王也。』」楊伯峻云：

> 大史掌文獻檔案策書。……《魯春秋》即《孟子‧離婁下》「魯之春秋」。《春秋》為列國史之通名，《墨子‧明鬼下篇》有周之春秋、燕之春秋、宋之春秋、齊之春秋，故魯史曰魯春秋。下言「吾乃今知周公之德與周之所以王」，則韓起所見《魯春秋》，必自周公姬旦以及伯禽叙起，今《春秋》起隱公，訖哀公，自惠公以上皆無存。《公羊傳》又有所謂「不修春秋」，即未經孔丘所改定之《春秋》。萬一其言可信，韓起所見必《魯春秋》簡策原本。〔註52〕

因此，魯國史書應自周公起始，韓起所觀之《魯春秋》，其年代有在隱公之

〔註50〕參見馬宗霍《中國經學史》（臺北：臺灣商務印書館，1992年11月），頁120。
〔註51〕參見戴震〈春秋究遺序〉，收入《戴震文集》卷十。
〔註52〕參見楊伯峻《春秋左傳注》（高雄：復文圖書，1991年9月），頁1226～1227。

前者，今本《春秋》則僅記隱公以下者，故《春秋》未能盡同魯史。至於戴震說隱公開始諸侯僭樂壞禮，肆行征伐，情勢與隱公之前不同，故《春秋》書法乃與魯史記有異。然而，《春秋》歷十二公，二百四十餘年的時間，期間政治環境變化甚大，又記史者歷經數人之手筆，其體例當有不能全同者，又何況隱公以前之史實呢？不過，《春秋》作爲魯國史書，其體例當仍大致符合古代史書的體例，如西晉武帝出土的《竹書紀年》，據《晉書·束晳傳》記，此書「蓋魏國之史書，大略與《春秋》皆多相應」，杜預《春秋左氏傳後序》記「其著書文義，大似《春秋經》，推此足見古者國史策書之常也。」劉知幾《史通·惑經篇》：「《竹書紀年》，其所記事，皆與《魯春秋》同。」由現存《竹書紀年》的佚文來看，如《紀年》云：「魯隱公及邾莊公盟于姑蔑」，《春秋·隱公元年》：「公及邾儀父盟于蔑」；又如《紀年》：「隕石于宋五」，《春秋·僖公十六年》經文同；又《紀年》：「周襄王會諸侯于河陽」，《春秋·僖公二十八年》：「天王狩于河陽」。其中最後一例之「周襄王」之事，實乃晉文公召襄王與會，而非襄王召集諸侯，但以臣召君，不符合封建禮制，故以維護君臣名份、褒善貶惡爲己任的史官乃改書爲「會諸侯于河陽」或「天王狩于河陽」也。凡此皆可證《春秋》與《竹書紀年》一樣，乃古代史官所記也，其記事之簡略概要近同，且皆存有「尊王室，卑諸侯」、「爲尊者諱」的史家書法。

　　蓋古代史官，乃掌管各種法典文件及天文曆法、祭祀與朝會儀式等，成爲國君左右重要的諮詢顧問，史官乃又有輔佐國君、規諫勸戒之職，如西周初年之史官史佚，《左傳》、《國語》嘗引用其言，如《左傳·宣公十二年》：「史佚所謂毋怙亂者，謂是類也。」《左傳·僖公十五年》：「且史佚有言曰：『無始禍，無怙亂，無重怒。』」《國語·周語》：「昔史佚有言曰：『動莫若敬，居莫若儉，德莫若讓，事莫若咨。』」因此，史官在紀錄史事時，亦可藉由書寫文字的變化，寓藏其褒貶勸戒于其中，以爲統治者讀史後引爲借鑑之用，其即後來所說的《春秋》義法。楊寬亦云：

> 史書的記載，特別是《春秋》的記載，是爲了從中吸取統治的經驗和教訓的，因此史官在記載歷史時，無論內容和措辭，都必須著重於「勸戒」，於是有所謂「春秋筆法」，所謂「《春秋》之稱，微而顯，志而晦，婉而成章，盡而不污，懲惡而勸善」(《左傳·成公十四年》)。
> 〔註53〕

〔註53〕 參見楊寬《戰國史》(臺北：臺灣商務印書館，1998 年 3 月)，頁 657～658。

　　因此，《春秋》之「書法」，乃古代史官記事之特殊方式，包含文字書寫格式以及「勸善懲惡」、「端正名位」、「為尊者諱」等封建禮制思想等，確實是後人研讀《春秋》必須掌握的文例，也才能有助於全文之通讀，並能正確明瞭史事之因果。不過，如前所述，春秋之「書法」並不能一體適用，其前後歷經不同史官紀錄，當有不少所謂變例，故亦不能過度執著于所謂「書法」，僅可作為研讀之參考資料也。

二、改元即位考

　　古代天子諸侯改元即位之禮，《春秋》多有其例，戴震考之云：

> 即位之禮：先朝廟，明繼祖也；出適治朝，正君臣也；事畢反喪服，喪未終也。踰年而後改元即位，《春秋》於內稱公，於外書爵。未踰年，於內稱子，於外書某子。世變相尋，未踰年，既葬卒哭，而即位焉，踰年乃改元，諸侯之失禮也。因其既嗣爵，則書爵。彼未嗣爵者，而我以爵書可乎？彼既嗣爵者，而我不以爵書可乎？立子以正，君薨為喪主，《春秋》即正其為君，義素定也。世子雖在喪，未改元即位，不可謂君臣之分未定也。以篡返國者絕之，不以國氏，以有正也。公子爭國，分非君臣，不絕之，無正也，則以國氏。立子不以正，未即位，不正其為君，義不素定也。雖有先君之命，私也。即君位於朝，然後成之為君。〔註54〕

　　按：古代即位改元之禮，先君死，嗣君繼立，先守喪而未直接即位，以達人情也。踰年才改定始年（改元），並就國君之位（即位）。至於即位之禮則先至宗廟祭祖，接著換上吉服入朝接受群臣賀拜，事畢再去除吉服而穿回喪服。至於嗣君在服喪期間，雖未即位改元，但仍須稱君並守君臣之分，以君之名義已有定也。至於其他如弒君篡位或不以正即位者，則須待其即君位於朝，然後才能稱君。

　　其次，《春秋》中爭奪君位引起的變故層出不窮，非以正即位者不少，戴震乃歸納這些現象分為四個條例：繼正即君位、繼正之變、繼故即君位、繼故之變，其云：

> 繼正即君位：《春秋》書「春王正月，公即位」；不於正月，闕，無

〔註54〕參見戴震〈春秋改元即位考上〉，收入《戴震文集》卷一。

事則不書：正月非朔則書日。（定公）繼正之變：文書「春王正月」，
以存其事，不書「即位」，以表微。（隱公）繼故即君位：經國之體，
不可以已也，踐其位者，宜有深痛之情，《春秋》書「春王正月」，
以存其事，不書「即位」，以見其情。（莊公、閔公、僖公）繼故之
變：文則書「即位」，繼故而書即位，以不書即位者，比事類情，是
爲忍於先君也。〔註55〕

戴震這種歸納條例的方式，李開認爲乃是「對《春秋》全書義例的一個
創發」，因春秋三傳雖皆曾闡釋「春王正月」這句話，「但僅僅圍繞某年事實
言之，未創爲全書義例，將此同一句話創爲全書四種義例的，肇始于戴震。」
〔註56〕又云：「戴震歸納條例以說《春秋》的方法，不失爲一種重要的研究方
法。」〔註57〕因此，戴震分析《春秋》「春王正月」的內容，並歸納爲四種條
例，確實有助於釐清文義，乃是研究《春秋》之重要方法。

其三，關於即君位稱爵之問題，戴震云：

先君雖未葬，既踰年，則書爵，桓十三年書「衛侯」，成三年書「宋
公」「衛侯」是也。書爵與國內稱公同，文公成公皆先君未葬，《春
秋》書曰：「公即位」，踰年也。（既葬踰年，不必論矣。）雖既葬猶
曰子，文十八年書「子卒」，僖二十五年書「衛子」，未踰年也。（未
葬未踰年，不必論矣。）是故諸侯即位，以踰年爲斷，不斷於葬未
葬。有既葬未踰年而書爵者乎？宣十年書「齊侯」（秋，季孫行父如
齊聘，新君初即位。）成四年書「鄭伯」。既即位嗣爵矣，《春秋》
不得而書子也。其變禮也，不知所始。始變禮者，不恤人言，必有
所託。（如《傳》言「晉于是始墨」之類。）《春秋》獨齊、鄭各一
見之，爲《左氏》學者，不察此之失禮，而議大夫未葬踰年書爵者，
是文公、成公書「公即位」，胥可議也。文十四年「齊公子商人弑其
君舍」，先君未葬，未即位而書君，義素定者也。書君不與書爵同，
不可以爵書者，可以正其君臣之分也。僖九年「晉里克殺其君之子
奚齊」，義不素定，而未即君位也。十年「晉里克弑其君卓」，哀六
年「齊陳乞弑其君荼」，踰年即君位而後得爲君，此義明而嗣立之際

〔註55〕 參見戴震〈春秋改元即位考上〉，收入《戴震文集》卷一。
〔註56〕 參見李開《戴震評傳》（南京大學出版社，1992年），頁150。
〔註57〕 同上注，頁153。

嚴。〔註58〕

按：戴震分析諸侯即位稱爵之禮，以踰年爲斷，而非以是否安葬先君爲準。例如魯文公、成公皆先君未葬而書即位者，以其踰年繼位也，蓋依古代禮制，先君死，無論葬或未葬，嗣君俱於翌年正月改元即位。至於既葬未踰年而即位稱爵者，如宣十年書「齊侯」，成四年書「鄭伯」，乃變禮也，其不恤人言，必有所依託之事由，並非常態。又書君不與書爵同，若先君未葬，亦未即位，而可稱君者，以其嗣君乃以正繼立者，君臣名分已有定，故雖未即位而仍可稱君，但不能稱爵，必待其即位之後始可稱爵。

其四，關於《春秋》「不書即位」之問題，戴震云：

隱何以不書即位，終隱之身，自以爲攝，不忘先君之命，故《春秋》表微而不書。莊、閔、僖何以不書即位？穀梁氏曰：「先君不以其道終，則子弟不忍即位也。」杜氏曰：「雖不即君位，而亦改元朝廟，與民更始」，余以謂非也。君臣之位，不可不正，正君臣之位，不可不有始，即位者，正君位之始云爾。夫位，命之天子，承之始封之君，非先君一人之位。雖先君不有其終，新君不可不有其始。不即君位於改元之初，及其視朝，將不正朝位乎？苟視朝然後即君位，豈得無深痛不忍之情？然則改元之初而即君位，於深痛不忍之情何傷？彼所謂不即君位者，迨至視朝，終不得避君位也；則初視朝乃其即君位之始，何進退失據乎？不廢改元、朝廟，與民更始，而廢正百官，非義也。用是言之，《春秋》十二公，皆行即位之禮，魯史記皆書即位也。蓋繼弒君，大變也，典禮所無。繼弒君不書即位，史法所無。君子修之，以爲深痛之情，異於繼正，是以不書。不書而仍不沒其即君位之事，於「春王正月」之文見之。桓、宣書即位，何也？穀梁氏曰：「繼故而言即位，則是與聞乎弒也。」余以桓之事考之，《左氏》言「討寪氏，有死者」，是欲掩隱之見弒而不可，方詐爲自掩之計，治斯獄矣。使繼故不忍即君位，處大變者無敢或異，一行其禮，則爲忍於先君，何所快於行即位之禮，而顯示國人以與聞乎弒哉？桓將不行即位之禮必矣。〔註59〕

按：《春秋·隱公元年》經云：「元年春王正月」，不書「公即位」，《左傳》

〔註58〕 參見戴震〈春秋改元即位考中〉，收入《戴震文集》卷一。
〔註59〕 參見戴震〈春秋改元即位考下〉，收入《戴震文集》卷一。

釋曰：「元年春，王周正月，不書即位，攝也。」杜預注：「假攝君政，不脩即位之禮，故史不書於策傳，所以見異於常。」此乃《左氏》以爲《春秋》不書隱公即位之故，乃因其爲攝政，並非正式即位爲君，故史官不書也。考隱公之父惠公，元配爲孟子，孟子卒，乃續娶聲子，聲子妾也，非嫡夫人，聲子生隱公。其後惠公又迎娶宋武公之女仲子，仲子以貴而爲嫡夫人，生子桓公。考察古代宗法制度，自殷商末年，「嫡長子繼承」的觀念已逐漸居於王位繼承之主流，雖偶有兄終弟及的用法，但不常見〔註60〕。故西周、春秋時代，周天子以及各國諸侯，在繼承制度上多行嫡長子繼承之法，如《公羊傳・隱公元年》云「立適（嫡）以長不以賢，立子以貴不以長。」《左傳・昭公二十六年》：「昔先王之命曰：王后無適（嫡），則擇立長，年鈞以德，德鈞以卜，王不立愛，公卿無私，古之制也。」

　　魯隱公雖年長於桓公，但因其母聲子非嫡夫人，地位較卑，據傳位之法不得嗣立，其後因惠公卒，桓公年幼，隱公乃暫行攝位，故《左傳》云：「是以隱公立而奉之」，杜預注：「隱公追成父志，爲桓尚少，是以立爲太子，帥國人奉之。」杜預以爲隱公奉桓公爲太子，其實應是奉之爲君，而隱公乃攝行其位也，故《左傳・隱公十一年》云：「公（隱公）曰：爲其（桓公）少故也，吾將授之矣。」此乃隱公自言攝位，待桓公年長即授之君位也。楊伯峻亦云：「桓公之被立爲太子，惠公未死時已如此，不待隱公再立之。桓公雖非初生嬰兒，其年亦甚幼小，不能爲君，故隱公攝政焉耳。」〔註61〕因此，隱公攝政，仍奉桓公爲君，如周公奉成王，故不行即位之禮，史官亦不書即位。

　　《公羊》、《穀梁》則認爲《春秋》不書隱公即位，乃是因欲「成公之意」，《穀梁傳》甚至批評隱公云：

> 公何以不言即位？成公志也。焉成之？言君之不取爲公也。君之不取爲公何？將以讓桓也。讓桓正乎？曰：不正。《春秋》成人之美，不成人之惡。隱不正而成之，何也。將以惡桓也。其惡桓者何？隱將讓而桓弒之，則桓惡矣。桓弒而隱讓，則隱善矣。善則其不正焉何也？《春秋》貴義而不貴惠，信道而不信邪。孝子揚父之美，不揚父之惡。先君之欲與桓，非正也，邪也。雖然，既勝其邪心與隱矣，已探先君之邪志而遂與桓，則是成父之惡也。兄弟，天倫也。

〔註60〕參見王貴民《商周制度考信》（臺北：明文書局），頁35～41。
〔註61〕參見楊伯峻《春秋左傳注》（高雄：復文圖書，1991年9月），頁4。

爲子，受之父；爲諸侯，受之君。已廢天倫，而忘君父以行小惠，
曰：小道也。若隱者，可謂輕千乘之國，蹈道則未也。

　　蓋此《穀梁傳》不明古代傳嫡長子之制，以爲「先君之欲與桓，非正也」，
實則惠公死，據宗法傳位之制，本應傳嫡子桓公，而非傳位於庶子隱公，但
因桓公年幼，始由隱公暫行攝政，故史官不書隱公即位，並非「成公之意」，
而是古代禮制本如此，隱公並非正式即位之君也。因此，《穀梁氏》之批評不
合《春秋》之意也。至於戴震以爲「終隱之身，自以爲攝，不忘先君之命，
故《春秋》表微而不書。」實則隱之攝政而不書即位，符合禮制，《春秋》乃
據禮而書，並非表隱之微也。

　　隱公不書即位，符合古代宗法傳嫡之禮制，然隱公雖未行即位之禮，則
仍改元稱爵，代行國君之事，死則稱薨，究其實仍有不合禮制之處，以致有
釀成災禍之成因，故戴震云：

《春秋》始乎隱，其事之值於變者三焉：諸侯無再娶之文，惠公失禮
再娶，於是桓爲太子，然又非隱所得而追議於先君也。上卿爲攝主，
禮也。（見〈曾子問〉）居上卿之位，攝行君之政，生不稱公，死不稱
薨，隱嗣爵改元，非攝主比也。繼世之君，盡臣諸父兄弟，隱既立而
猶奉桓爲太子，異於君臣之體者也。魯之禍，惠公啓之也。明乎嗣立
即位之義，君臣、父子、夫婦、昆弟之間，其盡矣乎！〔註62〕

　　戴震認爲惠公失禮再娶、隱公嗣爵改元、隱立而奉桓爲太子，此三者皆禮
之變，其禍乃惠公啓之。故戴震以爲魯國會發生桓公弒隱公而奪位之禍，乃不
明嗣立即位之義，故若能明禮而守禮，則君臣、父子、夫婦、昆弟之倫序，皆
能盡矣。此也顯示戴震藉由探究《春秋》之事，尋求古代聖人創制禮制之眞義，
而能使人倫政事能依循理義而行。因此，戴震所探究《春秋》之事雖未必可信，
但其探求古代禮制本義的精神則是可取的。考隱公既本意爲守攝主之職，而仍
奉桓公爲君，則不應嗣爵改元，行國君之事，以致引來桓公猜忌，以及羽父之
居間煽動，而釀成弒君奪位之禍事。故桓公雖弒隱而奪位，然以宗法禮制而言，
惠公死本應由桓公繼立，故《春秋》仍書桓公即位，並未違反禮制，亦非有其
他隱諱之微言大義也。因此，亦可說魯之禍事始自隱公之未能盡守禮制，以致
遭人有可趁之機也，孔子曰：「天無二日，土無二王。」隱公既已嗣爵改元，則
已行國君之權，又欲遵禮制奉桓公爲君，其紊亂禮法，已埋下禍端。故《春秋》

始自隱，亦可說代表開啓了春秋亂禮禍國之時代。

三、論周正朔

　　《春秋》書「春王正月」，《左傳》云：「春，王周正月」，杜注：「言周以別夏殷。」則此「王正月」應指周曆之正月，《春秋》書「王」皆指周王，明此用周之正朔。然而，宋代程頤《春秋傳》則云：「周正月非春也，假天時以立義耳。」胡安國《春秋傳》亦云：「以夏時冠首，垂法後世；以周正紀事，示無其位，不敢自專。」則程、胡二氏以爲周之正月爲十一月，乃仲冬之時，非屬春時，故疑《春秋》經「春王正月」一句乃用夏時，以爲記四季之時用夏曆，以其合天時也，至於紀政事仍以周曆之正月書之，故以爲月可改而時不可改。然而，據楊寬指出，春秋中期，由於採用立圭表測日影的方法，能夠精確測定夏至和冬至，曆法開始精確，以含有冬至之月爲正月，以三百六十五又四分之一日爲一年，並開始採用十九年插入七個閏月的辦法。到春秋、戰國間，各國應用著三種不同的曆法，有以含冬至之月爲正月的，叫做「周正」；有以此後一月爲正月的，叫做「殷正」；有以此後二月爲正月的，叫做「夏正」。春秋時代，晉國已應用「夏正」，因爲「夏正」最符合於四季氣候的轉變，最便利於農業生產。至於其他各國則皆用周正。〔註63〕又據《逸周書・周月篇》指出「周正建子，殷正建丑，夏正建寅」之「三正」，認爲武王伐商後，改元爲周，以垂「三統」，實則〈周月篇〉乃戰國以後之文獻，西周、春秋之時應是兼用夏、周二種曆法，因夏曆合於農時，多用於民，而周曆乃國之正朔，官方文書須嚴守之。故本書第七章言《周禮・春官・太史》：「太史正歲年以序事」，用夏謂之歲，用周謂之年，「正月之吉」亦指周之正月朔日也，故周代史官書王之正月，必以周曆爲正，非用夏時也。

　　因此，嚴守周代禮制的魯國，其史官書國君之事，必仍用周曆，故《春秋》書「春王正月」，必時、月皆爲周曆也。明人黃澤亦以爲宋儒改以夏時冠周月之說不可從，其云：

　　　　《春秋》「王正月」，三《傳》及三家之注同是周正建子之月，別無異辭。惟近代二百年間，始有夏時之說。胡文定公云：「以夏時冠周月」，蔡九峰云：「商周不改月」，蔡西山說亦同。尹和靖解「行夏之

〔註63〕參見楊寬《戰國史》（臺北：商務印書館，1998 年 3 月），頁 559～560。

時，乘殷之輅，服周之冕」云：「其大綱見於此，而條目見於《春秋》。於是三《傳》愈不可信，而夏正之説起矣。」晦庵先生曰：「某親見文定家説，文定《春秋》説夫子以夏時冠周月，以周正紀事。謂如『公即位』，依舊是十一月，只是孔子改正作『春正月』，某便不敢信。……據今《周禮》有正月、正歲，則周實是元改作『春正月』。夫子所謂『行夏之時』，只是爲他不順，欲改正建寅。如《孟子》説『七八月之間旱』，這斷然是五六月。『十一月，徒杠成；十二月，輿梁成。』分明是九月、十月。」晦庵之説明白如此，而不能救學者之惑，可勝歎哉！〔註64〕

可見宋儒大多贊同程、胡二氏之以夏時冠周月之説法，惟有朱熹認爲時、月皆從周曆。黃澤又云：

春王正月，此不過周之時，周之正月。而據文定，則「春」字是夫子特筆，故曰：「以夏時冠周月」，又謂「夫子有聖德無其位，而改正朔。」如此，則正月亦是夫子所改。蔡九峰則謂周未嘗改月，引《史記》「冬十月」爲證。如此，則時或是夫子所移易，以此説夫子，豈不誤哉！答顏子「行夏之時」，乃是爲萬世通行之法，非遂以之作《春秋》也。凡王者正朔，所以統一諸侯。若民事，自依夏時。……漢初，猶有夏、殷、周及魯歷，又有《顓頊歷》，古人見前代歷紀甚明。又三《傳》所載之事，互有異同。然同是遵用周正，別無異説。凡三代正朔，皆自是爲一代之制。既改月，則須改時。〔註65〕

陳櫟亦云：

月數與周而改，春隨正而易。證以《春秋左傳》、《孟子》、《後漢書・陳寵傳》，極爲明著。……春蒐、夏苗、秋獮、冬狩，四時田獵定名也。桓四年：「春王月，公狩于郎。」杜氏注曰：「冬獵曰狩。周之春，夏之冬也。」魯雖按夏時之冬，而於子月行冬田之狩。夫子即書曰：「春狩于郎」。此所謂春，非周之春而何？哀十四年「春，西狩獲麟」亦然。〔註66〕

〔註64〕 參見戴震《經考》卷五「周正朔」之條所引，收入《戴震全書》第二冊，頁318～319。
〔註65〕 同上注，頁319。
〔註66〕 同上注，頁322。

　　陳櫟引《春秋》桓四年「春王月，公狩于郎」以及哀十四年「春，西狩獲麟」，「狩」乃四時田獵之「冬狩」，而《春秋》書「春」，則可證此「春」乃行周曆，此又足爲《春秋》用周曆之證也。戴震亦持此說，反對程、胡二氏改行夏時之解，其云：

　　夏時周月，其說甚異。實由於程子「假天時以立義」一語，尹氏、胡氏、蔡氏緣之而議論滋紛矣。程子曰：「周正月非春也。」夫謂周正月非夏時之春則可；謂周正月，周不謂之春則不可。……余曰：〈周頌‧臣工篇〉：「嗟嗟保介，維春之莫」，以孟春耕藉，載耒耜，措之參保介之御間言也。敕保介者，天子、諸侯耕藉勸農，保介乃同車之人，田器置於其間，故嗟之，以命諸侯勸農爲急。……實孟春而曰「維春之莫」，鄭康成《詩箋》曰：「周之季春，於夏爲孟春。諸侯朝周之春，故晚春遣之。」所謂朝周之春者，周雖改時，而諸侯朝以夏之孟月。夏之孟春，於周則晚春也。孔沖遠《正義》言「朝祭之期甚明。」又《孟子》：「秋陽以暴之」，趙岐注曰：「周之秋，夏之五、六月，盛陽也。」……〈明堂位〉又言：「季夏六月，以禘禮祀周公於大廟」，鄭注曰：「季夏，建巳之月也。」孔沖遠《正義》曰：「若夏之季夏，非祭之月。」其於《詩正義》則曰：「〈雜記〉云：『七月而禘，獻子爲之。』以六月爲正。」略舉數事，亦足證周不惟改月，實改時矣。胡氏引《史記》「冬十月」，顧氏既辨之詳，而其所引〈伊訓〉，考之漢〈律歷志〉明引此爲「朔旦，冬至」。冬至於夏爲十一月，於商爲十二月，於周爲正月。此改月之證，非不改月之證。《左傳‧昭公十七年》梓慎曰：「火出，於夏爲三月，於商爲四月，於周爲五月。」以周人言商周改月，如梓慎；以漢人言商周改時，如陳寵，皆明據也。後儒去古彌遠，古曆不可得見，又未能坐知千歲日至，徒以空言說經，往往失之。凡立言者，愼之又愼。有疑則闕，毋鑿說，毋改經，其斯爲今日讀書之法律與！〔註67〕

　　按：戴震批評程、胡等宋儒鑿空說經，致有改經之弊，特藉此「春王正月」之考證，提醒學者勿以空言說經，應返歸原典，並遍求時代相近之文獻以爲佐證，舉凡先秦漢唐經師之注亦須留意，才能求得古書之原委。故本文

─────────────

〔註67〕參見戴震《經考》卷五「周正朔」之條所引，收入《戴震全書》第二冊，頁326～327。

考求「周正朔」，證明魯國史官奉行周曆，絕不可能一文中出現夏時周正並行之書法，此非史家之法也。故《春秋》「春王正月」，其「春」爲周曆之春，其「月」則爲周曆之月，不須比附《論語》「行夏之時」。《春秋》既爲魯國史書，其曆法必奉周正，而不必改從夏時也。本文亦可與東原之〈周禮太史正歲年解〉一文合併參看，更能完整呈現東原運用古代曆法知識考察經書的成果。

第九章　《孟子》學

　　清代學術自顧炎武、黃宗羲、王夫之等大儒提倡實學，反對空疏無用的王學之後，「經學即理學」的學風盛行，於是以經學代理學，讀書人皆走向務實的經籍研究。故胡適曰：「自顧炎武以下，凡是第一流的人才，都趨向作學問的一條路上去了；哲學的門庭，大有冷落的景況。」〔註1〕

　　逮至乾嘉時代，一則因為承接清初學風的遺緒，由「通經」走向「考古」，進而研究文字、聲韻、訓詁以訓釋古籍，古籍本身之研究乃成為主要目的，至於能否「經世致用」反而不是重點，而大異於顧、黃等清初學者之主張。梁啟超謂乾嘉之學風乃「為學問而學問」，即指乾嘉之學重在經書章句文字本身研究上，純以建立客觀知識標準為研究目的。其次，清廷的高壓統治和大興文字獄，箝制讀書人思想的空間，許多人為了避禍，乃轉向研究經書考訂的工作，也就是說，清代康、雍、乾三朝慘烈的文字獄，是促成古典考據之學興盛的外部政治因素。梁啟超指出雍正、乾隆兩朝正是清代文字獄最烈的時期，如同歐洲中世教皇一般，干涉人民思想，學者的思想自由，是剝奪淨盡了。乾隆更發布禁書令，自乾隆三十九年至四十七年，繼續燒書二十四回，燒去一萬三千八百六十二部〔註2〕。因此，在如此嚴酷的政治情勢之下，於是脫離現實、專務訓詁考據的「漢學」乃成為此期之學術主流。

　　在乾嘉時期一片反宋明理學、重漢學經學的聲浪中，「宋學」似乎被「漢學」掩蓋。漢學的內容主要是整理古代文獻史料，包括經書的辨偽、校勘、

〔註1〕　見胡適《戴東原的哲學》一〈引論〉。
〔註2〕　參見梁啟超〈清代學術變遷與政治的影響〉，《中國近三百年學術史》（臺北：里仁書局，1995 年 2 月），頁 26～30。

輯佚、箋釋，史料的搜補、鑑別，名物制度的考訂和文字的音韻、訓詁等方面。不可否認的，乾嘉時期漢學家之研究成績頗為巨大，後人也多重視其考據學方面的成就，但卻忽略此時期之哲學思想。

休寧戴震（字東原），乃以考據學大師的身份，提出其哲學旨趣，而不同於乾嘉學風之「為學問而學問」，東原明謂其治學乃以明道為目的，此為「由知識以通經明道」也。故胡適曰：「戴震在清儒中最特異的地方，就在他認清了考據名物訓詁不是最後的目的，只是一種明道的方法。他不甘心僅僅做個考據家，他要做個哲學家。」〔註3〕勞思光更謂：「乾嘉學人中，戴氏實是唯一曾提出哲學觀點者也。」〔註4〕因此，東原考據為手段，通經致用為目的的哲學觀，不但上繼顧炎武，兼且為乾嘉時期的哲學進展做出重大的貢獻，值得後人加以重視也。至於戴震的哲學思想，主要是透過研究《孟子》來闡發，故戴震的《孟子》之學，不僅是考據學之研究，亦是哲學之研究，乃是其「通經」以「明道」的治學途徑所要獲致的目標。因此，研究戴震的《孟子》之學，除了有考據學上的意義外，也必然具有哲學之意義。

此外，《孟子》一書，乃十三經中最具有哲學理趣者，東原義理之書亦多引《孟子》或以《孟子》為研究中心，此則符合東原據六經孔孟之書而求義理之法，符合其「古經明則聖人之理義明」之觀點。因此，東原欲由研治古經以求得古聖人之理義，勢必對最具哲理性質之經書——《孟子》，作出深入之研究。

戴震有關《孟子》的研究著作，除了《原善》、《緒言》、《孟子私淑錄》、《孟子字義疏證》等專書外，尚有收錄於《文集》中的〈讀孟子論性〉、〈答彭進士允初書〉、〈與某書〉、〈孟子趙注跋〉等篇章，及《石經補字正非》之〈石經孟子訛字錄〉，以及《經考》卷五之〈孟子〉與《經考附錄》卷六之〈孟子〉、〈孟子正義音義〉等文。其中《原善》闡述天下之大本——「善」的內容及本質，通過「去私」、「去蔽」來達到體認「至善」之目的，乃東原對於孟子性善說之發揮。其次，《孟子私淑錄》、《緒言》、《孟子字義疏證》則為同一系統的產物，三者乃前後因襲修正增補的關係，是東原透過闡述孟子義理而建立自己哲學觀點的代表作，透過比較三者內容之異同，可以發現東原思想之進程與變化。另外，〈讀孟子論性〉已收入《原善》卷中，〈與某書〉、〈與

〔註3〕　見胡適《戴東原的哲學》二〈戴東原的哲學〉。
〔註4〕　見勞思光《中國哲學史》三下第八章〈乾嘉學風與戴震之哲學思想〉。

彭進士允初書〉二文著成時間與《孟子字義疏證》相當，乃東原晚年之定論，
其中除明辨程朱之理學雜糅佛老之道，非純粹孔孟之道，更大力抨擊宋儒「理
欲之辨」，反對後儒以意見當「理」，甚至「以理殺人」，有力地破除理學之弊
端。至於〈石經孟子訛字錄〉以及《經考》、《經考附錄》有關孟子之文，因
無關弘旨且多片段抄錄之札記，故可置而不論。因此，本章研究中心，將以
《原善》、《孟子私淑錄》、《緒言》、《孟子字義疏證》，以及〈與某書〉、〈與彭
進士允初書〉等發揮孟子義理之文爲觀察重點，以作爲探討東原有關《孟子》
之學的成績與得失之研究材料。

第一節　《緒言》、《孟子私淑錄》、《孟子字義疏證》之關係

戴震有關《孟子》的研究論述，可以《緒言》、《孟子私淑錄》、《孟子字
義疏證》三書爲代表。此三書實具有前後承接發展的關係，據段玉裁《戴東
原先生年譜》云：「《孟子字義疏證》，原稿名《緒言》，有壬辰菊月寫本，程
氏易田於丙申影抄。」則《緒言》殆爲《孟子字義疏證》之初稿也。至於《緒
言》之成書時代，程瑤田、段玉裁以爲作於乾隆三十四年己丑，東原應朱珪
之聘客山西藩署之時〔註5〕。錢穆則以爲二氏所言有誤，《緒言》應創始於己
丑秋前，而完成於壬辰菊月，其云：

> 至《緒言》成書年月，據程易田〈與段懋堂札〉，謂：「壬辰東原館
> 京師朱文正珪家，自言囊在山西方伯署中，僞病者十餘日，起而語
> 方伯：『我非眞病，乃發狂打破宋儒家中《太極圖》耳。』」段氏謂：
> 「僞病十餘日，正是造《緒言》。竊揣此書創始於乙酉、丙戌，成於
> 己丑朱方伯署中。」今考東原四十六歲戊子，應直隸總督方觀承聘，
> 修《直隸河渠書》一百二卷，二十四冊。此後五年，僕僕道途，往
> 來燕、晉間，精力全耗於方志。據程易田轉述其僞病之說，《緒言》
> 草創，應在己丑秋前客山西藩署時無疑。懋堂謂創始乙酉、丙戌必
> 誤。惟易田影抄是書，首頁有「壬辰菊月寫本」字樣，則始東原是
> 年到浙，又將己丑舊稿寫定一番也。據此則《緒言》一書，應是創

〔註5〕　參見段玉裁〈答程易田丈書〉，收入《經韻樓集》卷七。

始於己丑秋前，而完成於壬辰之菊月。〔註6〕

　　按：錢穆之說確也，丙戌之時，東原方完成《原善》三卷，自不會於此時又草創《緒言》，次年又往修《直隸河渠書》，亦無暇草創《緒言》。因此，東原應是在己丑年至山西朱珪幕府，始草創《緒言》，並有「發狂打破宋儒家中《太極圖》」之言。

　　東原另有《孟子私淑錄》一書，亦為《孟子字義疏證》之初稿，孔繼涵、段玉裁均未見，故《遺書本》未收。民國以後，錢穆於北京書肆發現清張海鵬《照曠閣》之《孟子私淑錄》抄本，「因書估索價昂，遂錄副藏行篋中」，至抗戰時又攜之入川，西元1942年刊布此書於四川省立圖書館《圖書集刊》創刊號上，世人始見東原此書之真面目。其後，北京中華書局於西元1961年刊行由何文光點校之《孟子字義疏證》，其書嘗依據張海鵬之清抄本，以及參照北京圖書館和北京大學圖書館所藏三種《孟子私淑錄》抄本加以校正，並收入該書內。西元1995年，張岱年主編之《戴震全書》第六冊，乃以北京中華書局本為底本，並參照以上三種抄本，收錄《孟子私淑錄》上、中、下三卷。本文所據，則以《戴震全書》所錄之本為準。

　　至於《孟子私淑錄》與《緒言》二書孰先孰後？歷來各家頗有爭論，如錢穆考定，是書乃《緒言》之後，《孟子字義疏證》之前的一部過渡作品，而以為其成書「大抵在丙申一年間，而惜不能的知其為何時也」〔註7〕。北京中華書局何文光點校本亦云：「在《原善》著成以後，《疏證》定稿以前，戴震寫了《疏證》初稿《緒言》和修訂稿《孟子私淑錄》。」冒懷辛〔註8〕、鮑國順〔註9〕亦從之，皆以為《緒言》在前，而《孟子私淑錄》在後。

　　然而，亦有持相反之意見者，如陳榮捷〔註10〕、王茂〔註11〕、張立文、周兆茂等人，張立文認為段玉裁《戴東原先生年譜》於乾隆三十一年丙戌，東原四十四歲記云：「是年玉裁入都會試，見先生云『近日做得講理學一

〔註6〕　參見錢穆《中國近三百年學術史》（臺北：臺灣商務印書館，1995年9月），頁362～363。

〔註7〕　參見錢穆〈記鈔本戴東原孟子私淑錄〉，四川省立圖書館《圖書集刊》創刊號；又收入《中國學術思想史論叢》（八），頁206～212。

〔註8〕　參見冒懷辛《孟子字義疏證全譯》（成都：巴蜀書社，1992年7月），頁23～27。

〔註9〕　參見鮑國順《戴震研究》（臺北：國立編譯館，1997年），頁81～82。

〔註10〕　參見陳榮捷〈論戴震緒言與孟子私淑錄之先後〉，《大陸雜誌》57卷3期。

〔註11〕　參見王茂《戴震哲學思想研究》，安徽人民出版社1980年。

書』」，此「講理學一書」非《孟子字義疏證》或《原善》三卷本，乃是《孟子私淑錄》也。張氏以爲《孟子私淑錄》爲《緒言》之先較合情理，其理由有四：一是從二書文字上來看，《緒言》較《孟子私淑錄》言簡義明，且更符合《孟子字義疏證》之文字和思想。例如《私淑錄》問「何謂天道」？《緒言》改爲問「道之名義」，此改更符合所答有關天道與人道分別之內容。二是關於理氣孰先孰後之說，《緒言》比《私淑錄》更簡要明晰，符合注釋的要求，可見是《緒言》對《私淑錄》的修改。三是《緒言》文字較《私淑錄》多三分之一，甚至整個卷中爲《私淑錄》所缺。《緒言》多出《私淑錄》的部分文字，顯然是對《私淑錄》的增補，亦是重要思想內容的發展，其後遂爲《孟子字義疏證》所採用。四是如同《原善》三篇增補爲《原善》三卷，可推知先有簡略的《孟子私淑錄》，次增補爲《緒言》，再增訂爲《孟子字義疏證》。〔註12〕

周兆茂則從「篇幅」、「結構」、「重要哲學觀點」三方面做比較：篇幅方面，《緒言》約 33000 字，《私淑錄》約 21000 字，《緒言》較《私淑錄》多出三分之一，且多出部分均爲重要論點，又絕大多數續見於《疏證》。結構方面，《私淑錄》卷上共十一條，《緒言》共二十三條，《私淑錄》其中十條同於《緒言》；《私淑錄》卷中五條全部移入《緒言》卷上，故《緒言》卷中十二條全爲新增，新增者又續見於《疏證》；《私淑錄》卷下共九條，全見於《緒言》，《緒言》卷下又新增四條，此四條包括對老莊釋氏及周敦頤、邵雍、張載等人人性論之批評，以及揭露程朱人性論與老莊釋氏的理論淵源關係。重要哲學觀點方面，例如關於「道」之解釋，《私淑錄》云：「古人言道，恒賅理。」又云：「道之實體，即理之精微」，此處把「道」等同「理」。《緒言》則云：「古人言道，恒賅理氣。」又云：「一陰一陽，流行不已，夫是之謂道而已。」此處將「道」、「理」區分，「道」乃氣化流行之實體，「理」則爲氣化之法則規律。《緒言》之觀點顯然較《私淑錄》更進一步。又如人性論之解釋，《緒言》更增新內容，探討孟、荀人性論異同問題，認爲荀子雖主性惡，但通過後天之學可使涂之人成爲禹，故與孟子性善殊途而同歸。《緒言》關於孟荀人性論之說，又全見於《孟子字義疏證》卷中。〔註13〕

因此，經由以上張立文、周兆茂之詳考，《孟子私淑錄》應作於《緒言》

〔註12〕 參見張立文《戴震》（臺北：東大圖書公司，1991 年 4 月），頁 31～36。
〔註13〕 參見周兆茂《戴震哲學新探》（安徽人民出版社，1997 年），頁 203～206。

之前，即先有《孟子私淑錄》，再增修爲《緒言》，最後再補正爲《孟子字義
疏證》。至於張立文提出《私淑錄》乃丙戌「近日做得講理學之書」，則非也，
仍應從錢穆之考證，丙戌所作乃《原善》三卷之擴大本。錢穆舉出《年譜》
有云：

> 《原善》卷上、卷中、卷下，孔戶部所刻《戴氏遺書》卷九，合爲
> 一冊。始先生作《原善》三篇，見于戶部所刊《文集》中者也。玉
> 裁既于癸未抄寫熟讀矣。至丙戌，見先生援據經言，疏通證明之，
> 仍以三章（即《原善》三篇）者分爲建首，比類合義，古賢聖之言
> 理義，舉不外乎是。《孟子字義疏證》亦所以闡明此旨也。」

　　蓋東原當時，既成《原善》三篇，又成〈讀易繫辭論性〉、〈讀孟子論性〉
兩篇，遂增擴而爲《原善》三卷也。丙戌，懋堂入都，親見東原本《原善》
三篇舊稿，援據經言疏通證明之，則東原所告懋堂「近日做得講理學之書」
者，實即《原善》三篇之擴大本，懋堂不察，未經面質，後遂誤認爲東原所
告乃指《字義疏證》也。〔註14〕

　　周兆茂亦考證云：

> 此處「講理學一書」，即戴震四十四歲（丙戌）所完成的《原善》三
> 卷。對此，《年譜》後面已有補充說明。在《年譜》後一部分，段玉
> 裁又說道：「《原善》卷上、卷中、卷下，孔戶部所刻《戴氏遺書》
> 卷九，合爲一冊。始先生作《原善》三篇，見于戶部所刊《文集》
> 中者也。玉裁既于癸未抄寫熟讀矣。至丙戌，見先生援據經言，疏
> 通證明之，仍以三章（即《原善》三篇）者分爲建首，比類合義，
> 古賢聖之言理義，舉不外乎是。《孟子字義疏證》亦所以闡明此旨也。」
> 以上可知，段玉裁于「丙戌」，即乾隆三十一年（戴震時年四十四歲），
> 「見」到《原善》三卷。〔註15〕

　　周氏所言乃承錢穆之說，所以，丙戌之年，東原所謂「講理學之書」應
是《原善》三卷，並非《孟子私淑錄》或《孟子字義疏證》也。又考《緒言》
完稿於壬辰東原五十歲之年，《私淑錄》應在丁亥至壬辰之間四、五年內所作
也。

〔註14〕 參見錢穆《中國近三百年學術史》（臺北：臺灣商務印書館，1995 年 9 月），
　　　　頁 360～361。

〔註15〕 參見周兆茂《戴震哲學新探》（安徽人民出版社，1997 年），頁 195。

第二節　「理出於氣」之宇宙論

一、「理」、「氣」之定義

　　唐君毅以爲中國哲學史上所講的理的主要意義爲先秦思想家所重之文理，魏晉玄學中所重之玄理，隋唐佛學家所重之空理，宋明理學家所重之性理，清代一般儒者所重之事理以及現代中國人受西方思想影響後特重之物理等六義〔註16〕。其中宋明理學家所重之「性理」，乃是戴震所要批判的對象。

　　宋儒主張之「性理」，可以程頤、朱熹爲代表，即所謂「性即理」。如程頤云：

> 性即理也，所謂理性是也。天下之理，原其所自未有不善。喜怒哀樂未發何嘗不善？發而中節，則無往不善；發不中節，然後爲不善。〔註17〕

　　此處所說之「性」即天地之性或義理之性，理善，性亦善也，「理」是天地萬物共有之理，是形而上的純然之善。因此，性即理也，乃因理無不善，而性秉受天理而生，故性亦善也。所以人性與物性，均來自天理，就其共有之道，則爲「一」，就其分化爲萬物之道，則爲「多」，此謂「理一分殊」也。朱熹亦承程頤「理一分殊」之言云：

> 天地之間，理一而已，然乾道成男，坤道成女，二氣交感，化生萬物，則其大小之分、親疏之等，至於十百千萬而不能齊也，不有聖賢者出，孰能合其異而反其同哉。〈西銘〉之作，意蓋如此。程子（頤）以爲明理一而分殊，可謂一言以蔽之矣。

　　至於「氣」，程頤以爲氣是陰陽之氣，乃形而下者，故云：

> 離了陰陽便無道，所以陰陽者是道也。陰陽，氣也。氣是形而下者，道是形而上者。形而上者，則是密也。〔註18〕

　　「道」即是「理」，「道」是形而上的，「理」亦是形而上者，程頤云：「天有是理，聖人循之而行，所謂道也。」〔註19〕道（或理）不能離氣而有，故云「離了陰陽便無道」。因此，形而上之理又須依附形而下之氣來彰明其道。

〔註16〕參見唐君毅《中國哲學原論》（臺北：臺灣學生書局，1978年3月），頁4。
〔註17〕參見《二程遺書》第二十二上。
〔註18〕參見《二程遺書》第十五。
〔註19〕參見《二程遺書》第二十一上。

氣不能生理，而理能生氣，故程頤云：

> 浩然之氣是集義所生者，既生得此氣，語其體，則與道合，語其用，
> 則莫不是義。〔註20〕

此所集之「義」就是道，就是理，故理能生氣，則理在氣之上，在氣之先也。朱熹發展程頤理氣之分說，而云：

> 天地之間，有理有氣。理也者，形而上之道也，生物之本也；氣也
> 者，形而下之器也，生物之具也。是以人物之生，必稟此理，然後
> 有性；必稟此氣，然後有形。〔註21〕

又云：

> 問：先有理，亦先有氣？曰：理未嘗離乎氣。然理形而上者，氣形
> 而下者，自形而上下言，豈無先後？理無形，氣便粗，有渣滓。

> 或問：必有是理，然後有是氣，如何？曰：此本無先後之可言。然
> 後必欲推其所從來，則須說先有是理。然理又非別為一物，即存乎
> 是氣之中；無是氣，則是理亦無掛搭處。氣則為金木水火，理則為
> 仁義禮智。〔註22〕

又云：

> 問：太極不是未有天地之先，有個混成之物，是天地萬物之理總名否？

> 曰：太極只是天地萬物之理。在天地言，則天地中有太極；在萬物
> 言，則萬物中各有太極。未有天地之先，畢竟是先有此理。動而生
> 陽，亦只是理；靜而生陰，亦只是理。〔註23〕

按：朱熹言「然理形而上者，氣形而下者，自形而上下言，豈無先後？」「未有天地之先，畢竟是先有此理。」則可謂「理先氣後」之說，作為形而上者之理，在生成論上是先於形而下之氣。只是理不能獨自顯示，必須依附形下之氣來展現，故云「無是氣，則是理亦無掛搭處」也。又朱子以為「太極只是天地萬物之理」，則「太極」屬形而上之理，非形而下之氣，「氣則為金木水火」，「氣」乃具備五行材質之物也。

程、朱這種「理一分殊」、「理先氣後」、「理氣二分」的主張，構成宋儒

〔註20〕參見《二程遺書》第十五。
〔註21〕參見朱熹〈答黃道夫書〉，《文集》卷五十八。
〔註22〕參見《朱子語類》卷一。
〔註23〕參見《朱子語類》卷一。

宇宙論的主流。然而，在這個主流之外，張載提出「渾然一體」的氣論，以
爲「理氣不分」，「氣」乃宇宙之根本，「太虛」則爲氣之本體，其云：

　　太虛無形，氣之本體；其聚其散，變化之客形爾。至靜無感，性之
　　淵源；有識有知，物交之客感爾。〔註24〕

又云：

　　太虛不能無氣，氣不能不聚而爲萬物，萬物不能不散而爲太虛。循
　　是出入，是皆不得已而然也。〔註25〕

　　按：「太虛」既爲氣之本體，則「太虛」已具備「理」之意義，故可爲「性
之淵源」，至於太虛聚氣形成天地萬物，則太虛之理又存於萬物之中，萬物之
散氣又返歸太虛，則「氣」可說貫通「理」與「物」之間。是張載的「太虛」
概念，既是形上意義之「理」，又是形下之「氣」，是「性之淵源」，又是「物
交之客感」，乃是一種渾淪一體之說。因此，就張載太虛之氣論，究屬形上、
形下？或屬唯物、唯心？歷來學界說法頗有爭議，如馮友蘭認爲張載之氣仍
要依循一種規律，即「氣」之外尚須有「理」，其云：

　　橫渠又云：「天地之氣，雖聚散攻取百塗；然其爲理也，順而不妄。」
　　（《正蒙·太和篇》）氣之「聚散攻取」，雖百塗不同，然皆遵循一定
　　的規律。故物之生有一定的次序；一物之成，有一定的結構組織。
　　此所謂「天序」、「天秩」也。此即所謂「理」。氣之聚散攻取，皆順
　　是理而不妄。如此說法，則於氣之外，尚須有理。〔註26〕

　　牟宗三亦云：「據吾今日細看《正蒙》，橫渠誠有滯辭，然其實義卻並不
是以太虛神體爲器（氣），爲形而下者，直謂其『以器言』，非是。」〔註27〕
　　然而，亦有以爲張載太虛之氣乃形而下、唯物之論者，如程顥云：「子厚
以清、虛、一、大名天道，是以器言，非形而上者。」〔註28〕又云：「形而上
者謂之道，形而下者謂之器。若如或者以清、虛、一、大爲天道，則乃以器
言，而非道也。」〔註29〕李澤厚亦以爲張載乃是以氣爲本體的唯物論，其云：

〔註24〕參見張載《正蒙·太和篇》，收入《張子全書》卷二。
〔註25〕同上注。
〔註26〕參見馮友蘭《中國哲學史》（臺北：臺灣商務印書館，2002 年 11 月），頁 855
　　　　～856。
〔註27〕參見牟宗三《心體與性體》（臺北：正中書局，1968 年）第一冊，頁 419。
〔註28〕參見《二程遺書·論道篇》。
〔註29〕參見《二程遺書·明道先生語一·師訓》。

張載的唯物論是自覺地與佛老相對抗的哲學。張載以「氣」爲本體，
解說了宇宙萬物的自然形成、萬千變化、動靜聚散、生死存亡……，
駁斥了從原始迷信（鬼神）到釋道理論的各種唯心主義。「知太虛即
氣則無無」。「知虛空即氣，則有無、隱顯、神化、性命通一無二。
顧聚散、出入、形不形，能推本所從來，則深於易者也。」張載以
充滿了運動、變化、發展、對立諸辯證觀念的氣一元論，在宇宙觀
上廣泛論列了一系列現象和問題，以與主張「萬物幻化」、「有生於
無」的釋老唯心論相對立。〔註30〕

因此，張載的太虛之氣，其定義並非明確的形上或形下之論，將其歸入
唯物或唯心亦屬過度簡化，應該說，張載之學本不刻意區分形上、形下，而
是將形上學與現實世界融合爲一體。故韋政通云：

橫渠的系統，要把他歸類，的確有其困難，因在他，宇宙間的事物，
都可以納入「混一之常」的範疇中，不但無形上形下之分，不但性
與天道能相貫通，甚至他把形上學與自然科學也予以相結合，則其
思想的矛盾與混淆必然產生。〔註31〕

所以任何片面將張載太虛之氣歸入形上或形下之論均不夠準確，僅能釋
其一體而已。戴震看重張載氣化的宇宙論，排除其形上超驗的成分，而將其
改造成「理在氣中」的哲學。

因此，戴震在「理」、「氣」之關係上，反對程朱「理氣之分」、「理先氣
後」、「理能生氣」之說，其云：

問：《易》曰：「形而上者謂之道，形而下者謂之器。」程子云：「惟
此語截得上下最分明，原來只此是道，要在人默而識之。」後儒言
道，多得之此。朱子云：「陰陽，氣也，形而下者也；所以一陰一陽
者，理也，形而上者也，道即理之名也。」朱子此言，以道之稱惟
理足以當之。今但曰「氣化流行，生生不息」，非程、朱所目爲形而
下者歟？曰：氣化之於品物，則形而上下之分也。形乃品物之謂，
非氣化之謂。《易》又有之：「立天之道，曰陰與陽。」直舉陰陽，
不聞辨別陰陽而始可當道之稱，豈聖人立言皆辭不備哉？一陰一
陽，流行不已，夫是之謂道而已。……《易》「形而上者謂之道，形

〔註30〕參見李澤厚《中國古代思想史論》（臺北：華京出版，1990年），頁214。
〔註31〕參見韋政通《中國思想史》（臺北：水牛出版，1990年8月），頁1088。

而下者謂之器」，亦非爲道、器言之，以道、器區別其形而上、形而下耳。形謂已成形質，形而上猶曰形以前，形而下猶曰形以後。陰陽之未成形質，是謂形而上者也，非形而下明矣。器言乎一成而不變，道言乎體物而不可遺。不徒陰陽非形而下，如五行水火木金土，有質可見，固形而下也，器也；其五行之氣，人物之所秉受，則形而上者也。……六經孔孟之書，不聞理氣之分，而宋儒創言之，又以道屬之理，實失道之名義。〔註32〕

按：東原於此反對程朱「理氣之分」，認爲「六經孔孟之書，不聞理氣之分」，以先秦儒學糾正宋儒之說。東原又認爲宋儒誤解《易傳》「一陰一陽之謂道」以及「形而上者謂之道，形而下者謂之器」，認爲此非以道屬形上，而器屬形下言，只是用道、器說明形上、形下之區別也。故東原以爲「氣化流行，生生不息」，陰陽五行之氣未成形質前，可謂形而上；陰陽五行之氣化爲形質後，可謂形而下也。其說頗近於張載「太虛」之散聚，「氣」乃通貫形上、形下之間也。故東原不同意程朱以「氣」爲形而下者，反對以「道」爲形而上之虛「理」，主張「古人言道，恆賅理氣」，認爲「道」乃氣化之流行不已也，非虛懸之神識空理。

又宋儒以「太極」爲形上之「理」，「陰陽」爲形下之「氣」，故言理與氣，相當於太極與陰陽，道與器的關係，東原則以爲宋儒太極陰陽之說非孔子之本旨，乃借助於老釋之神識而來，其云：

問：宋儒論陰陽，必推本太極，云：「無極而太極，太極動而生陽，動極而靜，靜而生陰，靜極復動。一動一靜，互爲其根，分陰分陽，兩儀立焉。」朱子云：「太極生陰陽，理生氣也。陰陽既生，則太極在其中，理復在氣之內也。」又云：「太極，形而上之道也；陰陽，形而下之器也。」……曰：後世儒者紛紛言太極，言兩儀，非孔子贊《易》「太極」「兩儀」之本指也。孔子曰：「易有太極，是生兩儀，兩儀生四象，四象生八卦。」曰儀，曰象，皆據作《易》言之耳，非氣化之陰陽得兩儀、四象之名。……孔子贊《易》，蓋言《易》之爲書起於卦畫，非漫然也，實有見於天道之一陰一陽爲物之終始會歸，乃畫奇偶者從而儀之，故曰「易有太極，是生兩儀」。既有兩儀，

〔註32〕參見戴震《緒言》卷上，收入《戴震全書》（合肥：黃山書社，1995 年）第六冊，頁 83～84。

而四象，而八卦，以次生矣。孔子以太極指氣化之陰陽，承上文明
於天道言之，即所云「一陰一陽之謂道」，萬品之流形，莫不會歸於
此。極有會歸之義，太者，無以加乎其上之稱，以兩儀、四象、八
卦指《易》畫。後世儒者以兩儀爲陰陽，而求太極於陰陽之所由生，
豈孔子之言乎！謂「氣生於理」，豈其然乎！〔註33〕

又云：

曰：舍聖人立言之本指，而以己說爲聖人所言，是誣聖；借其語以飾
吾之說，以求取信，是欺學者。誣聖欺學者，程朱之賢不爲也。蓋其
學借階於老莊、釋氏，是故失之。凡習於先入之言，往往受其蔽而不
自覺。在老莊、釋氏就一身分言之，有形體，有神識，而以神識爲本。
推而上之，以神爲有天地之本，遂求諸無形無迹者爲實有，而視有形
有迹爲幻。在宋儒以形氣神識同爲己之私，而理得於天。推而上之，
於理氣截之分明，以理當其無形無迹之實有，而視有形有迹爲粗。益
就彼之言而轉之，因視氣曰「空氣」，視心曰「性之郭郭」，是彼別形
神爲二本，而宅於空氣、宅於郭郭者爲天地之神與人之神。此別理氣
爲二本，而宅於空氣、宅於郭郭者，爲天地之理與人之理。由考之六
經、孔孟，茫然不得所謂性與天道者，及從事老莊、釋氏有年，覺彼
之所指，獨遺夫理義而不言，是以觸於形而上下之云，太極兩儀之稱，
頓然有悟，遂創爲理氣之辨，不復能詳審文義。其以理爲氣之主宰，
如彼以神爲氣之主宰也。以理能生氣，如彼以神能生氣也。以理壞於
形氣，無人欲之蔽則復其初，如彼以神受形而生，不以物欲累之則復
其初也。皆改其所指神識者以指理，徒援彼例此，而實非得之於此。
學者轉相傳述，適所以誣聖亂經。〔註34〕

按：此言宋儒「理氣之辨」，乃借階於老莊、釋氏之說，宋儒以理爲氣之
主宰，如老釋以神爲氣之主宰也，故此非六經孔孟之眞義明矣，宜學者所不
取也。戴震又以爲陰陽二氣乃一自然之運行，而理是此一自然運行極盡之必
然也，則導向「氣能生理」、「理氣合一」之主張，其云：

〔註33〕 參見戴震《緒言》卷上，收入《戴震全書》（合肥：黃山書社，1995 年）第六
　　　　 冊，頁 84～85。
〔註34〕 參見戴震《孟子字義疏證》卷中，收入《戴震全書》（合肥：黃山書社，1995
　　　　 年）第六冊，頁 178～179。

問：宋儒嘗反覆推究先有理抑先有氣？又譬之「二物渾淪，不害其各爲一物」，及「主宰」、「樞紐」、「根柢」之說，目陰陽五行爲空氣，以理爲之「主宰」，爲「男女萬物生生之本」，抑似實有見者非歟？

曰：非也。陰陽流行，其自然也。精言之，期於無憾，所謂理也。理非他，蓋其必然也。陰陽之期於無憾也，猶人之期於無失也。能無失者，其惟聖人乎！聖人而後盡乎人之理，盡乎人之理非他，人倫日用盡乎其必然而已矣。語陰陽而精言其理，猶語人而精言之至於聖人也。期於無憾無失之爲必然，乃要其後，非原其先，乃就一物而語其不可議議，奈何以虛語夫不可議議指爲一物，與氣渾淪而成，主宰、樞紐其中也。況氣之流行既爲生氣，則生氣之靈乃其主宰，如人之一身，心君乎耳目百體是也，豈待別求一物爲陰陽五行之主宰樞紐！下而就男女萬物言之，則陰陽五行乃其根柢，乃其生生之本，亦豈待別求一物爲之根柢，而陰陽五行不足生生哉！〔註35〕

因此，必然爲自然之極致，氣爲自然之氣，理爲必然之理，理又出於氣化流行之極盡也，故未可如宋儒將理、氣截然區分，東原乃云：「實體實事，罔非自然，而歸於必然，天地、人物、事爲之理得矣。」〔註36〕「舉凡天地、人物、事爲，求其必然不可易，理至明顯也。」〔註37〕又云：「自然之與必然，非二事也。就其自然，明之盡而無幾微之失焉，是其必然也。如是而後無憾，如是而後安，是乃自然之極則。若任自然而流於失，轉喪其自然，非自然也。故歸於必然，適完其自然。」〔註38〕

東原既言「自然與必然，非二事也」，則可見理在氣中，不以「理」別爲一物，此可見其主「理氣一元」，於是東原又提出「一本論」。所謂「一本」，乃是同源之意，即是自然與必然同出一源，皆爲氣化流行下之產物。東原云：

獨張子之說，可以分別錄之，如言「由氣化有道之名」，言「化，天道」，言「推行有漸爲化，合一不測爲神」，此數語者，聖人復起，無以易也。張子見於必然之爲理，故不徒曰「神」，而曰「神而有常」。

〔註35〕 參見戴震《緒言》卷上，收入《戴震全書》（合肥：黃山書社，1995 年）第六冊，頁86～87。

〔註36〕 參見戴震《孟子字義疏證》卷上，收入《戴震全書》（合肥：黃山書社，1995 年）第六冊，頁164。

〔註37〕 同上注，頁165。

〔註38〕 同上注，頁171。

誠如是言，不以理爲別如一物，於六經、孔孟近矣。就天地言之，化，
其生生也；神，其主宰也，不可歧而分也。故言化則賅神，言神亦賅
化，由化以知神，由化與神以知德；德也者，天地之中正也。〔註39〕

東原於此特稱許張載「神化」之說，認爲其有見於「必然」之爲理，不
以「理」別爲一物，而強調「神而有常」，「神」（或理）必合「化」（氣之運
行）爲一，故不可歧而分也，方可「由化以知神，由化與神以知德」，可見「神」
與「德」皆不離「化」而言。東原又云：

天之生物也，使之一本，而以性專屬之神，則視形體爲假合；以性
專屬之理，則苟非生知之聖人，不得咎其氣質，皆二本故也。老莊、
釋氏尊其神爲超乎陰陽氣化，此尊理爲超乎陰陽氣化。〔註40〕

可見老莊釋氏尊其「神」，以及宋儒尊其「理」，皆以神理超乎陰陽氣化，
此乃違反天之生物的「一本」，而遠離孔孟之「道」也。故東原批評程朱之「理
氣二元」說云：「蓋程子、朱子之學，借階於老莊、釋氏，故僅以理之一字易
其所謂眞宰眞空而餘無所易。」〔註41〕東原不以程朱理氣之說爲然，將其與
老莊釋氏皆歸入「二本」，而自認「天下惟一本，無所外。」因此，東原所認
可的宇宙論乃是以生生不息氣化之道來統攝天下萬物，不論「理」或「神」，
均在此氣化之道中，其本原皆出於一，不可於「氣」外言「理」，亦不可言「理」
先於「氣」也。

馮友蘭雖不贊同東原以爲理學家之「理」別爲一物，認爲「理學家未嘗
以理別爲一物，理學家以理爲形上，正明其非物耳。」〔註42〕但仍認爲東原
在「理氣問題」上與理學家有所區別，其云：

關於理氣問題，東原與理學家異者，實只在於東原以爲理學家以爲理
在氣上或氣先，而其自己則以爲理在氣中。用西洋哲學中之術語言
之，則東原以爲理學家以爲理乃超世界之上，而其自己則以爲理在世
界之中。此蕺山、黎洲、船山、顏李、東原一致的見解也。〔註43〕

此言東原以「理」在世界之中，即言「理」在「氣」之中也，故不以「理」、

〔註39〕參見戴震《孟子字義疏證》卷上，收入《戴震全書》（合肥：黃山書社，1995
年）第六冊，頁170。

〔註40〕同上注。

〔註41〕同上注，頁173。

〔註42〕參見馮友蘭《中國哲學史》下冊（北京：中華書局），頁995。

〔註43〕參見馮友蘭《中國哲學史》下冊（北京：中華書局），頁995。

「氣」二分爲然，而必主「理生於氣」之一本論。

二、求「理」之法

　　「理」既然存於氣之中，則理非超出經驗世界之外，必須於經驗世界中求得。然而，氣化之流行，化爲天地萬物，天地萬物又各有其理，故欲求理，必於天地萬物之中求得其各自之理，即求其「分殊之理」，而不是有一理統攝天地萬物。

　　至於如何求得「分殊之理」？東原又提出「分理」、「條理」之說，其云：

　　理者，察之而幾微必區以別之名也。是故謂之分理。在物之質曰肌理，曰腠理，曰文理。得其分則有條不紊，謂之條理。孟子稱「孔子之謂集大成」曰：「始條理者，智之事也；終條理者，聖之事也。」聖智至孔子而極其盛，不過舉條理以言之而已矣。〔註44〕

又云：

　　聖人之於天道，至孔子而極其盛，條理得也。知條理之說者，其知理之謂矣。天理不於此見乎？〔註45〕

又云：

　　問：理之名起於條理歟？

　　曰：凡物之質，皆有文理，粲然昭著曰文，循而分之，端緒不亂曰理。故理又訓分，而言治亦通曰理。「理」字偏旁從「玉」，玉之文理也。蓋氣初生物，順而融之以成質，莫不具有分理，則有條而不紊，是以謂之條理。以植物言，其理自根而達末，又別於幹爲枝，綴於枝成葉，根接土壤肥沃以通地氣，葉受風日雨露以通天氣，地氣必上接乎葉，天氣必下返諸根，上下相貫，榮而不瘁者，循之於其理也。「理」字之本訓如是。因而推之，舉凡天地、人物、事爲，虛以明夫不易之則曰理。〔註46〕

　　因此，東原主張「理」存於客觀的事物之中，人們必須由自然的事物之中，尋求中正純粹的規律、規則，即由其各自之「分理」，而得其「條理」。

〔註44〕參見戴震《孟子字義疏證》卷上，收入《戴震全書》（合肥：黃山書社，1995年）第六冊，頁151。

〔註45〕參見戴震《緒言》卷上，收入《戴震全書》（合肥：黃山書社，1995年）第六冊，頁88。

〔註46〕同上注，頁88～89。

至於人心之理，則須極盡人事之條理，求得人心之所同然之理，即歸納眾人皆可相通之「理義」。故東原云：

> 問．孟子云：「心之所同然者，謂理也、義也。聖人先得我心之所同然耳。」是理又以心言，何也？

> 曰：心之所同然，始謂之理，謂之義；則未至於同然，存乎其人之意見，非理也，非義也。凡一人以為然，天下萬世皆曰「是不可易也」，此之謂同然。〔註47〕

又云：

> 夫天地之大，人物之蕃，事為之委曲條分，苟得其理矣，如直者之中懸，平者之中水，圓者之中規，方者之中矩，然後推諸天下萬世而準。《易》稱「先天而天弗違，後天而奉天時，天且弗違，而況於人乎？況於鬼神乎？」《中庸》稱「考諸三王而不謬，建諸天地而不悖，質諸鬼神而無疑，百世以俟聖人而不惑」。夫如是，是為得理，是為心之所同然。〔註48〕

因此，東原以為所謂真理，乃是符合「心之所同然」以及「萬世不可易」之條件，乃是歸納人事之條理而後所獲得之理義。這種理義，是可放諸四海皆準之理義，而不是「得於天而具於心」之意見。

其次，東原認為在歸納眾人所同然之理義之前，須要先認知眾人不同之「分殊」，即尊重個別差異，而不能強以一共同之虛理抹殺眾人之差異，故要在「理一」之前談「分殊」，而不能用「理一」支配「分殊」，否則將失去人情之常，而以意見殺人矣。鄭吉雄先生曾清楚地指出戴震這種求理之法云：

> 在戴震的觀念中，解決人與人之間距離和衝突的方法，不是要在邏輯名理上高懸一個本體之「理」，進而抹掉人與人之間的「分殊」，而是要在尊重各人分殊的基礎上，設法找出其中共同共通的部分。這個共同共通的部分，當然還是存在的，因為人與物均自陰陽五行一氣而來，不是說有分殊了以後，就沒有共同。這個共同的部分，戴震稱之為「理」。理為氣的條理，不是氣之上、為氣之主的超越之理。〔註49〕

〔註47〕參見戴震《孟子字義疏證》卷上，收入《戴震全書》（合肥：黃山書社，1995年）第六冊，頁153。

〔註48〕同上注，頁164。

〔註49〕參見鄭吉雄〈戴震「分限」「一體」觀念的思想史考察〉，收入《中國詮釋學》第一輯，頁107。

又云：

> 戴震「理」的觀念，是強調從形下之「氣」的觀點確立萬物「分」的
> 關係的重要性。「分」即「分殊」，指個別事物的獨特性。……戴震認
> 爲，觀察世界的萬事萬物，必須先從「分」、「限」著眼。在確立了事
> 物與事物之間「分」、「限」的關係後，才能進一步講「合」、講「一
> 體」。……「分」即所謂「異」，指萬物的特殊性；「合」即所謂「同」，
> 指萬物的共通性。戴震之意，是認爲若不能先確立萬物皆「異」的認
> 知，則一切暢述萬物之「同」的理論，都是主觀的、籠統的、虛而不
> 實的。正因爲知萬物皆「異」，表示立論者能尊重萬物之特性，再從
> 此一特性去認取萬物之間的共通性，則其所認取的共通的部分，必不
> 會對於與我相異的其他事物，有失諸主觀偏頗的認知。〔註50〕

　　對於人心之理，則要歸納眾人之同而得出一個「公理」，心不是理，心只
不過是一種判斷事理及物理的官能而已，然而心有知覺道理的能力，就如同
口能分辨美味，鼻能分辨香臭一般，心亦有分辨理義的功能，故東原云：

> 耳之於聲也，天下之聲，耳若其符節也。目之於色也，天下之色，
> 目若其符節也。鼻之於臭也，天下之臭，鼻若其符節也。口之於味
> 也，天下之味，口若其符節也。耳目鼻口之官接物，而心通其則。
> 心之於理義也，天下之理義，心若其符節也。是皆不可謂之外也，
> 性也。耳能辨天下之聲，目能辨天下之色，鼻能辨天下之臭，口能
> 辨天下之味，心能通天下之理義。〔註51〕

　　戴震受荀子之影響，以「心」具備辨是非、明善惡、通理義之功能，而
人生而有知，此人之心知又是人與其他物類最大之區別，也是人類能有仁義
道德、能有文化成果的最有力之官能。荀子云：「心生而有知」〔註52〕、「心
者，形之君也，而神明之主也，出令而無所受令」〔註53〕、「人何以知道？曰：
心。」〔註54〕又云：

〔註50〕參見鄭吉雄〈乾嘉學者經典詮釋的歷史背景與觀念〉，《台大中文學報》第十
　　　　五期，2001 年 12 月，頁 273～275。
〔註51〕參見戴震〈讀孟子論性〉，收入《戴震文集》卷八，亦收入《戴震全書》（合
　　　　肥：黃山書社，1995 年）第六冊，頁 350。
〔註52〕參見《荀子‧解蔽篇》。
〔註53〕同上注。
〔註54〕同上注。

故欲過之而動不及，心止之也。心之所可中理，則欲雖多，奚傷於治？欲不及而動過之，心使之也。心之所可失理，則欲雖寡，奚止於亂？故治亂在於心之所可，亡於情之所欲。〔註55〕

又云：

凡禹之所以為禹者，以其為仁義法正也。然則仁義法正有可知可能之理。然而塗之人也，皆有可以知仁義法正之質，皆有可以能仁義法正之具，然則其可以為禹明矣。……今使塗之人伏術為學，專心一志，思索孰察，加日縣久，積善而不息，則通於神明，參於天地矣。故聖人者，人之所積而致矣。〔註56〕

荀子言聖人乃人之心知積善而致也，又言心之所可中理，可以節制情欲，這裡就說明了心知可以積善成德，亦可以節制情欲，苟能擴大心知以通理義的作用，則塗之人亦可以為禹也。東原亦強調心能明理的能力，其云：

凡人行一事，有當於理義，其心氣必暢然自得；悖於理義，心氣必沮喪自失，以此見心之於理義，一同乎血氣之於嗜欲，皆性使然耳。耳目鼻口之官，臣道也；心之官，君道也，臣效其能而君正其可否。理義非他，可否之而當，是謂理義。然又非心出一意以可否之也，若心出一意以可否之，何異強制之乎？是故就事物言，非事物之外別有理義也；「有物必有則」，以其則正其物，如是而已矣。就人心言，非別有理以予之而具於心也；心之神明，於事物咸足以知其不易之則，譬有光皆能照，而中理者，乃其光盛，其照不謬也。〔註57〕

心能通明人事之理，如光盛能照見事物之全體，而能中理不謬也，東原又以光照物為喻云：

孟子曰：「耳目之官不思，心之官則思。」是思者，心之能也。精爽有蔽隔而不能通之時，及其無蔽隔，無弗通，乃以神明稱之。凡血氣之屬，皆有精爽。其心之精爽，鉅細不同，如火光之照物，光小者，其照也近，所照者不謬也，所不照斯疑謬承之，不謬之謂得理；其光大者，其照也遠，得理多而失理少。且不特遠近也，光之及又

〔註55〕參見《荀子‧正名篇》。
〔註56〕參見《荀子‧性惡篇》。
〔註57〕參見《孟子字義疏證》卷上，收入《戴震全書》（合肥：黃山書社，1995 年）第六冊，頁 158。

有明闇，故於物有察有不察，察者盡其實，不察斯疑謬承之，疑謬
之謂失理。〔註58〕

人如能用心察照理義，而窮盡其學智，至乎其極，必可成聖成德也，故
東原云：

失理者，限於質之昧，所謂愚也。惟學可以增益其不足而進於智，
益之不已，至乎其極，如日月有明，容光必照，則聖人矣。此《中
庸》「雖愚必明」，《孟子》「擴而充之之謂聖人」。神明之盛也，其於
事靡不得理，斯仁義禮智全矣。故理義非他，所照所察者之不謬也。
何以不謬？心之神明也。人之異於禽獸者，雖同有精爽，而人能進
於神明也。理義豈別若一物，求之所照所察之外，而人之精爽能進
於神明，豈求諸氣稟之外哉！〔註59〕

又云：

試以人之形體與人之德性比而論之，形體始乎幼小，終乎長大；德性
始乎蒙昧，終乎聖智。其形體之長大也，資於飲食之養，乃長日加益，
非「復其初」；德性資於學問，進而聖智，非「復其初」明矣。〔註60〕

此乃戴震「由智達德」的思想取向，既受孟子「涵養」、「擴充」的成德工
夫之影響，亦受荀子「隆禮」、「積善」的外在學習工夫影響，戴震不認同宋儒
以理爲得於天而具於心的主張，反對理乃超越形氣之外之物，故主張於現實世
界中，運用人之心知，體察人事之全，擴充學問知識，多學多識，而由此得出
切於人倫日用之「理」而不謬，自可「心知之明，進於聖智」。不過，戴震認爲
荀子雖強調後天的學習，但卻以「禮義」出於聖王，而非人心推擴所學而得，
荀子不以禮義爲人性所本有，亦是一種「二本」，不符東原主張之「一本」。故
東原云：「天之生物也，使之一本。荀子推以禮義與性爲二本，宋儒以理與氣質
爲二本，老聃、莊周、釋氏以神與形體爲二本。」〔註61〕又云：「程子、朱子尊

〔註58〕 參見《孟子字義疏證》卷上，收入《戴震全書》（合肥：黃山書社，1995年）
　　　　 第六冊，頁156。

〔註59〕 參見《孟子字義疏證》卷上，收入《戴震全書》（合肥：黃山書社，1995年）
　　　　 第六冊，頁156。

〔註60〕 參見《孟子字義疏證》卷上，收入《戴震全書》（合肥：黃山書社，1995年）
　　　　 第六冊，頁167。

〔註61〕 參見《緒言》卷下，收入《戴震全書》（合肥：黃山書社，1995年）第六冊，
　　　　 頁135。

理而以爲天與我,猶荀子尊禮義以爲聖人與我也。」〔註62〕岑溢成闡述戴震批評荀子之二本云:

> 把血氣心知與禮義同歸一本,才是眞正的「一本論」。心知的功用也
> 許對於禮義的實現有積極的作用,但到底還是自然。戴震把禮義稱
> 爲「必然」,是由於他認爲禮義是人必定會而必須要實現的價值。他
> 屢屢說「必然爲自然之極則」,就是以「必然」爲「自然」的價值的
> 完全的、充分的實現。這種意義的「必然」,當然不可能外在於
> 「性」。……荀子的「二本」,只是「不知」禮義與情欲同出於性,
> 以致「理論」不能歸於一本,但實質上自然的情欲還是朝著必然的
> 禮義的方向實現其價值的。這可說是「形式」的「二本」。〔註63〕

因此,戴震的求理之法在心知的工夫,在爲學積善等外在學習上,雖頗多取自荀子,但在本質上與荀子仍有差異,荀子將「禮義」(或可說「理」)歸於聖人之獨得,而一般人只能學習聖人之禮義;戴震則認爲聖人之「禮義」乃歸納人心之所同然而得,一般人若能積善成學,亦能藉由認識學習的方式,極盡人事之條理而「進於聖智」。

此外,人事之「理」亦須從「情」和「欲」上去求。「理」的體驗是要審察人情、權衡人欲的,如果捨棄情欲而求理,那所求得的「理」,一定不是眞正的「理」,而是「意見」罷了。所謂「意見」,乃是指從主觀上別求一個先天的理,而非客觀的公認標準,乃人人各以其心之意見當理者,如此則任何人皆可以用其「理」來衡量他人,「是其所是,非其所非」,將造成是非不明而深受其禍也。故東原反對宋明「理學」之以主觀冥想當作「理」,反對「理」與「情」、「欲」分離。東原云:

> 理也者,情之不爽失者也,未有情不得而理得者也。凡有所施於人,
> 反躬而靜思之:「人以此施於我,能受之乎?」凡有責於人,反躬而
> 靜思之:「人以此責於我,能盡之乎?」以我絜之人,則理明。天理
> 云者,言乎自然之分理也;自然之分理,以我之情絜人之情,而無
> 不得其平是也。〔註64〕

〔註62〕 參見《孟子字義疏證》卷上,收入《戴震全書》(合肥:黃山書社,1995年)
第六冊,頁167。

〔註63〕 參見岑溢成〈戴震孟子學的基礎〉,收入黃俊傑主編《孟子思想的歷史發展》,
頁210~211。

〔註64〕 參見《孟子字義疏證》卷上,收入《戴震全書》(合肥:黃山書社,1995年)

又云：

> 問：以情絜情而無爽失，於行事誠得其理矣。情與理之名何以異？
>
> 曰：在己與人皆謂之情，無過情無不及情之謂理。〔註65〕

又云：

> 天下必無舍生養之道而得存者，凡事爲皆有於欲，無欲則無爲矣；有欲而後有爲，有爲而歸於至當不可易之謂理，無欲無爲，又焉有理。老莊、釋氏主於無欲無爲，故不言理；聖人務在有欲有爲之咸得理。是故君子亦無私而已矣，不貴無欲。君子使欲出於正，不出於邪，不必無飢寒愁怨、飲食男女、常情隱曲之感，於是讒說誣辭，反得刻議君子而罪之，此理欲之辨使君子無完行者，爲禍如是也。……古之言理者，就人之情欲求之，使之無疵之爲理；今之言理也，離人之情欲求之，使之忍而不顧之爲理。此理欲之辨，適以窮天下之人盡轉移爲欺僞之人，爲禍何可勝言也哉！〔註66〕

因此，戴震既然主張「理」在「氣」中，而由此形氣所化生的人，所遵循的條理也須由其日常言行舉止、情欲需求等來體察，故人情之「理」也必離不開人倫日用、情欲感覺等切身事物。然而，「理」必須求客觀且普遍，則須用自己的情欲來推度別人的情欲，而能公正無偏，此乃孔子所言之「推己及人」和「己所不欲，勿施於人」的忠恕之道，也是《大學》的絜矩之道。故以情絜情而皆得其平，而理不得者，未之有也，豈能捨情而求理？是以情與理每合稱曰情理，捨情而求理，非理也，乃意見也。戴震認爲程朱等宋儒虛懸一超越性的天理，而離開了人情事理，此理獨立在形氣之外，很容易流入私蔽之意見，而所求得的並非人心所同然之「理」也。至於陸王提出的「心即理」亦不符東原「理在事中」、「心乃知理之能力」的看法，其所言之「心」容易流入主觀冥想之意見。故馮友蘭評論戴震區別理與意見之分云：

> 東原立理與意見之分，理是客觀的、公的；意見是主觀的、私的。東原以爲宋儒理具於心，故往往以意見爲理。……蓋宋儒皆受佛學之影響，理學家雖以爲萬物莫不有理，而同時以爲萬理皆具於心中。

第六册，頁 152。

〔註65〕同上注，頁 153。

〔註66〕參見《孟子字義疏證》卷下，收入《戴震全書》（合肥：黃山書社，1995 年）第六册，頁 216～217。

　　至於心學家更以為心即理，故其所說之理，雖不必皆非理，然其只
　　是主觀的意見之可能，則甚大也。〔註67〕

張壽安亦評論戴震反宋儒之理云：

　　戴震對宋學反對最激烈的就是一個「理」字。宋儒視理為萬事之準
　　則，但對於什麼是理、如何得到理卻沒有具體的說明，只說：理得
　　於天而具於心、自家體認出個天理來；造成以一己意見之私硬坐他
　　人之是非之弊。理沒有客觀性和公認性，勢必流入妄斷是非，枉顧
　　他人情欲的弊病。……戴震再三論辯理字，實有其深遠之用意。蓋
　　理字在倡導之初，其目的本不外乎建立一社會道德秩序。因此，社
　　會綱紀、是非曲直、斷獄標準都得有其「客觀」的準則，同時此一
　　準則還得為眾人所共同接受共同遵循。宋儒的理，在實際運作上既
　　然產生如此嚴重的弊病，勢必需要加以駁正。〔註68〕

　　因此，客觀、公正，無過與不及的，可以為社會大眾共同接受的道德規
範，並且能合理節制人性之情欲需求的社會秩序，才是「心之所同然」而「萬
世不可易」的真正「公理」。

第三節　「血氣心知」之人性論

一、歷代思想家之性論

　　人性的來源以及本質等問題，自古以來就是中國思想家關注的焦點，自
孟子主性善，荀子主性惡，「性」更成為影響哲學取向的重大關鍵。孟子力
主性善，以為仁義禮智根於心，而證之以惻隱、羞惡、是非、辭讓之四端。
孟子將「心」與「性」連結起來，以為「心善」則「性善」，盡心可以知性。
故孟子云：「惻隱之心，人皆有之；羞惡之心，人皆有之；恭敬之心，人皆
有之；是非之心，人皆有之。惻隱之心，仁也；羞惡之心，義也；恭敬之心，
禮也；是非之心，智也。仁義禮智，非由外鑠我也，我固有之也，弗思耳矣。」
〔註69〕又云：「盡其心者，知其性也，知其性，則知天矣。存其心，養其性，

〔註67〕參見馮友蘭《中國哲學史》（北京：中華書局）下冊，頁1003。
〔註68〕參見張壽安〈戴震對宋明理學的批評〉，《漢學研究》13卷1期，頁21～23。
〔註69〕參見《孟子‧告子篇上》。

所以事天也。」〔註70〕因此，孟子的「心」、「性」乃是道德之根源，苟能發揮長養此心性，則可得乎理義也。

其次，孟子不贊同告子「生之謂性」之說，認為如此將無以區別人之性與牛馬之性，故「人性」不能停留在生理需求，不能在經驗的層次講，必要在超越地、先驗的層次說「性」，故孟子云：「口之於味也，目之於色也，耳之於聲也，鼻之於臭也，四肢之於安佚也，性也，有命焉，君子不謂性也。仁之於父子也，義之於君臣也，禮之於賓主也，智之於賢者也，聖人之於天道也，命也，有性焉，君子不謂命也。」〔註71〕孟子視耳目鼻口之欲為一種自然命限，而不同於仁義禮智等道德之性，在此區別人性與物性，故主張擴充長養人之善性而節制人之情欲，故云：「養心莫善於寡欲，其為人也寡欲，雖不存焉者寡矣；其為人也多欲，雖有存者寡矣。」〔註72〕因此，孟子的「性論」以心善性善為中心，肯定仁義禮智等道德的性，可說是一種形上的性，須賴內在的道德實踐工夫來推擴。至於耳目鼻口之情欲，則只能說是本能，而不於此說性也。

至於荀子主張性惡，其視「欲」為性之主要部份，以為人生而有欲，欲不能節制，就會發生爭奪亂窮，故有所謂「惡」之發生。其實，荀子所謂的「性」應該是一種自然的情欲，乃是生理之本能，本無所謂善惡可言，而是中性的，頗近於告子「生之謂性」之說。荀子云：

> 人之性惡，其善者偽也。今人之性，生而有好利焉，順是，故爭奪生而辭讓亡焉；生而有疾惡焉，順是，故殘賊生而忠信亡焉；生而有耳目之欲，有好聲色焉，順是，故淫亂生而禮義文理亡焉。然則從人之性，順人之情，必出於爭奪，合於犯分亂理。〔註73〕

荀子雖首言「人之性惡」，但觀其所說「生有好利」、「生有疾惡」、「生有耳目之欲」等，皆屬於人之生理慾望，乃天下之人所共有共具，在此本無所謂善惡。但若生理慾望不加以節制而「順是」，則慾望橫流而將導致爭奪、殘賊、淫亂等惡行滋生，在此才有所謂「惡」出現。因此，孟子與荀子之差異即在此，孟子不將生理慾望當作人性，而追求一種超越、形上的道德性；荀子則將人之

〔註70〕 參見《孟子・盡心篇上》。
〔註71〕 參見《孟子・盡心篇下》。
〔註72〕 同上註。
〔註73〕 參見《荀子・性惡篇》。

生理情欲當作人性，故歸於一種經驗、本能的情欲性。荀子云：「凡性者，天之就也，不可學，不可事。……不可學，不可事，而在人者，謂之性。」〔註74〕又云：「生之所以然者，謂之性。性之和所生，精合感應，不事而自然謂之性。」〔註75〕此更證明性乃人與生俱來之本能，所謂「生之謂性」。鮑國順亦云：

> 荀子所謂性，是自然之性，並沒有善惡的價值成分；與告子所說的「生之謂性」正是同一意義。而人性中原含有欲的作用（所謂好利、疾惡、耳目聲色之欲均是），由「自然之性」，變爲「惡性」的原因，即因順此自然之欲，而不加以節導所產生的。〔註76〕

荀子既將情欲當作性，而認爲性本身不能作爲成善的動力，故要依賴外在的禮義來「化性起僞」，而此禮義自不在人性之中，而是聖人所造，故云：「今人之性惡，必將待師法然後正，得禮義然後治」〔註77〕，又云：「禮義者，聖人之所生，人之所學而能，所事而成者也」〔註78〕，荀子強調禮義不是出自人之本性，而是聖人之僞，故云：「凡禮義者，是生於聖人之僞，非故生於人之性也。……聖人積思慮，習僞故，以生禮義而起法度，然則禮義法度者，是生於聖人之僞，非故生於人之性也。」〔註79〕因此，荀子將人性視爲須要對治的目標，人性若不教化、端正、節制，則將流爲惡矣，故要強調「性惡」，以警醒人們須節制自我之情欲，但又不可說「人性本惡」，只能說「人性不加節制將流爲惡」也。荀子所以特別重視禮義師法以及聖王教化，乃因人之性中無此之物，故必須外求，要強調後天學習的重要。

宋儒言「性」，更見精微，可以舉張載、程頤、朱熹等爲代表。張載首先提出「天地之性」與「氣質之性」二分對舉的理論，其云：

> 天所性者，通極於道，氣之昏明不足以蔽之；天所命者，通極於性，遇之吉凶不足以戕之。不免乎蔽之戕之者，未之學也。……故思知人，不可以不知天。盡其性，然後能至於命。知性知天，則陰陽鬼神皆吾分内爾。〔註80〕

〔註74〕同上注。
〔註75〕參見《荀子‧正名篇》。
〔註76〕參見鮑國順《荀子學說析論》（臺北：華正書局，1987年8月），頁13。
〔註77〕參見《荀子‧性惡篇》。
〔註78〕同上注。
〔註79〕同上注。
〔註80〕參見張載《正蒙‧誠明》。

又云：

> 形而後有氣質之性，善反之，則天地之性存焉；故氣質之性，君子
> 有弗性者焉。〔註81〕

張載所言「天地之性」乃宇宙道德之純然善性，是天下萬物共同之本源，雖爲太虛之氣所生，但不受萬物各自形氣昏濁之影響，而人之心知，可以見此天地之性，此人與物之區別也。故張載云：「由太虛，有天之名；由氣化，有道之名；合虛與氣，有性之名；合性與知覺，有心之名。」〔註82〕又「氣質之性」乃太虛之氣落入各自形體之後所生，乃與生俱來，因受形氣偏蔽、昏濁之影響，此分殊之性乃有不善，故要「善反之」，以反歸純然的「天地之性」。在成德成善的工夫上，張載又提出「變化氣質」之說，其云：「人之剛柔、緩急、緩急、有才與不才，氣之偏也」〔註83〕、「氣質，猶人言性氣，氣有剛柔、緩速、清濁之氣也。質，才也，氣質是一物，若草木之生，亦可言氣質，惟其能克己，則爲能變化卻習俗之氣。」〔註84〕

程頤論「性」，即提出「性即理」之說，其云：

> 性即理也，所謂理性是也。天下之理，原其所自未有不善。喜怒哀
> 樂之未發何嘗不善？發而中節，則無往不善；發不中節，然後爲不
> 善。〔註85〕

伊川此言性即理者，亦本其「理一分殊」之說，認爲天下萬物只是一理，此理即爲天地之性，是純然的本善，而在於形氣之先，故云「原其所自未有不善」。天地之性未落爲形質，即「喜怒哀樂之未發」，故何嘗不善？性落爲形質之後若能中節，亦無往不善。然性若有不中節而不善者，乃受形氣之影響，此人之才質、氣質有惡之可能，故云：

> 氣有善有不善，性則無不善也；人之所以不知善者，氣昏而塞之耳。
>
> 〔註86〕

又云：

> 問：人性本善，因何有蔽？

〔註81〕同上注。
〔註82〕參見張載《正蒙・太和篇》。
〔註83〕參見張載《正蒙・誠明篇》。
〔註84〕參見張載《經學理窟・學大原上》。
〔註85〕參見《二程遺書》第二十二上。
〔註86〕參見《二程遺書》第二十一下。

曰：此須索理會也。……性無不善，而有不善者才也。性即是理，
理則自堯舜至於途人，一也。才稟於氣，氣有清濁，稟其清者爲賢，
稟其濁者爲愚。〔註87〕

伊川受張載之影響，論性分天地之性和氣質之性，再結合其理氣二元之
說，則天地之性專指理言，故言「性即理」，性無不善；而氣質之性，則以
理與氣雜而言之，因之所稟之氣有清濁之分，故生善惡。伊川又分性與情爲
二，以爲心感於外者所發爲「情」，而與內在本有之「性」區分，例如孟子
云：「惻隱之心，仁之端也」，伊川則以爲「惻隱固是愛，愛自是情，仁自是
性，豈可專以愛爲仁？孟子言惻隱爲仁，蓋爲前已言『惻隱之心，仁之端也』，
既曰『仁之端』，便不可謂之仁。」〔註88〕此意指惻隱、羞惡、辭讓等屬於
人之情、愛，乃是心與外界人事接觸所發的形下之情，非仁義禮等本然的形
上之性，故又云：「仁是性也，孝弟是用也。性中只有仁義禮智四者，幾曾
有孝弟來？」〔註89〕

朱熹論性，亦主「性即理」之說，故性、理無有不善，性、理乃是善之
根源。至於「心」，則與「性」不同，乃是形下之「氣」所生，是人與生具有
的本能知覺，故其「心」近於荀子所言之「認知心」。朱子云：「心者，氣之
精爽。」〔註90〕「虛靈自是心之本體」〔註91〕、「靈處只是心，不是性。性只
是理。」〔註92〕性爲純然的天理，是道德根源；心則爲氣化之後的本能，可
以爲善，亦可爲惡，故云：「心有善惡，性無不善。」〔註93〕

朱子又將「心」、「性」、「情」三分，而發揮張載「心統性情」之說，其云：

性者，心之理；情者，心之動。

橫渠說的最好。心，統性情者也。……性無不善，心所發爲情，或
有不善。說不善非是心，亦不得。卻是心之本體本無不善，其流而
爲不善者，情之遷於物而然也。〔註94〕

朱子之意，蓋以「心」爲可知覺善惡之本能，亦是可成善或爲惡之能力，

〔註87〕參見《二程遺書》第十八。
〔註88〕同上注。
〔註89〕同上注。
〔註90〕參見《朱子語類》卷五。
〔註91〕同上注。
〔註92〕同上注。
〔註93〕同上注。
〔註94〕參見《朱子語類》卷五。

「心」若知覺純然之「性理」，則可爲善，可以成德成聖；然若隨順「情欲」，使其「情」不中理，則將流爲不善矣。因此，其「性」爲形上之理，代表純然之善，即所謂「天地之性」。至於「心」則爲人之天賦知覺能力，「情」又是「心」與外界事物接觸後之活動，二者皆屬形下之氣，乃是可善可惡的「氣質之性」。

陸王之「性論」，大體承孟子之學，以心善言性善，故提出「心即理」之說。程朱以心爲知理知性的能力，非價值根源，心與性、理爲二；陸王則以心統攝性、理，心本身就是價值根源，心與性、理爲一。故王陽明云：

> 理一而已。以其理之凝聚而言，則謂之性。以其凝聚之主宰而言，則謂之心。〔註95〕

又云：

> 夫物理不外於吾心，外吾心而求物理，無物理矣。遺物理而求吾心，吾心又何物邪？心之體，性也，性即理也。故有孝親之心，即有孝之理，無孝親之心，即無孝之理矣。有忠君之心，即有忠之理，無忠君之心，即無忠之理矣。理豈外於吾心邪？晦庵謂人之所以爲學者，心與理而已。心雖主乎一身，而實管乎天下之理，理雖散在萬事，而實不外乎一人之心；爲其一分一合之間，而未免已啓學者心理爲二之弊。此後世所以有專求本心，遂遺物理之患，正由不知心即理耳。〔註96〕

王陽明以爲「心之體，性也，性即理也。」因此心、性爲一，心外無理也。王陽明即以「心」爲良知，並非如荀子所言僅具認知之心，故陽明之「心」乃是道德的、至善的、先驗的心，朱子的「心」則是認知的、可善可惡的、經驗的心。

二、「性」之殊別義

東原論「性」，與程朱等宋儒不同，特重人物「分殊」之「性」，即重視個體之分限，亦即所謂「氣質之性」。東原反對程朱將「性」分爲天地之性與氣質之性，反對用一共同之天性來統一個別之人性。程朱既以「性即理」，乃企圖以一天地萬物共有之天理來說明人性之本源，故言「理一分殊」。東原則

〔註95〕參見王陽明〈答羅整庵少宰書〉，收入《傳習錄》中。
〔註96〕參見王陽明〈答顧東橋書〉，收入《傳習錄》中。

強調個別差異，認爲陰陽五行之氣分化，生成萬物，亦生成眾人分別之性。
東原云：

> 性者，分於陰陽五行以爲血氣、心知、品物，區以別焉，舉凡既生
> 以後所有之事，所具之能，所全之德，咸以是爲其本，故《易》曰
> 「成之者性也」。氣化生人生物以後，各以類滋生久矣；然類之區別，
> 千古如是也，循其故而已矣。在氣化曰陰陽，曰五行，而陰陽五行
> 之成化也，雜糅萬變，是以及其流形，不特品物不同，雖一類之中
> 又復不同。凡分形氣於父母，即爲分於陰陽五行，人物以類滋生，
> 皆氣化之自然。《中庸》曰：「天命之謂性」。以生而限於天，故曰天
> 命。《大戴禮記》曰：「分於道謂之命，形於一謂之性。」分於道者，
> 分於陰陽五行也。一言乎分，則其限之於始，有偏全、厚薄、清濁、
> 昏明之不齊，各隨所分而形於一，各成其性也。〔註97〕

東原以「道」爲陰陽氣化之運行也，此道又分爲天地萬物，萬物秉受之
氣各有偏全、厚薄、清濁、昏明之差異，故所受之性遂有不同，故人物「各
成其性」。此性在未成形質之前，皆屬同一氣化之道，而一旦秉受氣，落實分
化於萬物，即受氣的過程有所差異，則其天命之性將有殊別，故云「以生而
限於天，故曰天命」、「一言乎分，則其限之於始」。一旦人物經歷氣化之後，
其所形塑的性命將有不同，將有個別差異，這是不能忽視而妄加齊一的事實。
鄭吉雄先生亦云：

> 然則戴震論性，並不像宋明理學家那樣標舉一全人類普遍共同具有
> 之性，再進行演繹安排萬物的價值秩序；而是強調應從「分」、「殊」
> 的角度承認各人均有種種不同的限制——這些限制也是自天道「分」
> 出來的。戴震認爲，同爲人性，必有分殊：既有分殊，則必有偏全、
> 厚薄、清濁、昏明之不齊。惟有深明此一情況，才能了解彼此互補
> 的可能性與重要性，以人類共享之理義貫串其中。〔註98〕

然而，人物之性雖各有殊異，人之性亦大不同於物之性，但同一物類之
性則有相近相似者，則又可由「殊異」中求其「同」也，故東原云：

〔註97〕 參見《孟子字義疏證》卷中，收入《戴震全書》（合肥：黃山書社，1995 年）
　　　　 第六冊，頁 179～180。
〔註98〕 參見鄭吉雄〈戴震「分限」、「一體」觀念的思想史考察〉，收入《中國詮釋學》
　　　　 第一輯，頁 110。

然性雖不同，大致以類爲之區別，故《論語》曰「性相近也」，此就
人與人相近言之也。孟子曰：「凡同類者舉相似也，何獨至於人而疑
之？聖人與我同類者」，言同類之相似，則異類之不相似明矣；故詰
告子「生之謂性」曰：「然則犬之性猶牛之性，牛之性猶人之性與？」
明乎其必不可混同言之也。天道，陰陽五行而已矣；人物之性，咸
分於道，成其各殊者而已矣。〔註99〕

　　人物所秉之性雖有不同，但「大致以類爲之區別」，人類與物類之性是有明
顯的區別，但同是人類，則其性必有相似之處，故「聖人與我同類」，則聖人之
性與眾人之性亦有相似者，才能得出「聖人先得我心之所同然者」的觀點。

三、血氣、心知之自然人性

　　東原既云「陰陽五行，道之實體也。血氣心知，性之實體也。」則由氣
化之道形塑於人之性，其實體則爲「血氣心知」。何謂「血氣心知」？所謂「血
氣」，應指人之感官欲望，如耳目鼻口之欲；所謂「心知」，乃指人心能知理
義的能力。血氣心知皆根源於人之性，不待外求，乃內也，非外也。東原云：

孔子曰：「少之時，血氣未定，戒之在色；及其長也，血氣方剛，戒
之在鬬；及其老也，血氣既衰，戒之在得。」血氣之所爲不一，舉
凡身之嗜欲根於氣血明矣，非根於心也。孟子曰：「理義之悅我心，
猶芻豢之悅我口」，非喻言也。凡人行一事，有當於理義，其心氣必
暢然自得；悖於理義，心氣必沮喪自失，以此見心之於理義，一同
乎血氣之於嗜欲，皆性使然耳。〔註100〕

又云：

人生而後有欲、有情、有知，三者，血氣心知之自然也。給於欲者，
聲色臭味也，而因有愛畏；發乎情者，喜怒哀樂也，而因有慘舒；
辨於知者，美醜是非也，而因有好惡。聲色臭味之欲，資以養其生；
喜怒哀樂之情，感而接於物，美醜是非之知，極而通於天地鬼神。
聲色臭味之愛畏以分，五行生克爲之也；喜怒哀樂之慘舒以分，時

〔註99〕 參見《孟子字義疏證》卷中，收入《戴震全書》（合肥：黃山書社，1995年）
　　　　第六冊，頁180。

〔註100〕參見《孟子字義疏證》卷上，收入《戴震全書》（合肥：黃山書社，1995年）
　　　　第六冊，頁158。

> 遇順逆爲之也；美醜是非之好惡以分，志慮從違爲之也，是皆成性
> 然也。〔註101〕

可見東原認爲人之欲、情、知三者，乃血氣心知之本有本能，亦是「性之實體」。故東原認爲不僅耳目鼻口之欲、喜怒哀樂之情是人之性，就如辨別是非善惡之心知亦是人之性，所以人能知理義、能通天地之善的能力亦是人性本有。若與孟、荀之性作比較，則東原主張之性似乎較傾向自然的人性論，所謂「生之謂性」。東原將生理欲望與情感需求皆歸爲人性，則與孟子之性有所不同，孟子不以耳目鼻口之欲爲性，故云「有命焉，君子不謂性也。」東原則改造孟子之言云：

> 欲根於血氣，故曰性也，而有所限而不可踰，則命之謂也。……後儒
> 未詳審文義，失孟子立言之指。不謂性非不謂之性，不謂命非不謂之
> 命。由此言之，孟子之所謂性，即口之於味、目之於色、耳之於聲、
> 鼻之於臭、四肢於安佚之爲性。所謂人無有不善，即能知其限而不踰
> 之爲善，即血氣心知能底於無失之爲善。所謂仁義禮智，即以名其血
> 氣心知，所謂原於天地之化者之能協於天地之德也。〔註102〕

東原從字義訓詁的方面，分析孟子「不謂性」、「不謂命」之意，認爲不謂性非不謂之性，不謂命非不謂之命，所以耳目鼻口之欲非不謂之性，仁義禮智之德非不謂之命，即由性而知命，乃導出由欲中求理之法。然而，基本上，孟子是不將人之生理欲望當作性，故云「君子不謂性也」。孟子並非不知耳目鼻口之欲亦是一種「性」，但他並不重視，因爲在此點上無以區別人性與物性，故要看重仁義禮智四端之心，認爲「仁義禮智，非由外鑠我也，我固有之也。」孟子認爲「仁義禮智」乃是心之大體，乃是一種先驗的道德理性，大體若明則可引導小體（耳目鼻口之官能）趨向於善，而此過程是一種內向的、自我的道德省識。

至於荀子，則以耳目鼻口之欲爲人之性，性若任其自然發展，則可能趨向爲惡矣，故須以心來認知、節制。故荀子的心與東原類似，皆是一種認知心，是一種可以知覺理義的能力。所不同的是，荀子認爲一般人雖具有能知

〔註101〕參見《孟子字義疏證》卷下，收入《戴震全書》（合肥：黃山書社，1995年）
　　　　第六冊，頁197。
〔註102〕參見《孟子字義疏證》卷中，收入《戴震全書》（合肥：黃山書社，1995年）
　　　　第六冊，頁194。

禮義的能力，但此禮義卻非人性所固有，故須外求，須仰賴聖人所造。因爲
荀子認爲人之性無法自己成善，故須「化性起偽」，須用外在人爲的學習禮義
來節制自然之情欲。東原則不然，東原以爲禮義不待外求，禮義乃是聖人歸
納人心所同然之理，則此理乃固然存於人性之中。換言之，人性是一種血氣
心知的自然之性，由此自然而體察其精微至當，即綜貫自然之條理，而得出
自然之極則，則可知其必然，此必然乃是窮盡自然之性所得之理義，則理義
亦存於性中，皆人性本有，只是聖人先得人心之同然之理，而非聖人之性所
獨有也。故東原云：

> 欲者，血氣之自然，其好是懿德也，心知之自然，此孟子所以言性
> 善。心知之自然，未有不悅理義者，未能盡得理合義耳。由血氣之
> 自然，而審察之以知其必然，是之謂理義；自然與必然，非二事也。
> 就其自然，明之盡而無幾微之失焉，是其必然也。如是而後無憾，
> 如是而後安，是乃自然之極則。若任其自然而流於失，轉喪其自然，
> 而非自然也；故歸於必然，適完其自然。夫人之生也，血氣心知而
> 已矣。〔註103〕

四、主性善之人性論

東原論性，力主孟子性善論，其云：

> 孟子曰：「心之所同然者何也？謂理也，義也。聖人先得我心之所同
> 然耳。」當孟子時，天下不知理義之爲性，害道之言紛出，以亂先王
> 之法，是以孟子起而明之。人物之生，類至殊也。類也者，性之大別
> 也。孟子曰：「凡同類者舉相似也，何獨至於人而疑之；聖人與我同
> 類者。」詰告子「生之謂性」，則曰「犬之性猶牛之性，牛之性猶人
> 之性歟？」蓋孟子道性善，非言性於同也，人之性相近，胥善也。明
> 理義之爲性，所以正不知理義之爲性者也，是故理義，性也。〔註104〕

東原雖主「生之曰性」的自然人性論，雖主血氣、心知爲性之實體，似
乎近於荀子而遠於孟子，其經驗的認知心又與孟子先驗的道德心不同，但東

〔註103〕參見《孟子字義疏證》卷上，收入《戴震全書》（合肥：黃山書社，1995年）
第六冊，頁171。

〔註104〕見《原善》卷中，收入《戴震全書》（合肥：黃山書社，1995年）第六冊，
頁17。

原在性的本體上，卻仍採納孟子的「性善論」。主要關鍵在於：孟子以理義為性，而荀子二理義於性之事能。荀子雖亦主血氣心知為性，但卻又認為理義不在性中，理義乃聖人所造，如此價值標準在於外，不在人性之中。則荀子將禮義歸於聖人，亦猶如程朱將理歸於天，皆外於人性也。故東原云：

> 荀子知禮義為聖人之教，而不知禮義亦出於性；知禮義為明於其必然，而不知必然乃自然之極則，適以完其自然也。就《孟子》之書觀之，明理義之為性，舉仁義禮智以言性者，以為亦出於性之自然，人皆弗學而能，學以擴而充之耳。荀子之重學也，無於內而取於外；孟子之重學也，有於內而資於外。夫資於飲食，能為身之營衛血氣者，所資以養者之氣，與其身本受之氣，原於天地非二也。故所資雖在外，能化為血氣以益其內，未有內無本受之氣，與外相得而徒資焉者也。問學之於德性亦然。有己之德性，而問學以通乎古賢聖之德性，是資於古賢聖所言德性裨益己之德性也。冶金若水，而不聞以金益水，以水益金，豈可云己本無善，己無天德，而積善成德，如麯之受水哉！以是斷之，荀子之所謂性，孟子非不謂之性，然則荀子舉其小而遺其大也，孟子明其大而非舍其小也。〔註105〕

可見荀子以為禮義不出於人性之內，故無於內而取外，只能將耳目鼻口之欲當作人性，故東原以為荀子舉其小（耳目之欲）而遺其大（禮義之性），孟子則能將理義歸於人性之內，其大體（理義之性）若明，則小體（耳目之欲）亦皆可不失也。

其次，東原以為人性與物性雖皆由氣所化生，而人性實超越於物性之上，其因有三：一是人性可以知覺理義，物性則否；二是人性可以由自然而達到必然，物性則只停留在自然；三是人性可以為學，可以歸納條理，物性則否。東原云：

> 人與物咸有知覺，而物之知覺不足於與此。人物以類區分，而人所秉受，其氣清明，遠於物之不可開通。禮義者，心之所通也，人以有禮義異於禽獸，實人之智大遠乎物。然則天地之氣化，生生而條理，生生之德，鮮不得者；惟人性開通，能不失其條理，則生生之德因之至盛。物循乎自然，人能明於必然，此人物之異，孟子以「人

皆可以爲堯舜」斷其性善，在是也。〔註106〕

因此，就因爲人性能知覺理義，能明於必然，能掌握條理，而物性不能，故人性可歸於善矣。

東原又駁斥宋儒分性爲「天地之性」與「氣質之性」，反對其以氣質之性爲不善，其云：

> 人之爲人，舍氣稟氣質，將以何者謂之人哉？是孟子言人無有不善者，程子、朱子言人無有不惡，其視理儼如有物，以善歸理，雖顯遵孟子性善之云，究之，孟子就人言之者，程朱乃離人而空論天理，故謂孟子「論性不論氣不備」。若不視理如有物，而其見於氣質不善，卒難通於孟子之直斷曰善。宋儒立說，似同於孟子而實異，似異於荀子而實同也。……程子、朱子見於生知安行者罕睹，謂氣質不得概之曰善，荀、揚之見固如是也。特以如此則悖於孟子，故截氣質爲一性，言君子不謂之性；截理義爲一性，別而歸之天，以附合孟子。〔註107〕

蓋宋儒誤以理氣二元，致其論性亦因之而謬，遂於氣稟之外增一理義之性，以爲義理之性善，氣質之性惡，成爲性之二元論。如朱子云：

> 人生而靜以上，是人物未生時，止可謂之理，未可名爲性，所謂在天曰命也。才說性時便是人生以後，此理已墮在形氣中，不全是性之全體矣，所謂在人曰性也。〔註108〕

東原則駁斥宋儒不當，其論性主張一本，氣稟與理義皆爲性之內涵，故以爲義理之性即爲氣質之性，以符合其理氣一本論，故言人之善性亦存於氣質之中，不可如程朱所言之離人而空論天理。故論人之性，須從人的血氣心知之上論性，不可遠溯人物未生以前不可名狀之時。故岑溢成亦評東原之「性善論」云：

> 在戴震的《孟子》學裡，「一本論」主要與他的「性善論」相對應，所以他的「一本論」的實質意義基本上是存有論和倫理學的。從這個立場來看，針對荀子，「一本論」所強調的是：不僅情欲是性，禮義也是性；針對宋儒，「一本論」所強調的是：不僅理是性，情欲也

〔註106〕參見《孟子私淑錄》卷中，收入《戴震全書》（合肥：黃山書社，1995 年）第六冊，頁 60。

〔註107〕參見《孟子字義疏證》卷中，收入《戴震全書》（合肥：黃山書社，1995 年）第六冊，頁 190～191。

〔註108〕見《朱子語類》卷四。

是性。〔註109〕

五、性與才　本

　　東原以為「才」乃是人和萬物的形質，表現在貌色聲和知覺方面，譬如眼力的強弱，耳朵的聰鈍，知覺的精爽，貌色的秀俗等等，都是呈現性的形質的，便是「才」。「才」是「性」的表現，有什麼性，就會呈現什麼才質。人物承受於氣稟的全部是「性」，體質的全部是「才」。故性與才乃一本，性善則才美，東原云：

> 才者，人與百物各如其性以為形質，而知能遂區以別焉，孟子所謂「天之降才」是也。氣化生人生物，據其限於所分而言，謂之命；據其為人物之本始而言，謂之性；據其體質而言，謂之才。由成性各殊，故才質亦殊。才質者，性之所呈也，舍才質安睹所謂性哉！以人物譬之器，才則其器之質也；分於陰陽五行而成性各殊，則才質因之而殊。〔註110〕

又云：

> 言才則性見，言性則才見，才於性無所增損故也。人之性善，故才亦美，其往往不美，未有非陷溺其心使然，故曰「非天之降才爾殊」。才可以始美而終於不美，由才失其才也，不可謂性始善而終於不善。性以本始言，才以體質言也。〔註111〕

　　其次，東原又以為「才」往往不美，乃由於人之陷溺其心，不能盡其才，不擴充其心知而長惡遂非，才失其才，故性雖善而不乏小人也，此乃人之不盡其才，非才之罪也。東原云：

> 人之不盡其才，患二：曰私曰蔽。私也者，生於其心為溺，發於政為黨，成於行為愆，見於事為悖，為欺，其究為私己。蔽也者，其生於心也為惑，發於政為偏，成於行為謬，見於事為鑿，為愚，其究為蔽之以己。……私者之安若固然，為自暴；蔽者之不求牖於明，為自棄。自暴自棄，夫然後難與言善，是以卒之為不善，非才之罪

〔註109〕 參見岑溢成〈戴震孟子學的基礎〉，收入黃俊傑主編《孟子思想的歷史發展》，頁214。

〔註110〕 參見《孟子字義疏證》卷下，收入《戴震全書》（合肥：黃山書社，1995年）第六冊，頁195。

〔註111〕 同上注，頁198。

也。〔註112〕

然而宋儒本其理氣二元論，視性與才爲二本，而以不善歸罪於才。如程頤云：

> 性無不善，而有不善者才也。性即是理，理則自堯舜至於途一也。
> 才稟於氣，氣有清濁，稟其清者爲賢，稟其濁者爲愚。〔註113〕

朱子云：

> 性出於天，才出於氣，氣清則才清，氣濁則才濁。才有善有不善，
> 性則無不善。〔註114〕

東原反對宋儒分「性」與「才」爲二本，反對其將「惡」歸諸「才」。東原認爲「性」與「才」爲一本，人之惡行乃是血氣心知受到「私」、「蔽」之患，因而不能盡其才所致，所以東原主張強恕以去私，努力向學以解蔽也，則可盡其才，成其性也。

第四節　達情逐欲的倫理論

一、理欲一元

宋儒在形上論主張「理氣二元」，落到成德工夫之道德論上，則主張「理欲之分」、「存天理、去人欲」。宋儒既誤以理氣爲二元，遂誤以天理與人欲不兩立，而以天理爲公，人欲爲私，又以爲欲乃性外之物，義理又爲欲外之物，「不出於理則出於欲，不出於欲則出於理」，而君子小人於此分也。如程頤云：

> 甚矣欲之害人也，人之爲不善，欲誘之也，誘之而勿知，則至於天
> 理滅而不知反。故目則欲色，耳則欲聲，以至鼻則欲味，體則欲安，
> 此則有以使之也。〔註115〕

伊川以爲天理性也，人欲情也。性無不善，能養其性，則天理明矣。氣有清濁，若熾其情，則人欲行矣。

朱子則以爲人欲與天理對立，其云：

〔註112〕參見《原善》卷下，收入《戴震全書》（合肥：黃山書社，1995 年）第六冊，頁 23。
〔註113〕參見《二程遺書》。
〔註114〕參見《近思錄》卷之一。
〔註115〕參見《二程遺書》。

聖人千言萬語，只是教人存天理，滅人欲。〔註116〕

宋儒如此嚴理欲之辨，東原殊不贊同。可以說，戴震對宋學的不滿，以反對理欲對立最爲激烈。東原之論欲，乃由全體人類之觀點出發，其所言之欲，爲天下之同欲，並非一己之私欲，是得理必歸於至當不可易之欲。欲無所謂善惡，欲之失爲私，私欲則爲惡。人與禽獸同有血氣心知，因而同有欲，而人之所以異於禽獸者，在於能遂天下之同欲而當於仁義禮智之善耳，欲無他，飲食男女，人之大欲存焉，苟得其正，並無不善。故東原云：「人之有欲也，通天下之欲，仁也。」〔註117〕又云：

《記》曰：「飲食男女，人之大欲存焉。」《中庸》曰：「君臣也，父子也，夫婦也，昆弟也，朋友之交也，五者，天下之達道也。」飲食男女，生養之道也，天地所以生生也。……是故去生養之道，賊道者也。細民得其欲，君子得其仁。遂己之欲，亦思遂人之欲，而仁不可勝用矣；快己之欲，忘人之欲，則私而不仁。〔註118〕

東原更認爲宋儒之嚴理欲之辨，乃受到老釋學說影響，其云：

自老氏貴於「抱一」，貴於「無欲」，莊周書則曰：「聖人之靜也，非曰靜也善，故靜也；萬物無足以撓心者，故靜也。水靜猶明，而況精神，聖人之心靜乎！夫虛靜恬淡，寂寞無爲者，天地之平，而道德之至。」周子《通書》曰：「聖可學乎？曰：可。有要乎？曰：有。請問焉？曰：一爲要。一者，無欲也。無欲則靜虛動直，靜虛則明，明則通；動直則公，公則溥。明通公溥，庶矣哉！」此即老莊釋氏之說。朱子亦屢言「人欲所蔽」，皆以爲無欲則無蔽，非《中庸》「雖愚必明」之道也。……老氏所以言「常使民無知無欲」，彼自外其形骸，貴其眞宰，後之釋氏，其論說似異而實同。宋儒出入於老釋，故雜乎老釋之言以爲言。〔註119〕

又云：

〔註116〕見《朱子語類》卷十二。

〔註117〕參見《原善》卷下，收入《戴震全書》（合肥：黃山書社，1995年）第六冊，頁25。

〔註118〕參見《原善》卷下，收入《戴震全書》（合肥：黃山書社，1995年）第六冊，頁27。

〔註119〕參見《孟子字義疏證》卷上，收入《戴震全書》（合肥：黃山書社，1995年）第六冊，頁160～161。

老聃、莊周「無欲」之説，及後之釋氏所謂「空寂」，能脱然不以形
體之養與有形之生死累其心，而獨私其所謂「長生久視」，所謂「不
生不滅」者，於人物一視而同用其慈，蓋合楊墨之説以爲説。……
宋儒程子、朱子，易老莊、釋氏之所私者而貴理，易彼之外形體者
而咎氣質；其所謂理，依然「如有物焉宅於心」。於是辨乎理欲之分，
謂「不出於理則出於欲，不出於欲則出於理」，雖視人之飢寒號呼、
男女哀怨，以至垂死冀生，無非人欲，空指一絶情欲之感者爲天理
之本然，存之於心。〔註120〕

孔、孟、六經之言，不聞「無欲」，只有寡欲、節欲之説，宋儒誤將理、
氣二分，形氣之中無法生出理義，故將惡歸咎形體，即歸咎於形體之情欲也，
故宋儒要用純善之天理來克制人欲之惡，乃導出「無欲」、「存天理，滅人欲」
之説。東原既反對宋儒「理氣二分」，以爲理亦出於氣，則形氣之情欲就不能
説是惡，而應是一種中性的生理欲望。

東原既反對「理欲之分」，除辨宋儒之説非孔孟原意〔註121〕，乃雜襲老
釋之説外，也主張「理欲一元」，理在欲中求，以「節欲」、「寡欲」來疏導人
欲，而以「同天下之欲」來去私求公，此乃理也，故「理存乎欲」也。東原
引《孟子》之言以批駁宋儒，其云：

孟子言「養心莫善於寡欲」，明乎欲不可無也，寡之而已。人之生也，
莫病於無以遂其生。欲遂其生，亦遂人之生，仁也；欲遂其生，至
於戕人之生而不顧者，不仁也。不仁，實始於欲遂其生之心；使其
無此欲，必無不仁矣。然使其無此欲，則於天下之人，生道窮促，
亦將漠然視之。己不必遂其生，而遂人之生，無是情也，然則謂「不
出於正則出於邪，不出於邪則出於正」，可也；謂「不出於理則出於
欲，不出於欲則出於理」，不可也。〔註122〕

又云：

〔註120〕參見《孟子字義疏證》卷下，收入《戴震全書》（合肥：黃山書社，1995年）
第六册，頁210～211。

〔註121〕如《論語·爲政篇》中，孔子自言七十從心所欲，不踰矩。《孟子·盡心篇下》：
「養心莫善於寡欲，其爲人也寡欲，雖有不存焉者寡矣；其爲人也多欲，雖
有存焉者寡矣。」皆可證明孔孟不主張過欲，主張導之而順於理義而已。

〔註122〕參見《孟子字義疏證》卷上，收入《戴震全書》（合肥：黃山書社，1995年）
第六册，頁159～160。

「口之於味也，目之於色也，耳之於聲也，鼻之於臭也，四肢之於安佚也」，此後儒視爲人欲之私者，而孟子曰性也；繼之曰「有命焉」，命者限制之名，如命之東則不得而西，言性之欲之不可無節也，節而不過，則依乎天理，非以天理爲正，人欲爲邪也。天理者，節其欲而不窮人欲也。是故欲不可窮，非不可有，有而節之，使無過情，無不及情，可謂之非天理乎！〔註123〕

因此，欲不可無，所謂天理者，乃是節其欲而不窮人欲也，此乃古聖賢於人欲中求理之法，非如宋儒強將人欲與天理對立，此則有失人情。

二、「去私」與「不蔽」

宋儒誤以人欲爲惡之來源，故要求無欲。東原則認爲人之有惡，實不出於欲，而是所謂「私」與「蔽」造成的，其云：

人之患，有私有蔽；私出於情欲，蔽出於心知。無私，仁也；不蔽，智也。非絕情欲以爲仁，去心知以爲智也。是故聖賢之道，無私而非無欲；老莊、釋氏，無欲而非無私。彼以無欲成其自私者也，此以無私通天下之情，遂天下之欲者也。凡異說皆主於無欲，不求無蔽；重行，不先重知。〔註124〕

因此，東原認爲聖賢之道，「無私而非無欲」，故人欲不可無，所以要對治的，應該是「私」與「蔽」。所謂「私」，乃出於情欲之失，只求一己情欲之滿足而犧牲他人，是謂不仁；所謂「蔽」，乃出於心知之失，蔽以一己之意見而當作天下公理，是謂不智。正因爲私蔽之患極大，足以造成情欲、心知之失而不中理義，故東原反覆闡述破除「私」、「蔽」的重要。東原云：

有生而愚者，雖無欲，亦愚也。凡出於欲，無非以生以養之事，欲之失爲私，不爲蔽。自以爲得理，而所執之實謬，乃蔽而不明。天下古今之人，其大患，私與蔽二端而已。私生於欲之失，蔽生於知之失，欲生於血氣，知生於心。因私而咎欲，因欲而咎血氣；因蔽而咎知，因知而咎心。〔註125〕

〔註123〕同上注，頁 162。

〔註124〕參見《孟子字義疏證》卷下，收入《戴震全書》（合肥：黃山書社，1995 年）第六冊，頁 211。

〔註125〕參見《孟子字義疏證》卷上，收入《戴震全書》（合肥：黃山書社，1995 年）第六冊，頁 160。

又云：

> 去私莫如強恕，解蔽莫如學。……仁且智者，不私不蔽者也。得乎
> 生生者仁，反是而害於仁之謂私；得乎條理者智，隔於是而病智之
> 謂蔽。〔註126〕

又云：

> 欲之失為私，私則貪邪隨之矣；情之失為偏，偏則乖戾隨之矣。知之
> 失為蔽，蔽則差謬隨之矣。不私，則其欲皆仁也，皆禮義也；不偏，
> 則其情必和易而平恕也；不蔽，則其知乃所謂聰明聖智也。〔註127〕

因此，人所以有惡，並非情欲、心知本身有惡，而是情欲、心知之偏失
所造成的後果。故不能因為情欲、心知可能有失，而否定情欲、心知本身。
若要保持情欲不失，則要以我之欲同人之欲，以我之情絜人之情，而得其平；
若要保持心知不失，則要透過博學、審問、慎思、明辨的認知工夫，綜貫得
其人事之條理，而非「得於天而具於心」之意見。所以，「去私」可謂道德的
範疇，故曰「仁」也；「不蔽」可謂認識論範疇，故曰「智」也。以孟荀之說
來看，孟子較偏重道德的範疇，故主擴充、涵養內在心性；荀子則較偏重認
識論範疇，故主為學、解蔽，知禮義之統。

東原雖兼取孟荀之說，不過在先後順序上，則近於荀子，以為「知先於
行」，故先求心知之明，則可於事無不得理，則仁義理智皆可全也，此乃「由
智達德」之工夫，亦是東原重知重學之心態的呈現。故東原云：「惟學可以增
益其不足而進於智，益之不已，至乎其極，如日月有明，容光必照，則聖人
矣。……神明之盛，其於事靡不得理，斯仁義理智全矣。」〔註128〕又云：「心
知之資於問學，其自得之也亦然。……我之心知，極而至乎聖人之神明矣。」
〔註129〕又云：「試以人之形體與人之德性比而論之，形體始乎幼小，終乎長大；
德性始乎蒙昧，終乎聖智。其形體之長大也，資於飲食之養，乃長日加益，
非『復其初』；德性資於學問，進而聖智，非『復其初』明矣。」〔註130〕又云：

〔註126〕參見《原善》卷下，收入《戴震全書》（合肥：黃山書社，1995年）第六冊，
頁23～24。

〔註127〕參見《孟子字義疏證》卷下，收入《戴震全書》（合肥：黃山書社，1995年）
第六冊，頁197。

〔註128〕參見《孟子字義疏證》卷上，收入《戴震全書》（合肥：黃山書社，1995年）
第六冊，頁156。

〔註129〕同上註，頁159。

〔註130〕同上註，頁167。

「聖人之言，無非使人求其至當以見之行；求其至當，即先務於知也。凡去私不求去蔽，重行不先重知，非聖學也。孟子曰：『執中無權，猶執一也。』權，所以別輕重；謂心之明，至於辨察事情而準，故曰『權』；學至是，一以貫之矣，意見之偏除矣。」〔註131〕觀其所云「德性始乎蒙昧，終乎聖智」、「德性資於學問，進而聖智」、「重行不先重知，非聖學也」以及反對「復其初」諸言，皆近於荀子而遠乎孟子，亦顯示出東原重視外在學習的工夫。

東原「重知」、「解蔽」之論，與荀子之說關係密切，學者頗有論之，如錢穆云：「東原謂理者就人之情欲求之，使之纖悉無憾之謂理，正合荀卿『進近盡，退節求』之旨。……即東原所謂『解蔽莫如學』者，『解蔽』一語，亦出荀書，則東原之有會於荀卿者至深矣。……東原所最斥者乃『復初反本』之說，則正亦荀子所深非矣。」〔註132〕馮友蘭亦云：

> 「知之失為蔽」、「解蔽莫如學」，此二語完全荀子之意。荀子注重學，東原亦極注重學。……蓋東原以為吾人之心，不具眾理，其中只有荀子所謂「可知之質，可能之具」，故須因學以知眾理而實行之。至於知識既盛，道德既全。吾人之自然，皆合乎必然，有完全之發展。此最後之成就，並非復其初。道德之成就為非復其初，正荀子之說也。〔註133〕

三、切合人倫日用的人道論

東原提出自己對「道」之定義，其將「道」分作天道與人道二者，天道具有宇宙論的意義，人道則具有倫理道德的意義，而人道尤切要。東原云：

> 古人稱名道也行也路也，三名而一實，惟路字專屬途路，詩三百篇多以行字當道字。大致在天地，則氣化流行，生生不息是謂道，在人物則人倫日用，凡生生所有事，亦如氣化之不可已，是謂道。故《易》曰：「一陰一陽之謂道」，此言天道也，《中庸》曰：「率性之謂道」，此言人道也。〔註134〕

〔註131〕參見《孟子字義疏證》卷下，收入《戴震全書》（合肥：黃山書社，1995年）第六冊，頁215。

〔註132〕參見錢穆《中國近三百年學術史》（臺北：臺灣商務印書館，1995年9月），頁394。

〔註133〕參見馮友蘭《中國哲學史》（北京：中華書局）下冊，頁1006～1007。

〔註134〕見《緒言》卷上，收入《戴震全書》（合肥：黃山書社，1995年）第六冊，

又云：

> 道有天道人道。天道，陰陽五行是也；人道，人倫日用是也。〔註135〕

由上可知，東原認為「道」之運行，必循自然之條理而不亂，道乃萬物所以氣化生生之總原理。不論天道或人道，都是像氣化一般流動不息，故道動而非靜，亦非超時空人物之外之抽象之理。

東原認為天道只是宇宙自然現象的流行不停、變化不息而已，天是無知無識的永恆物體，沒有意志，不能作取捨，也不能賞善罰惡，只是遵循著永恆不變的自然定律，發揮他的自然作用。天道具有陰陽五行的氣，人或物都稟受這個氣而有形體和實質，此謂氣化。在自然界中，萬物的生長和變化，都是氣化的自然結果，也就是陰陽五行的氣相感相生的結果，因此天道就是陰陽五行氣化流行、生生不息的原理，也就是萬物所以生和化的總原理。故東原云：

> 道猶行也，氣化流行，生生不息，是故謂之道。《易》曰：「一陰一陽之謂道」，《洪範》：「五行：一曰水，二曰火，三曰木，四曰金，五曰土」。行亦道之通稱，舉陰陽則賅五行，陰陽各具五行也；舉五行即賅陰陽，五行各有陰陽也。陰陽五行，道之實體也。〔註136〕

至於人道，東原認為不是高妙玄遠的東西，而只不過是人倫日用的法則而已。東原的人道觀念，就是一般人所必須遵守的行為法則。舉凡居處飲食言行，貌言視聽思，以及君臣、父子、夫婦、兄弟、朋友之五倫，都能依照人倫關係而行，進而使所有人都能合乎倫常，此可謂人道也。故東原云：

> 孟子言：「夫道若大路然，豈難知哉？」謂人人由之，如為君而行君之事，為臣而行臣之事，為父為子而行父之事，行子之事，皆所謂道也。君不止於仁，則君道失；臣不止於敬，則臣道失；父不止於慈，則父道失；子不止於孝，則子道失。然則盡君道臣道父道子道，非智仁勇不能也。……豈出人倫日用之外哉？〔註137〕

但宋儒卻以人倫日用之事非道也，東原乃辨之云：

頁83。。
〔註135〕同上註。
〔註136〕參見《孟子字義疏證》卷中，收入《戴震全書》（合肥：黃山書社，1995年）第六冊，頁175。。
〔註137〕參見《孟子字義疏證》卷下，收入《戴震全書》（合肥：黃山書社，1995年）第六冊，頁204。

> 宋儒合仁義禮而統謂之理，視之「如有物焉，得於天而具於心」，因
> 以此爲「形而上」，爲「沖漠無朕」，以人倫日用爲「形而下」，爲「萬
> 象紛眾」，蓋由老莊釋氏之舍人倫日用而別有所貴道，遂轉以言夫
> 理：在天地則以陰陽不得謂之道，在人物則以氣稟不得謂之性，以
> 人倫日用之事不得謂之道，六經孔孟之言，無與之合者也。〔註138〕

人道既非外爍我也，不必外求，而亦不可須臾離也，舍人倫日用將無以
言道也。換言之，所有關於人事的倫理道德，都須切合人倫日用，而不可空
憑一己之意見而爲，故東原云：

> 就人倫日用而語於仁，語於禮義，舍人倫日用，無所謂仁，所謂義，
> 所謂禮也。血氣心知者，分於陰陽五行而成性者也，故曰「天命之
> 謂性」；人倫日用，皆血氣心知所有事，故曰「率性之謂道」。全乎
> 智仁勇者，其於人倫日用，行之而天下睹其仁，睹其禮義，善無以
> 加焉，「自誠明」者也。學以講明人倫日用，務求盡夫仁，盡夫禮義，
> 則其智仁勇所至，將日增益以於聖人之德之盛，「自明誠」者也。質
> 言之，曰人倫日用；精言之，曰仁、曰義、曰禮。〔註139〕

四、理欲一元的政治社會意義

東原如此批駁宋儒將「理欲二分」，乃鑑於宋明以來，「存天理，去人欲」
的禮教鉗制讀書人的心靈，也使得社會產生許多不合人情的禍害，也形成虛
僞欺詐的假道學，故主張「理欲一元」，將人欲從惡之名中解放出來。東原不
僅要學者自身體會宋儒理欲之分的不當，更要上位者能「體民之情」、「遂民
之欲」，故云：

> 《詩》曰：「民之質矣，日用飲食。」《記》曰：「飲食男女，人之大
> 欲存焉。」聖人治天下，體民之情，遂民之欲，而王道備。……六
> 經、孔孟之書，豈嘗以理爲如有物焉，外乎人之性之發爲情欲者，
> 而強制之也哉！孟子告齊、梁之君，曰「與民同樂」，曰「省刑罰，
> 薄稅斂」，曰「必使仰足以事父母，俯足以畜妻子」，曰「居者有積
> 倉，行者有裹糧」，曰「內無怨女，外無曠夫」，仁政如是，王道如

〔註138〕同上注，頁 202～203。
〔註139〕參見《孟子字義疏證》卷下，收入《戴震全書》（合肥：黃山書社，1995 年）
　　　　第六冊，頁 208。

是而已矣。〔註140〕

又云：

> 夫堯舜之憂四海困窮，文王之視民如傷，何一非爲民謀其人欲之事。
> 惟順而導之，使歸於善。今既截然分理欲爲二，治己以不出於欲爲
> 理，治人亦不以出於欲爲理，舉凡民之飢寒愁怨、飲食男女、常情
> 隱曲之感，咸視爲人欲之甚輕者矣。輕其所輕，乃言「吾重天理也、
> 公義也」，言雖美，而用之治人，則禍其人。〔註141〕

可見東原理想中的仁政王道，乃是體民情、遂民欲，乃統治者爲民謀其
人欲之事，而非輕視民之所欲。故東原云「聖人之道，使天下無不達之情，
求遂其欲而天下治。」〔註142〕又云「古人之學在行事，在通民之欲，體民之
情，故學成而民賴以生。」〔註143〕若依從宋儒區分理欲爲二，則治己治人皆
不出於欲，將視人民之飢寒愁怨而不見，而天下將受其害也。

故東原批評宋儒理欲之分，終將導致政治、社會上「殘忍詐僞」、「以理
殺人」的禍害，其云：

> 今之治人者，視古聖賢體民之情，遂民之欲，多出於鄙細隱曲，
> 不措諸意，不足爲怪。而及其責以理也，不難舉曠世之高節，著
> 於義而罪之，尊者以理責卑，長者以理責幼，貴者以理責賤，雖
> 失，謂之順；卑者、幼者、賤者以理爭之，雖得，謂之逆。於是
> 下之人不能以天下之同情、天下所同欲達之於上；上以理責下，
> 而在下之罪，人人不勝指數。人死於法，猶有憐之者；死於理，
> 其誰憐之。〔註144〕

又云：

> 後儒不知情之至於纖微無憾，是謂理。而其所謂理者，同于酷吏之
> 所謂法。酷吏以法殺人，後儒以理殺人，浸浸乎舍法而論理。死矣！

〔註140〕參見《孟子字義疏證》卷上，收入《戴震全書》（合肥：黃山書社，1995年）
　　　　第六冊，頁161～162。

〔註141〕參見《孟子字義疏證》卷下，收入《戴震全書》（合肥：黃山書社，1995年）
　　　　第六冊，頁216。

〔註142〕參見〈與某書〉，《戴震文集》卷九，收入《戴震全書》（合肥：黃山書社，1995
　　　　年）第六冊，頁496。

〔註143〕同上注。

〔註144〕參見《孟子字義疏證》卷上，收入《戴震全書》（合肥：黃山書社，1995年）
　　　　第六冊，頁161。

更無可救矣。〔註145〕

　　正因為理欲之分，「理」轉為尊者、長者、貴者所控制，上位者以其一己之意見當理，而不與庶民百姓同其情欲，故上者以理責下，下者不僅無法反駁，更無處伸冤，且亦無人同情悲憐也。譬如傳統禮教對於婦女之「生死事小，失節事大」，為守貞潔而逼死婦人之性命，不異「以理殺人」也。「人死於法」猶有可訴，因法律至少是依據客觀的事實作判定；然而「人死於理」則無法可訴，因其理乃主觀之道德認定，乃長者假借天理而為，非人心同然之理。

　　章太炎先生更認為東原不僅批駁宋儒，更暗中批駁假借宋儒理義牢籠人心的清廷專政，其云：

　　　　戴震生雍正末，見其詔令謫人不以法律，顧摭取雒閩諸儒言以相稽，覘司隱微，罪及燕語。九服非不寬也，而迣以之叢棘，令士民搖手觸禁，其傷深。震自幼為貿販，轉運千里，復具知民生隱曲，而上無一言之惠，故發憤著《原善》、《孟子字義疏證》，專務平恕，為臣民懇上天。明死於法可救，死於理即不可救。又謂袵席之間，米鹽之事，古先王以是相民，而後人視之猥鄙，其中堅之言盡是也。震所言，多自下摩上，欲上帝守節而民無瘝。〔註146〕

胡楚生闡述章氏之言云：

　　　　太炎先生以為，戴氏著書，「專務平恕，為臣民懇上天」，是直指東原所言，實即針對清帝而論也，唯其生於專制帝王之朝，不敢顯白言之，故假託抨擊宋儒，而暗寓其「體民之情，遂民之欲」之心意也。……章氏又曾言曰：「戴君雖生雍正亂世，親見賊渠之遇士民，不循法律，而以洛閩之言相稽，哀矜庶戮之不辜，方告無辜於上，其言絕痛。」其義更為明確，然則東原當時，既有以見清帝刑戮之慘，高壓之烈，而民死於理者眾矣，故宛言改制託古，欲罵槐而指桑，乃有以諷刺之也。而其針對之重點，則為呂留良曾靜之大案焉。〔註147〕

〔註145〕 參見〈與某書〉，《戴震文集》卷九，收入《戴震全書》（合肥：黃山書社，1995年）第六冊，頁496。

〔註146〕 參見章太炎〈釋戴〉，收入《中國現代學術經典‧章太炎卷》（石家莊：河北教育出版社，1996年8月），頁536。

〔註147〕 參見胡楚生〈章太炎「釋戴篇」申論〉，《清代學術史研究》（臺北：臺灣學生書局，1988年2月），頁158～159。

滿清以異族入主中原，然其漢化之深，也超乎其他少數民族。究其原因，乃爲深化其統治基礎，並從文化上消弭「華夷之辨」。清廷入關之後，經歷順治朝的軍事鎮壓，可說主要軍事上的敵手多已消失，所可畏者，在於廣大漢人的心中，仍存有「非我族類」的敵視觀念。清廷爲從思想上徹底扭轉漢人觀念，乃選取程朱理學作爲工具，自康熙至乾隆朝前期，科舉考試皆以程朱理學爲主，清帝並多次頒布程朱性理之書，以作爲臣民學習的標準。究其實，乃是清廷看準程朱理學嚴明君臣尊卑之分，「爲臣下之道當奉君如父母」、「君臣居五倫之首」，理學有利於清廷鞏固並合理化其統治基礎，故假借漢人遵奉之理學，反過來作爲其統治理論，欲從心理上徹底瓦解漢人種族意識，使其以爲明朝覆亡乃不順天理，清朝取而代之乃順應天理。

雍正朝之呂留良曾靜案，適可說明清廷之心態。蓋呂留良乃明末清初之儒者，見清人入關，明室覆滅，乃以春秋之義，申明種族之辨，提倡反清革命之說，其後成文爲書。呂氏卒於康熙二十二年，至雍正朝，有湘人曾靜者，偶獲呂氏遺書，深受其書影響，乃與其弟子張熙密謀策反清廷大臣，不幸事發被捕。雍正欲藉曾靜案來牢籠人心，一方面嚴懲呂留良後代子孫及門人，一方面卻又假意寬大，赦免曾張二人，別撰《大義覺迷錄》一書，收錄朝廷審訊曾靜之供詞，如「深知本朝得統之正，全是天與人歸，歷聖相承，無不道隆德備」、「我世祖皇帝，君臨萬邦，廓清群寇，救億萬臣民於水火之中，爲明朝報仇雪恥，是我朝深有德於前明」、「孔子曰：夷狄之有君，不如諸夏之亡也，是夷狄之有君，即爲聖賢之流，諸夏之亡君，即爲禽獸之類，寧在地之內外哉。」清廷假借與曾靜之論「理」，欲以理服人，以滿清統治乃順天理而行，華夷之辨不合聖人之理，故教示所有漢人應心悅誠服，接受滿清政府之統治，切莫逆天背理，而成無父無君之禽獸也。東原論上者「舍法而論理」、「以理殺人」、「尊者以理責卑」，或可說針對的就是滿清朝廷假借程朱之理來壓迫百姓的禍害。

另外，胡適認爲戴震總論宋儒「理欲之辨」的害處有三，其云：

第一，責備賢者太苛刻了，使天下無好人，使君子無完行。……第二，養成剛愎自用，殘忍慘酷的風氣。……第三，重理而斥欲，輕重失當，使人不得不變成詐僞。〔註148〕

因此，東原欲重整世道人心，欲破除「假道學」之影響，乃返歸孔孟眞

〔註148〕參見胡適《戴東原的哲學》第二章。

義，以「理欲一元」來取代宋儒「理欲二分」之說。不過，東原批判理欲之分，雖在政治、社會上觀念的正確建立有良好的效果，但是批判程朱卻也太過。蓋程朱之學容有未備，其言理、欲之文辭亦不夠準確，然其克制情欲的工夫乃針對儒者個人的成德過程而言，本非為庶民大眾而發，且尊者、朝廷「舍法而論理」、「以理殺人」，乃曲解程朱之理而成其私心，罪在存有私心之尊者、朝廷，而不應全然怪罪程朱學說本身。故章太炎云：

> 洛閩諸儒，制言以勸行己，其本不為長民，故其語有廉稜，而亦時時軼出。……夫言欲不可絕，欲當即為理者，斯固政之言，非飭身之典矣。……洛閩所言，本以飭身，不以政，震所訶又非也。凡行己欲陵，而長民欲恕。〔註149〕

馮友蘭云：

> 飲食男女之欲，宋儒並不以為惡，特飲食男女之欲之不「正」者。換言之，即欲之失者，宋儒始以為惡耳。朱子謂欲為水流之至於濫者：其不濫者，不名曰欲也。故宋儒所以為惡之欲，名為人欲，名為私欲，正明其為欲之邪者耳。如「欲遂其生，至於戕賊他人而不顧」之欲，東原所謂私者，正宋儒所謂欲也。東原所立邪正之分，細察之與宋儒理欲之分，仍無顯著的區別。蓋所謂正邪，最後仍須以理，或東原所謂之必然，為分別之標準也。〔註150〕

張岱年亦指出「尊者以理責卑，長者以理責幼」等現象，起著不良作用的應是「勢」，而非「理」，事實上是有勢位的人假借理的名義來迫害人們，故戴震對於理欲之辨的批判實質上是對於專制主義的批判。另外，戴震也誤解程朱之學，程朱並沒有漠視人之飢寒號呼，程朱所謂「理」包括「惻隱之心」，也非完全絕情欲之感的禁欲主義，而是主張節欲。故戴震把專制主義的弊害完全歸咎於程朱之學，是不恰當的〔註151〕。

另外，從朱子之人欲說來看，戴震之批評也有不相應之處。蓋戴震以為人欲乃人類的生理欲望，朱子則不以生理欲望來定義人欲，而認為滿足生理需求是人之天職，本無反對之必要，但若窮耳目之欲而無節制則屬負面之人

〔註149〕參見章太炎〈釋戴〉，收入《中國現代學術經典・章太炎卷》（石家莊：河北教育出版社，1996年8月），頁535～536。
〔註150〕參見馮友蘭《中國哲學史》（北京：中華書局）下冊，頁1005。
〔註151〕參見張岱年《中國倫理思想研究》（臺北：貫雅文化，1991年7月），頁122～126。

欲，故朱子云：「日用之間莫非天理」〔註152〕、「只是一人之心，合道理底是天理，徇情欲底是人欲。」〔註153〕又云：

> 蓋人心不全是人欲，若全是人欲，則直是喪亂，豈止危而已哉。問：「飲食之間，孰爲天理？孰爲人欲？」曰：「飲食者，天理也；要求美味，人欲也。」〔註154〕

又云：

> 有個天理，便有個人欲。蓋緣這個天理須有個安頓處，才安頓得不恰好，便有人欲出來。〔註155〕

又云：

> 問：「飢食、渴飲、冬裘、夏葛，何以謂之天職？」曰：「這是天教我如此，飢便食，渴便飲，只得順他。窮口腹之欲便不是：蓋天只教我飢則食，渴則飲，何曾教我窮口腹之欲？」〔註156〕

又云：

> 此寡欲，則是合不當如此者，如私欲之類。若是飢而欲食，渴而欲飲，則此欲亦豈能無？但亦是合當如此者。〔註157〕

因此，朱子所言之「人欲」，應是偏向所謂「私欲」，偏重私、惡的一面，而非指維持生活基本需求的「生理欲」，故並非戴震所批評的禁止人倫日用之欲。因此，生理需求安頓的好是天理，安頓的不好則是人欲，只是朱子在語言論述時沒有界定清楚，致使此種人欲與生理之欲混雜，而授人攻擊之口實。故錢穆云：

> 好底是本來自合如此，故謂之天理。但被人心私欲蔽惑了，故須去得私欲始可存得天理。……非謂天理與人欲相對立，此處私欲一去，即其餘自會好，自不會復有私欲。私欲是人心與外物交接安放得不好而起，故須內外夾持也。〔註158〕

錢穆認爲朱子之意非謂人欲與天理對立，眞正對立的應該是私欲，只要

〔註152〕參見《朱子語類》卷四十。

〔註153〕參見《朱子語類》卷七十八。

〔註154〕參見《朱子語類》卷十三。

〔註155〕同上注。

〔註156〕參見《朱子語類》卷九十六。

〔註157〕參見《朱子語類》卷九十四。

〔註158〕參見錢穆〈朱子論天理人欲〉，收入《朱子新學案》（臺北：三民書局，1982年）第一冊，頁408。

使人心做好內外夾持的工夫，自可去其私欲，而使人欲合乎天理。另外，朱子認爲天理「只是說眼前事，教人平平恁地做工夫。」〔註159〕「只就這心上理會，也只在日用動靜之間求之。不是去虛中討　個物事來。」〔註160〕因此，錢穆認爲朱子的天理並非憑空虛懸之物，並非虛理，而是就眼前事實言，以內在之心在日用動靜之間求得天理，故其求理之法，乃是一種內外交接的工夫，而非主觀之冥想〔註161〕。所以，戴震批評朱子的天理乃脫離人事的虛理，並不符合朱子學說的眞義。劉玉國則評判朱子與戴震的理欲觀云：

> 東原的義理重在「養民」，所以重視自然生命中情欲的遂達。朱子的
> 義理重在「教民」，所以極言人欲之戕害道德生命，必嚴理欲之辨，
> 要「存天理、去人欲」。而前者所言的情欲爲欲之善者，後者所說的
> 人欲爲欲之惡者。〔註162〕

以上所舉各家說法，均可說明戴震實有誤解朱子理欲說之處，但戴震提出「達情遂欲」的倫理觀，對於破除虛僞的假道學確實起了極大作用，而有助於建立一個具有平等心、同理感的健康社會。

第五節　戴震《孟子》學的反響

對於戴震之孟子學，乾嘉當時學人如章學誠、洪榜、焦循、阮元、方東樹均有所回應，或肯定其義理之價值，或從捍衛理學的立場反擊，形成一股學術風潮。及至清末民初，章太炎、劉師培、梁啓超、胡適等學者更繼起探討戴氏之孟子學，形成第二次戴震義理學研究的風潮，戴學研究達到最高峰。由於篇幅有限，本文僅以章學誠、焦循、方東樹、章太炎、胡適五人對戴震孟子學之回應，作爲討論的對象，以代表後世學者對戴學之立場與態度。

一、章學誠

章學誠雖在學術觀點上與戴震不同，對戴震的爲人亦不稱許，嘗批判戴

〔註159〕參見《朱子語類》卷一一七。
〔註160〕參見《朱子語類》卷七十八。
〔註161〕同上注，頁409。
〔註162〕參見劉玉國〈戴震理欲觀及其反朱子「存天理去人欲」平議〉，收入林慶彰、張壽安主編《乾嘉學者的義理學》（臺北：中研院文哲所，2003年2月），頁388。

震「心術未醇」。不過，在乾嘉時代一片宗尚漢學，重訓詁考證之風氣中，學者對戴震之推崇，亦集中於其訓詁考據，獨章學誠能知賞戴氏義理之學。乾隆三十一年丙戌，章學誠因鄭虎文之薦，往見東原於休寧會館中，余英時認爲：「實齋這次與東原論學最契合的地方，同時也是實齋最心折於東原之所在，是東原關於義理方面的見解。」〔註163〕章氏更曾與朱筠力爭東原《原善》等義理之作的價值，稱許東原乃「能深識古人大體，進窺天地之純。」如〈答邵二雲書〉云：

> 時在朱先生門，得見一時通人。雖大擴平生聞見，而求能深識古人大體，進窺天地之純，惟戴氏可與幾此。而當時中朝薦紳負重望者，大興朱氏、嘉定錢氏，實爲一時巨擘。其推重戴氏，亦但云訓詁名物、六書九數用功深細而已，及見《原善》諸篇，則群惜其用精神耗於無用之地，僕於當時力爭朱先生前，以謂此說似買櫝而還珠，而人言微輕，不足以動諸公之聽。〔註164〕

　　至東原去世十餘年後，章學誠仍稱許其「於天人理氣，實有發前人所未發者」，肯定東原的義理之作，如〈書「朱陸」篇後〉云：

> 戴君學問，深見古人大體，不愧一代鉅儒。……凡戴君所學，深通訓詁，究於名物制度，而得其所以然，將以明道也。時人方貴博雅考訂，見其訓詁名物，有合時好，以謂戴之絕詣在此。及戴著〈論性〉、〈原善〉諸篇，於天人理氣，實有發前人所未發者，時人則謂空說義理，可以無作，是固不知戴學者矣。戴見時人之識如此，遂離奇其說曰：「余於訓詁、聲韻、天象、地理四者，如肩輿之隸也。余所明道，則乘輿之大人也。當世號爲通人，僅堪與余輿隸通寒溫耳。」〔註165〕

　　雖然，東原與實齋同樣認識到義理之學的重要性，亦皆反對宋儒鑿空論理之學，但二人治學實有不同。東原之學，乃經由「通經」以求「明道」，即由考究六經孔孟之書的眞義以求得切合人倫日用之「道」，究其實仍有「尊古」、「宗經」的傾向。實齋之學，則由貫通「史學」而「明道」，即由考究經

〔註163〕參見余英時《論戴震與章學誠》（臺北：東大圖書公司，1996 年 11 月），頁14。
〔註164〕參見章學誠《文史通義補遺續》，北京古籍出版社。
〔註165〕參見章學誠《文史通義》，「內篇」二。

世之史以求得切合人事之「理」，故究其實則有「尚今」、「重史」的傾向。故實齋〈浙東學術〉云：

> 天人性命之學不可以空講也，故司馬遷本董氏天人性命之說而爲經
> 世之書。儒者欲尊德性，而空言義理以爲功，此宋學之所以見譏於
> 大雅也。夫子曰：我欲託之空言，不如見諸行事之深切著明也。此
> 《春秋》之所以經世也。聖如孔子，言爲天鐸，猶且不以空言制勝，
> 況他人乎？故善言天人性命，未有不切於人事者，三代學術知有史
> 而不知有經切人事也。後人貴經術，以其即三代之史耳。近儒談經
> 似於人事之外，別有所謂義理矣。浙東之學言性命者必究於史，此
> 其所以卓也。〔註166〕

東原主張聖人之道在六經，故特重經學，欲窮究六經中之義理，以作爲人心所同然之理，東原相信六經之書乃蘊含聖人體悟人心所同然之理，這種理是可以超越時空限制而垂範百代，故治學由通經以求明道；實齋則主張「六經皆史」，認爲六經並不是道，而只是器，只是存有三代人事遺迹的器，而不能適用今日之人事，「事變出於後者，六經不能言」，故治學主張研究切合人事流變之史，即求能經世的時王制度，欲以史學代經學也。雖然戴、章二人治學有所不同，但在追求一種切合人事日用之「道」的目標上，則有所共識。

實齋又嘗指出東原之學雖極力抨擊朱子，但其學實源出於朱子，學術傾向乃繼承朱子「道問學」之治學方向，故譏刺東原「飲水而忘源」，其云：

> 朱子求一貫於多學而識，寓約禮於博文，其事繁而密，其功實而難，
> 雖朱子之所求，未敢必謂無失也。……夫實學求是，與空談性天不
> 同科也。〔註167〕

又云：

> 戴君學術，實自朱子道問學而得之，故戒人以鑿空言理，其說深探
> 本原，不可易矣。〔註168〕

余英時亦肯定章學誠之說，其云：

> 客觀地說，清代中期「道問學」的涵義，自然絕不能與朱子系統中
> 的「道問學」相提並論。但從思想史的內在理路上看，二者之間畢

〔註166〕參見章學誠《文史通義》，「內篇」五。
〔註167〕參見〈朱陸〉，《文史通義》內篇三。
〔註168〕參見〈書朱陸篇後〉，《章氏遺書》卷二。

竟是有淵源的。章學誠認爲戴氏學術「實自朱子道問學而得之」，確
不失爲知言。清代學術不走形而上學的途徑，……推源溯史，它並
且是從儒學內部爭論中逐漸演化出來的。如果我們把宋代看成「尊
德性」與「道問學」並重的時代，明代是以「尊德性」爲主導的時
代，那麼清代則可以說是「道問學」獨霸的時代。〔註169〕

　　按：「尊德性」與「道問學」雖然是儒學兩條不同的路線，一般也以陸王
之學與程朱之學作爲兩派的代表。然而，程朱「道問學」並非純粹外在學習，
其「主敬」的主張仍是偏向內在的成德工夫，又其論「格物」、「致知」亦偏
向內在道德性，與求取外在客觀經驗性的知識不盡相同。如朱子論《大學》「格
物」云：

> 所謂致知在格物者，言欲致吾之知，在即物而窮其理也。蓋人心之
> 靈，莫不有知；而天下之物，莫不有理；惟於理有未窮，故其知有
> 不盡也。是以大學始教，必使學者即凡天下之物，莫不因其已知之
> 理而益窮之，以求至乎其極。至於用力之久，而一旦豁然貫通焉，
> 則眾物之表裏精粗無不到，而吾心之全體大用無不明矣。此謂格物，
> 此謂知之至也。〔註170〕

　　可見朱子所謂「格物」，即「窮理」也，格物就在求萬物之「理」，進而
使「吾心之全體大用無不明矣」，即所謂致其知，求得其道德良知也。故朱子
又云「格物是物物上窮其至理，致知是吾心無所不知。格物是零細說，致知
是全體說。」「格物以理言，致知以心言。」「如今說格物，只晨起開目時，
便有四件在這裡，不用外尋，仁義禮智是也。」〔註171〕凡此皆顯示出，朱子
所謂「格物」、「致知」均偏向內在的道德工夫，「不用外尋」，與客觀的求取
經驗知識有所差距，故勞思光評云：

> 觀朱氏「格物致知」之說，最須注意者是：朱氏雖就思解一面言「知」，
> 與日後陽明之以道德自覺言「知」不同；但「格物」仍非求取經驗
> 知識之意，且「格物」之目的並非求對經驗世界作客觀了解；與經
> 驗科學之爲求知而求知實不相同。是以，無論贊成或反對朱氏之學

〔註169〕參見余英時〈清代學術思想史重要觀念通釋〉，《中國思想傳統的現代詮釋》
　　　　（臺北：聯經出版社，1999 年 9 月），頁 410〜411。
〔註170〕參見朱熹《大學章句・格物補傳》。
〔註171〕以上各條參見《朱子語類》第十五。

　　説，凡認爲朱氏之「格物」爲近於科學研究者，皆屬大謬。〔註172〕

　　因此，朱子所謂「道問學」，乃是「格物窮理」之工夫，亦是一種內在成德之學，與所謂外向求取經驗知識之學不同，亦與戴震偏重客觀經驗知識之學不同，二者在治學主張上實有明顯之區別，故不能說戴震是朱子「道問學」的後裔，更不能據此批評戴震乃「飲水忘源」之人也。

二、焦　循

　　焦循（1763～1820），字里堂，生於乾隆二十八年癸未，卒於嘉慶二十五年庚辰，年五十八。焦循於乾嘉學者中，甚推服戴震，嘗云：「本朝經學盛興，在前如顧亭林、萬充宗、胡朏明、閻潛邱；近世以來，在吳有惠氏之學，在徽有江氏之學、戴氏之學。」〔註173〕又極推重戴震《原善》、《孟子字義疏證》等義理之作，並云：

> 循讀東原戴氏之書，最心服其《孟子字義疏證》。說者分別漢學、宋學，以義理歸之宋。宋之義理，程詳於漢，然訓故明乃能識羲文周孔之義理。宋之義理，仍當以孔之義理衡之，未容以宋之義理，即定爲孔子之義理也。〔註174〕

又云：

> 東原生平所著書，惟《孟子字義疏證》三卷、《原善》三卷，最爲精善，知其講求於是者，必深有所得。……其所謂義理之學，可以養心者，即東原自得之義理，非講學家《西銘》太極之義理也。〔註175〕

　　因此，焦循認同東原「由字以通其詞，由詞以通其道」，以及「訓故明則古經明，古經明則賢人聖人之理義明」的治學方法，故云「訓故明乃能識羲文周孔之義理」，認同以訓詁學爲基礎的經學，是與宋人空憑胸臆之學不同，唯有這種方法求得的義理才是符合孔孟聖賢之義理，而非「講學家《西銘》太極之義理」也。

　　其次，焦循以經學包含考據與義理之學，反對以考據學之名代經學，爲發揮義理學上之興趣，又鑒於歷來有關《孟子》注疏之駁雜難通，乃爲《孟

〔註172〕參見勞思光《中國哲學史》（三上）（臺北：三民書局，1989 年 10 月），頁 301。
〔註173〕參見焦循〈與孫淵如觀察論考據著作書〉，《雕菰集》卷十三。
〔註174〕參見焦循〈寄朱休承學士書〉，《雕菰集》卷十三。
〔註175〕參見焦循〈申戴〉，《雕菰集》卷七。

子》重作疏解，而成《孟子正義》一書。焦氏之書，梁啓超以爲乃清代經書新疏之代表，評爲「此書實在後此新疏家模範作品」〔註176〕，可見其地位之重要。又《孟子正義》一書，焦氏自言「爲孟子作疏，其難有十」〔註177〕，而所列之十難，前此諸君子相關著作「已得其八九」，故頗有取資各家注解《孟子》之作。其中有關理氣性命，則多取自戴震、程瑤田之說，故沈文倬云：「《孟子》在宋前本屬諸子儒家，其性理諸義，焦氏結合戴震之說，以《易》、《論語》、《中庸》一貫仁恕之旨融會暢發，尤爲此疏精要所在。」〔註178〕李明輝亦云：「在焦循的《孟子正義》中，戴震的影響不但見諸方法上，也見諸實質觀點上。尤其在注釋與心性論有關的章節時，焦循更是大量徵引《孟子字義疏證》達十八次之多，而且往往是整段整節引用，可見焦循此書受到戴震影響之大！」〔註179〕

茲探討戴、焦二人在闡述孟子心性論上之異同，以見其繼承與發展。首先，東原與里堂皆主張「自然的人性論」、「性出於氣」，認同「生之曰性」。如焦循云：

> 《禮記・樂記》云：「人生而靜，天之性也。感於物而動，性之欲也。物至知知，然後好惡形焉。」人欲即人情，與世相通，全是此情。「己所不欲，勿施於人」、「己欲立而立人，己欲達而達人」，正以所欲所不欲爲仁恕之本。「人生而靜」，首出人字，明其異乎禽獸。靜者，未感於物也。性已賦之，是天賦之也。感於物而有好惡，此欲也，即出於性。欲即好惡也。〔註180〕

又云：

> 理之言分也，《大戴記・本命篇》云：「分於道之謂命。」性由於命，即分於道。性之猶理，亦猶其分也。惟其分，故有不同；亦惟其分，故性即指氣質而言。性不妨歸諸理，而理則非眞宰眞空耳。〔註181〕

〔註176〕 參見梁啓超〈清代學者整理舊學之總成績〉，《中國近三百年學術史》（臺北：里仁書局，1995 年 2 月），頁 276。

〔註177〕 參見《孟子正義》卷三十〈孟子篇敍〉之作者按語。

〔註178〕 參見焦循撰、沈文倬點校《孟子正義》（北京：中華書局，1998 年 12 月）之〈本書點校說明〉。

〔註179〕 參見李明輝〈焦循對孟子心性論的詮釋及其方法論問題〉，《孟子重探》（臺北：聯經出版社，2001 年 6 月），頁 78。

〔註180〕 參見焦循《孟子正義》卷二十二。

〔註181〕 參見焦循《孟子正義》卷二十二。

　　焦氏亦引東原《孟子字義疏證》云「性者，分於陰陽五行以爲血氣、心知、品物，區以別焉，舉凡既生以後所有之事，所具之能，所全之德，咸以是爲其本，故《易》曰:『成之者性也。』」、「凡有生，即不隔於天地之氣化，陰陽五行之運而不已，天地之氣化也。人物之生本乎是，由其分而有之不齊，是以成性各殊。」又引程瑤田《通藝錄・論學小記》云「有天地人物，則必有其質、有其形、有其氣矣。有質有形有氣，斯有是性，是性從其質其形其氣而有者也。」「後世惑於釋氏之說，遂欲超乎質形氣以言性，而不知惟質形氣之成於人者始無不善之性也。」

　　可見焦循認同人之形體、氣質，皆由天地陰陽五行之氣化生，人與物同受於此氣，但因氣秉之不齊而致人性、物性有別，此點符合東原「性之殊別義」的觀念。至於焦循云「感於物而有好惡，此欲也，即出於性。」是則以「己所不欲，勿施於人」、「己欲立而立人，己欲達而達人」之道德性的好惡乃出於性，此亦符合東原「由血氣之自然而審察以知其理義之必然」、「自然與必然，非二事也」、「義理之性即氣質之性」，故焦循亦反對宋儒分性爲義理之性與氣質之性，主張人之情欲出自人之性，仁義道德亦出自人之性，故「所欲所不欲爲仁恕之本」也。

　　其次，焦循繼承東原「心知爲性」之學。焦循認爲人性、物性雖同秉受氣所生，但人性與物性有別，主要關鍵在於人性有知覺理義的能力，其云:

　　　　飲食男女，人之大欲存焉。欲在是，性即在是。人之性如是，物之性亦如是。惟物但知飲食男女，而不能得其宜，此禽獸之性，所以不善也。人知飲食男女，聖人敎之，則知有耕鑿之宜，此人之性所以無不善也。〔註182〕

又云:

　　　　禽獸不知，則禽獸之性不善；人知之，則人之性善矣。聖人何以知人性之善也？以己之性推之也。己之性既能覺於善，則人之性亦能覺於善。〔註183〕

又云:

　　　　「物至知知」二句，申上感物而爲欲也。知知者，人能知而又知，禽獸知聲不能知音，一知不能又知。故非不知色，不知好姸而惡醜

〔註182〕參見焦循《孟子正義》卷二十二。
〔註183〕參見焦循《孟子正義》卷十。

也；非不知食，不知好精而惡疏也；非不知臭，不知好香而惡腐也；
非不知聲；不知好清而惡濁也。惟人知知，故人之欲異於禽獸之欲，
即人之性異於禽獸之性。〔註184〕

　　可見焦循認為人禽之辨關鍵在於「人能知而物不能知」，人性所以高過物性，在於人性可以知理，而物性則否。焦氏此說，甚合東原「心知為性」、「心之神明，於事物咸足以知其不易之則」，強調人心能知理的能力，故人性始可成德成善。這個觀念亦可遠溯至荀子的認知心之說，荀子云「心生而有知」、「人何以知道？曰：心。」因此，人類擁有心知的能力，物類則否，故人類可以有仁義道德，可以有文化成果，更可以窮盡一切理義也。

　　最後，焦循在人性論上亦有與東原不同之處，例如認為人性雖可知覺理義，但卻不能自覺，必須等待先覺者（聖人）施以教化、開通，而後始能通其理義。其云：

　　人之性不能自覺，必待先覺者覺之。故非性善無以施其教，非教無
　　以通其性之教。教即荀子所謂偽也、為也。〔註185〕

又云：

　　人之有男女，猶禽獸之有牝牡也。其先男女無別，有聖人出，示之
　　以嫁娶之禮，而民知有人倫矣；示之以耕耨之法，而民知自食其力
　　矣。〔註186〕

　　顯然的，焦循以聖人之教為成善的動力，則成善變成「他覺」，而非「自覺」，此點有違孟子本意，反近於荀子之說也。荀子強調「化性起偽」，將禮義標準歸於聖人之偽，以為禮義法度制度仰賴聖人以生，故人人須學習聖人教化始可為善。東原則不然，東原認為禮義制度乃人心窮盡自然之性而獲得的必然，是人人可為，是心之同然，故不僅能知禮義的能力是人性，就是禮義本身也是人性，此即其所謂的「一本論」。東原認為荀子以理歸於聖人，猶如程朱以理歸於天，皆外也，非內也。林慶彰先生亦指出焦循這種強調聖人教化的作用，似乎有將孟子和荀子之理論融而為一的意思〔註187〕。此點亦可說明焦循對人性論的問題，有其自己的取捨安排。

─────────────

〔註184〕參見焦循《孟子正義》卷二十二。
〔註185〕參見焦循《孟子正義》卷十。
〔註186〕同上注。
〔註187〕參見林慶彰〈焦循《孟子正義》及其在孟子學之地位〉，收入黃俊傑主編《孟
　　　　子思想的歷史發展》，頁231～233。

三、方東樹

　　方東樹（1772～1851），字植之，安徽桐城人，生於乾隆三十七年，卒於咸豐元年，享年八十。其為學宗程朱理學，師事姚鼐，認為朱子之言「言當於人心，無毫髮不合，直與孔曾思孟無二」，故「見後人著書，凡與朱子為難者，輒恚恨，以為人性何以若是其蔽也。」〔註188〕因見江藩作《漢學師承記》一書，大力宣揚漢學，而貶抑宋學，方氏乃撰作《漢學商兌》以為反攻，舉著護衛程朱宋學之道的旗幟，肆力抨擊漢學。方氏之書，梁啓超評曰「為清代極有價值之書」、「其書為宋學辯護處，固多迂舊，其針砭漢學家處，卻多切中其病，就中指斥言『漢易』者之矯誣，及言典章制度之莫衷一是，尤為知言。」〔註189〕可見本書有其一定之價值。

　　《漢學商兌》全書攻駁四十條，所駁斥之漢學家計有二十三人，其中以戴震最多，佔了七次，其因乃是戴氏為漢學之集大成者，更因戴氏指責程朱「以理殺人」而「厲禁言理」。理學是宋學之中心，「理」可說是宋學之核心價值，故方氏必然要在「理」字之闡釋上與東原爭是非勝負，故方氏對東原之批評主要集中在「理」之觀點，並以其《原善》、《孟子字義疏證》等義理之作為攻擊對象。

　　首先，針對東原所云「夫所謂理義，苟可以舍經而空憑胸臆，將人人鑿空得之，奚有於經學之云乎哉？」「故訓明則古經明，古經明則賢人聖人之理義明，而我心之所同然者，乃因之而明。」「賢人聖人之理義非它，存乎典章制度者是也」〔註190〕，東原等漢學家以為義理不可舍經而求，必須窮究六經之書才可獲得聖人之理義，而要窮究六經，必先做好訓詁考據的工作。方氏則不以為然，認為「訓詁不得義理之真」、「義理有時實有在語言文字之外者」，其云：

> 若謂義理即在古經，訓詁不當歧而為二，本訓詁以求經，古經明而
> 我心同然之義理以明，此確論也。然訓詁不得義理之真，致誤解古
> 經，實多有之。若不以義理為之主，則彼所謂訓詁者，安可恃以無
> 差謬也。諸儒釋經解字，紛紜百端。……總而言之，主義理者，斷
> 無有舍經廢訓詁之事；主訓詁者，實不能皆當於義理。何以明之？

〔註188〕參見方東樹《書林揚觶》卷下。
〔註189〕參見梁啓超《清代學術概論》十九。
〔註190〕參見戴震〈題惠定宇先生授經圖〉，《戴震文集》卷十一。

蓋義理有時實有在語言文字之外者。〔註191〕

漢學家之訓詁，本身即有爭議，誤解古經者亦多有之，故難保證訓詁所求得的就是古經眞正的意旨。方氏又認爲「義理實不必存乎典章制度」，其云：

> 至謂古聖賢義理，即存乎典章制度，則試詁以經典所載，曰欽、曰明、曰安、曰恭、曰讓、曰愼、曰誠、曰忠、曰恕、曰仁、曰孝、曰義、曰信、曰慈、曰儉、曰懲忿窒欲、曰遷善改過、曰賤利重義、曰殺身成仁。反而言之，曰驕泰、曰奢肆、曰苟妄、曰自欺、曰讒諂、曰貪鄙。凡諸義理，皆關修齊治平之大，實不必存乎典章制度，豈皆爲異端邪説歟！〔註192〕

蓋六經所記乃三代之典章制度，其所代表之義理應屬三代之聖人所見所察者，確實不能以成文之規矩定爲萬世不易之義理。不過，東原所求者應該是體察聖人制作典章制度背後所蘊藏之理，其理乃是歸納三代人心之所同然而來，故亦不須執著於禮儀制度之表面。

其次，方氏駁斥東原破除程朱「理欲之辨」，認爲如此嚴禁窮理，最爲悖道害教，其書總論漢學有「六蔽」，首條就是責備漢學家「力破理字」。其云：

> 屬禁言理則自戴氏始，自是宗旨祖述，邪詖大肆，遂舉唐宋諸儒已定不易之案，至精不易之論，必欲一一盡翻之，以張其門户。〔註193〕

又云：

> 今漢學家首以言理爲屬禁，是率天下而從於昏也。拔本塞源，邪説橫議，較之楊墨、佛老而更陋，擬之洪水猛獸而更兇。何者？洪水猛獸害野人，此害專及學士大夫。學士大夫學術昧，則生心發事害政，而野人無噍類矣。〔註194〕

按：東原批判程朱之「理」，主要從「理氣」及「理欲」的二分或一本著手，從宇宙論下至人性論，有其嚴密的哲學體系及理論基礎。雖然東原之「理」與程朱之「理」有所區別，不過皆認同義理爲人性之歸向，義理爲人生之指導原則。故東原只是不贊同程朱之「區別理氣，以爲理在氣外，以天理與人欲相對」，而並未否定理之本身。東原之學亦重求理，要從人倫日用求理，從

〔註191〕參見《漢學商兌》卷中之下。
〔註192〕同上注。
〔註193〕參見《漢學商兌》卷上。
〔註194〕參見《漢學商兌》卷下。

六經中體悟聖人創造典章制度之理，故非嚴禁言理，也非廢棄理義。今方氏
不察，只以爲程朱所言才是理，而不許東原所言是理，且流於謾罵詆毀，卻
無法在學說理論上提出足以信服人之說，只能淪爲個人主觀情緒的宣洩而
已，殊不可取。

四、章太炎

　　章太炎（1869～1936），本名炳麟，浙江省余杭縣人，年少時師事俞樾，
精研國學，尤長文字音韻訓詁之學。章氏後積極投入革命反清之事，並受西
方思潮之影響，具有民主自由思想，反對君主專制政體。章氏對於戴震之學
的闡釋，主要見於〈釋戴〉一文，其他如〈說林〉上下以及《檢論》卷四等
文，亦間有述及。胡楚生云：「晚近以還，戴氏義理之學，大爲昌盛，梁任公、
胡適之諸先生，皆力爲表彰者也。然而，以余觀之，其討論戴氏之學，目光
如炬，深刻而能中理者，則當推餘杭章太炎先生爲最早焉。」〔註195〕

　　胡楚生認爲章氏〈釋戴篇〉論戴學重心，約有三端，「其一謂戴氏理欲之論，
與程朱之說相異者，實二者範疇不盡相同之故也。其二謂戴氏所持宋儒以理殺
人之說，實針對清廷帝王而發。其三謂戴氏義理之學，名雖託諸孟子，而其根
源，實當上溯於荀卿之心傳也。」〔註196〕關於第一點，章氏認爲程朱所言理欲
二分，乃針對儒者飭身，不爲長民，故並無漠視人民情欲之主張；至於戴震所
言欲當爲理者，乃臨政之言，專爲長民，滿足人民合理情欲需求而發，故二者
乃不同範疇。關於第二點，章氏本身懷有反清革命之志，對清廷異族之專制極
爲不滿，故認爲戴震「以理殺人」之說乃不僅批駁宋儒，更暗藏批判滿清帝王，
如章氏云：「戴君雖生雍正亂世，親見賊渠之遇士民，不循法律，而以洛閩之言
相稽，哀矜庶戮之不辜，方告無辜於上，其言絕痛。」〔註197〕以上二點在前文
「理欲一元的政治社會意義」一節中已有申論，不再贅言。

　　關於第三點，戴震主性善，故從孟子，而遠荀子，然其有關心、性之說，
實有不同孟子而取資於荀子者。章氏嘗云：

　　　　戴震資名於孟子，其法不去欲，誠孟子意耶？……雖然，以欲當爲

〔註195〕參見胡楚生〈章太炎「釋戴篇」申論〉，《清代學術史研究》（臺北：臺灣學生
　　　　書局，1988 年 2 月），頁 151。
〔註196〕同上注，頁 151～152。
〔註197〕參見章太炎〈說林上〉，收入《中國現代學術經典・章太炎卷》（石家莊：河
　　　　北教育出版社，1996 年 8 月），頁 562。

理者，莫察乎孫卿。孫卿爲〈正名〉一首，其言曰：「凡語治而待去
欲者，無以道欲，而困於有欲者也。凡語治而待寡欲者，無以節欲，
而困於多欲者也。有欲無欲，異類也，生死也，非治亂也。欲之多
寡，異類也，情之數也，非治亂也。……故欲過之而動不及，心止
之也。心之所可中理，欲雖多，奚傷於治？欲不及而動過之，心使
之也。心之所可失理，欲雖寡，奚止於亂？故治亂在於心之所可，
亡於情之所欲。……性者，天之就也；情者，性之質也；欲者，情
之應也。以欲爲可得而求之，情之所必不免也。以爲可而道之，知
所必出也。故雖爲守門，欲不可去，性之具也。……慮者欲節求也。
道者，進則近盡，退則節求，天下莫之若也。」極震所議，與孫卿
若合符。以孫卿言性惡，與震意拂，故解而赴《原善》。〔註198〕

　　章氏明確的指出東原「理在欲中」、「人生而有欲、有情、有知，三者，
血氣心知之自然也」、「欲根於血氣，故曰性也。」等說法，符合荀子「性者，
天之就也；情者，性之質也；欲者，情之應也」的自然情欲觀。又以爲東原
「天理者，節其欲而不窮人之欲」、「使無過情，非不及情」、「古之言理者，
就人之情欲求之，使之無疵之爲理」的節欲合情的理欲一元說，符合荀子「心
之所可中理」、「慮者欲節求也」等導情節欲之說。因此，在「理欲一元」以
及「性之自然義」方面，東原之學乃承自荀子，章氏在梁啓超、胡適之前已
指出此點〔註199〕。

　　另外，章太炎對於方東樹等宋學家批判戴震「義理存乎六經」、「義理存
乎典章制度」之學爲「碎學」、「敗俗」，則提出反駁。章氏云：

學之碎無害於人之躬行。宋儒之制言，不能越於群經。人固有樂群經
而厭宋儒語錄者。且行己之道，群經已粲然明白矣。必以疏棄宋儒爲
非者，後漢之士，大抵放道而行，其時烏睹所謂宋儒書耶？〔註200〕

〔註198〕參見章太炎〈釋戴〉，收入《中國現代學術經典‧章太炎卷》（石家莊：河北
　　　　教育出版社，1996 年 8 月），頁 537。
〔註199〕東原之學，頗有取自荀子者，程瑤田早已指出，如其〈論學小記〉云：「今之
　　　　學者，動曰去私、去蔽。」又云：「今之學者，但知脩慝爲大端，任脩慝爲即
　　　　以崇德，其根由於不知性善之精義，遂以未治之身爲叢尤集愆之身。雖亦頗
　　　　疑於性善，及其著於錄也，不能不與荀子性惡篇相爲表裡，此說之所以不能
　　　　無歧也。」所謂「今之學者」，即指東原而言。程瑤田首先指出荀子「解蔽」、
　　　　「性惡」對東原之影響，也是東原之學與孟子性善歧異之因。
〔註200〕參見章太炎〈漢學論〉上，收入《中國現代學術經典‧章太炎卷》（石家莊：

因此，章氏贊同東原「義理存乎六經」之論，認為「行己之道，群經已粲然明白矣」。故修身飭己的道德法則，六經其實已說明的很清楚，非待宋儒而後成之，且「宋儒之制言，不能越於群經」，宋儒修己安人之道亦須依據六經而行。此點可反映出章氏個人具有「尊古」、「宗經」之傾向，近同於戴震之學。

五、胡　適

胡適（1891～1962），字適之，安徽省績溪縣人。胡適精研中國傳統學術，又留學美國，接受西方學術之洗禮，故如何調和中西學術之異同，也成為胡適學術研究的重心與方向。胡適與戴震為安徽同鄉，故欽佩其學，尤重其學之科學方法與人道精神，乃大加提倡之。胡適對於戴震義理學之發揚，最具代表性的作品即是《戴東原的哲學》一書。

胡適首先指出東原的義理學乃是要建立一種新哲學，而這種新哲學是融合顏李學派注重實用與顧炎武注重經學兩個趨勢，其云：

> （反玄學的運動）在建設的方面，這個大運動也有兩種趨勢。一面是注重實用，一面是注重經學。用實用來補救空疏，用經學來代替理學。前者可用顏李學派作代表，後者可用顧炎武等作代表。從顏李學派裏產出一種新哲學的基礎。從顧炎武以下的經學裏產出一種新的作學問的方法。戴東原的哲學便是這兩方面的結婚的產兒。〔註201〕

胡適又認為東原義理思想，造成清代中葉學術史起了重大變化，就是經學家漸漸傾向哲學化了，東原確實有建立新理學，恢復我國學者哲學興趣的大功。胡適云：

> 戴學的影響卻漸漸發展，使清代中葉的學術史起一種重大的變化。什麼變化呢？這時期的經學家漸漸傾向於哲學化了，凌廷堪、焦循、阮元很可以代表這個傾向。他們的學說雖然都不算是戴學的真傳，然而他們都想在經學上建立他們的哲學思想，這一點不能不說是戴學的影響。……他們努力的新方面，更使我們明瞭戴學確然有建立新理學，恢復中國學者的哲學興趣的大功。所以我們可以說：從戴

河北教育出版社，1996 年 8 月），頁 619。

〔註201〕 參見胡適《戴東原的哲學》（臺北：臺灣商務印書館，1967 年）之〈引論〉，頁 4。

震到阮元是清朝思想史上的一個新時期；這個時期我們可以叫做「新
理學時期」。〔註202〕

胡適以爲東原對後世的影響，頗爲深遠。其不僅爲清代考據學的大師，
是漢學家尊崇的領袖，更重要的是，其爲眞正能代表清代哲學思想的重要人
物。東原一方面用考據的方法來考定經義，一方面也舉起反宋明理學的大旗，
而攻擊宋學的支離固陋和明學的空疏近禪，以繼承孔孟聖學爲己任，而建立
自己的思想體系。

其次，胡適將東原的義理學分作宇宙論、人性論、認識論、理欲論等方
面，並加以分析論述。宇宙論方面，胡適認爲東原的宇宙論是唯物的一元論，
其云：

> 戴震的天道論，是一種自然主義。他從《周易》的〈繫辭傳〉入手，
> 而〈繫辭傳〉的宇宙論實在是一種唯物的、自然的宇宙論。……他
> 論天道的要旨只是「一陰一陽，流行不已，夫是之爲道而已。」他
> 只認陰陽五行的流行不已，生生不息便是道。這是一種唯物論，與
> 宋儒的理氣二元論不相同。……他老實承認那形而上和形而下的都
> 是氣。這種一元的唯物論，在中國思想史上要算很大膽的了。他的
> 宇宙觀有三個要點：（一）天道即是氣化流行（二）氣化生生不已（三）
> 氣化的流行與生生是有條理的，不是亂七八糟的。生生不已，故有
> 品物的孳生；生生而條理，故有科學知識可言。最奇特的是戴氏的
> 宇宙觀完全是動的、流行的、不已的。這一點和宋儒雖兼說動靜，
> 而實偏重靜的宇宙觀大不相同。〔註203〕

胡適的一元唯物論，深受大陸學者唯物史觀的認同，如侯外廬云：「道和
理是了解戴震的唯物主義世界觀非常重要的哲學範疇」、「戴震關於『道』的
哲學規定具有唯物主義批判唯心主義的積極意義」〔註204〕，周兆茂云：「戴震
反復論證了只有陰陽五行，歸根到底，只有陰陽之氣才是宇宙萬物的本原，『天
下惟一氣，無所外。』（《疏證》卷上）毋庸置疑，這是徹底的唯物主義氣本
論者」〔註205〕。

〔註202〕參見胡適《戴東原的哲學》（臺北：臺灣商務印書館，1967年），頁172～173。
〔註203〕同上注，頁30～33。
〔註204〕參見侯外廬《中國思想史綱》（臺北：五南圖書公司，1993年9月），頁425。
〔註205〕參見周兆茂〈晚期戴震的唯物主義和進步的倫理思想〉，《戴震哲學新探》（安
　　　　徽人民出版社，1997年），頁46。

人性論方面，胡適認爲東原的人性論乃從其唯物的一元的宇宙論而來，主張一種血氣心知的自然人性論，同於宋儒所謂的「氣質之性」，其云：

> 他的性論，是從他的天道論來的。……所以他下「性」的定義是：「性者，分於陰陽五行以爲血氣心知，品物區以別焉。」他說道的實體是陰陽五行。性的實體是血氣心知，而血氣心知又只是陰陽五行分出來的。這又是一種唯物的一元論，又和宋儒的理氣二元的性論相衝突了。宋儒說性有兩種：一是氣質之性；一是理性。氣質之性其實不是性，只有理性才是性。理無不善，故性是善的。戴氏說血氣心知是性，這正是宋儒所謂氣質之性，他卻直認不諱。〔註206〕

又云：

> 戴氏認清宋儒的根本錯誤在於分性爲理氣二元，一面仇視氣質形體，一面誤認理性爲「天與我完全自足」的東西，所以他們講學問只是要澄清氣質的污染，而恢復那「天與我完全自足」的理性，所以朱子論教育的功用是「明善而復其初」。宋儒重理性而排斥氣質，故要「澄而清之」；戴氏認氣血心知爲性，才質有於內而須取資於外，故要「由博學、審問、慎思、明辨，篤行以擴而充之。」這是戴學與理學大不相同的一點。〔註207〕

胡適深得東原哲學要領，東原主張「性出於氣」的自然人性論，以血氣心知爲性，故不僅情欲是性，禮義也是性，禮義乃是自然之極則，故禮義不待外求，自存乎人性之中。宋儒因不明「性氣一本」，乃本其理氣二分之說，以天理當天地之性（或稱義理之性），乃純然之善性；以人欲當氣質之性，乃有惡之可能。東原認爲宋儒分性爲二，看輕氣質之性，將導致視人之情欲爲惡的後果。

認識論方面，胡適認爲東原論「理」，重條理歸納，重剖析綜合，乃一種客觀的實證方法，也是一種具有科學精神的考證手段。程朱雖也提倡「格物窮理」，但卻只想著那一旦豁然貫通之理，而反不如東原「就事物剖析至微」的分理來得客觀徵實。故東原批評程朱「詳於論敬而略於論學」，程朱雖亦主張爲學，但卻仍持「主敬」的工夫，仍是一種主觀的冥心求理，非客觀的求理方法。胡適云：

〔註206〕參見胡適《戴東原的哲學》（臺北：臺灣商務印書館，1967年），頁36。
〔註207〕同上註，頁43。

至多我們只能說陸王一派說理是純粹的主觀的，程朱一派知道理在
事物，同時又深信理在人心。程朱的格物說所以不能徹底，也正因
爲他們對於理字不曾有徹底的了解。他們常說「即物而窮其理」，然
而他們同時又主張靜坐省察那喜怒哀樂未發之前的氣象。於是久而
久之，那即物窮理的也就都變成內觀返視了。戴震認清了理在事物，
只是事物的條理關係；至於心的方面，他只承認一個可以知識思想
的官能。〔註208〕

又云：

其實戴氏說理，無論是人情物理，都只是要人用心之明，去審察辨
別，尋求事物的條理。⋯⋯他說「剖析」，說「分」，說「析」，都是
我們今日所謂「分析」。他說的「合」，便是我們所謂的「綜合」。不
分析，不能得那些幾微的區別；不綜合，不能貫通那些碎細的事實，
而組成條理與意義。戴氏這樣說理，最可以代表那個時代的科學精
神。宋儒雖說「即物而窮其理」，但他們始終不曾說出怎樣下手的方
法。直到陳第、顧炎武以後，方才有一種實證的求知的方法。戴氏
是眞能運用這種方法的人，故他能指出分析與綜合二方面，給我們
一個下手的方法。〔註209〕

胡適指出東原的「理」，乃是就客觀事物剖析至微，再貫串其中共同點而
得其條理，是具有科學精神的實證方法，這種方法也運用在其學的各個層面。
另外，胡適認爲東原代表一種「重知」的學術傾向，故其以心乃具有知識思
想之官能，而不是道德根源的良知之心。故余英時亦以爲胡適的解釋很有根
據，如果從學術史的觀點來看，東原對學問與知識的態度正是儒家智識主義
發展到高峰時代的典型作品〔註210〕。胡適更認爲東原格物窮理的知識論已擴
大到其他層面，如云：「戴氏的人生觀，總括一句話，就是要人用科學家求知
求理的態度與方法來應付人生問題。」〔註211〕又云：

戴氏論性、論道、論情、論欲，也都是用格物窮理的方法，根據古
訓作護符，根據經驗作底子，所以能摧破五六百年推崇的舊說，而

〔註208〕同上注，頁 58～59。
〔註209〕同上注，頁 63～64。
〔註210〕參見余英時〈儒家智識主義的興起〉，《論戴震與章學誠》（臺北：東大圖書公
　　　　司，1986 年 11 月），頁 25。
〔註211〕參見胡適《戴東原的哲學》（臺北：臺灣商務印書館，1967 年），頁 77。

建立他的新理學。戴震的哲學，從歷史上看來，可說是宋明理學的
根本革命，也就是新理學的建設──哲學的中興。〔註212〕

胡適所言深得東原之學旨要，東原之學確實反映出一種「重知」的傾向，
其格物窮理排除所有主觀內心的活動，而主張一個客觀體察的認知之心。而
求理之法，也朝向一種外向的為學、心照工夫，故言「心知之明，進於聖智」、
「德性資於學問，進而聖智」、「惟學可以增益其不足而進於智，益之不已，
則聖人矣」，顯然是一種「由智達德」、「由知識獲致道德」的成智成聖方式，
可說是中國哲學「道問學」一派的極致發揮。

最後，關於理欲論方面，胡適肯定東原哲學中重視「情欲」的部分，反
對宋儒天理人欲對立之分，認為東原「達情遂欲」之說近於西方邊沁、彌爾
一派的「樂利主義」，目的就是要謀「最大多數的最大幸福」。所以胡適認為
東原真正是站在廣大人民的立場，反對那不近人情、以理殺人的禮教制度，
其云：

> 宋明以來理學先生們往往用理責人，而不知道他們所謂「理」，往往
> 只是幾千年因襲下來的成見與習慣。這些成見與習慣大都是特殊階
> 級（君主、父母、舅姑、男子等等）的保障，講起「理」來，卑者
> 幼者賤者實在沒有開口的權利。「回嘴」就是罪！理無所不在，故背
> 理的人，竟無所逃於天地之間。所以戴震說「死矣！無可救矣！」
> 「死於法，猶有憐之者。死於理，其誰憐之。」乾嘉時代的學者稍
> 稍脫離宋儒的勢力，頗能對於那些不近人情的禮教，提出具體的抗
> 議。……但他們只對於某一種制度，下具體的批評。只有戴震能指
> 出這種種不近人情的制度所以能殺人吃人，全因為他們撐著「理」
> 字的大旗來壓迫人，全因為禮教的護法諸神──理學先生們──抬
> 出理字來排斥一切以生以養之道〔註213〕。

因此，胡適完全肯定東原批判宋儒分天理人欲為二，將導致「以理殺人」
之弊，故認為合理的滿足人之情欲是必要的，也才能為人群謀最大福利。

另外，胡適也指出東原哲學之缺失，其認為東原云「性善則才亦美」，不
可解作「凡性皆善，故才皆美」。故以為東原認為血氣心知為性，又說凡性皆
善，則不能成立。胡適認為人性善只是對於禽獸而言，只是說「人之知覺大

〔註212〕同上注，頁82～83。
〔註213〕同上注，頁74～75。

遠乎物」，故不能說人性皆善。胡適以爲東原之說所以有如此弊病，乃是因襲傳統的性善論，而被其套語所蒙蔽〔註214〕。

　　按：此說值得深思，蓋東原雖贊同孟了「性善」，而其「性」之定義實不同於孟子，而內容亦不同於荀子，但因其掛上一個「主性善」的招牌，遂予人攻擊之口實，也容易造成學者理解之混亂，此確實是採用宋明儒者言心、性、理之「套語」所致。然而，胡適以爲東原說「凡性皆善」則有待商榷，蓋東原言性，主張血氣心知之自然性，又以爲人性超乎物性者，在於人性有知善之心知能力，人能窮盡其知而獲致自然之極則──禮義。這也是說能知禮義之能力是性，進而說禮義也在人性之內，不過並不能等同人性全部都是禮義。故東原只是肯定人性之中有禮義，有明白禮義之可能，而不保證人一定有禮義。人要獲致禮義，必須要仰賴心知之明，循著去私、解蔽之外在學習的工夫，「有於內而資於外」，才能「進於聖智」，由自然而達到必然。

〔註214〕同上注，頁 45～47。

第十章　經學之開創與影響

第一節　戴震經學之開創

　　戴震在經學方面的開創，主要在發揚小學之價值、釐清經書文義、追溯古代典章制度、以自然科學考經以及建立獨特的義理哲學等方面。以下各自分述之。

一、發揚小學之價值

　　文字、聲音、訓詁之學自古即被視為小學，「六書」且列為《周禮・地官・保氏》士人必須修習的「六藝」之一。大致而言，語言文字是經文呈現的第一層面，要了解經文必須先了解記載經文的語言文字。因此，語言文字之學可說是經學研究的第一步工作，也是最基本的工作，若基礎不穩，則解經成果勢必遭受嚴重影響，所以古人解經極重語言文字之學，如《爾雅》、《方言》、《說文》、《釋名》等著作，皆是古代小學發展的代表作。然而，宋元以來，許多學者未盡心於小學，反多以己意說解經文，於是造成「望文生訓」等錯解經文的弊病。入清後，部分學者已能重新認識小學在經學研究上的重要，如顧炎武云：「讀九經自考文始，考文自知音始，以至諸子百家之書，亦莫不然。」〔註1〕惠棟亦云：「五經出於屋壁，多古字古音，非經師不能辨。經之義存乎訓，識字審音，乃知其義。」〔註2〕

〔註1〕參見顧炎武〈答李子德書〉。
〔註2〕參見惠棟〈九經古義述首〉，《松崖文鈔》卷一。

　　戴震本人，對於小學在經學研究上的價值，尤有深刻體認，嘗云：「余謂儒者治經，宜自《爾雅》始。」「夫援《爾雅》以釋《詩》、《書》，據《詩》、《書》以證《爾雅》，由是旁及先秦以上，凡古籍之存者，綜覈條貫，而又本之六書、音聲，確然於故訓之原，庶幾可與於是學。」〔註3〕又云「故訓音聲，自漢以來，莫之能考也久，無怪乎釋經論字，泛然無據。此則字書、韻書所宜審慎不苟也。」〔註4〕「六書也者，文字之綱領，而治經之津涉也。載籍極博，統之不外文字，文字雖廣，統之不越六書。」〔註5〕又云「經之至者道也，所以明道者其詞也，所以成詞者未有能外小學文字者也。」〔註6〕「宋以來，儒者以己之見硬坐爲古賢聖立言之意，而語言文字實未之知。」〔註7〕因此，戴震清楚地認識到語言文字訓詁之學對於解經的重要，故頗用力於此，而也獲得不少成績，梁啓超乃云：「乾嘉間學者以識字爲求學第一義，自戴氏始也。」〔註8〕

　　至於戴震在小學之創見方面，首先他提出重視形、音、義三者統合的研究，如云：「字學、故訓、音聲未始相離，聲與音又經緯衡從宜辨。」〔註9〕「字書主於故訓，韻書主於音聲，然二者恆相因。音聲有不隨故訓變者，則一音或數義。音聲有隨故訓而變者，則一字或數音。」〔註10〕戴震這種綜合形、音、義三者的研究，受到乾嘉時期以及其後考據學家的贊同，如戴氏弟子段玉裁即云：「不熟於古形、古音、古義，則其說之存者，無由甄綜；其說之亡者，無由比例推測。小學有形、有音、有義，三者互相求，舉一可得其二；有古形、有古音、有古義，六者互相求，舉一可得其五。」〔註11〕其次，對於《說文》之「六書」，戴震則提出「四體二用」之說，其云：

　　　　大致造字之始，無所憑依。宇宙間，事與形兩大端而已。指其事之
　　　　實曰指事，一、二、上、下是也。象其形之大體曰象形，日、月、

〔註3〕　參見〈爾雅文字考序〉，《戴震文集》卷三。
〔註4〕　參見〈論韻書中字義答秦尚書蕙田〉，《戴震文集》卷三。
〔註5〕　參見〈六書論序〉，《戴震文集》卷三。
〔註6〕　參見〈古經解鉤沈序〉，《戴震文集》卷十。
〔註7〕　參見〈與某書〉，《戴震文集》卷九。
〔註8〕　參見梁啓超〈論中國學術思想變遷之大勢〉，收入梁啓超著、夏曉虹點校《清代學術概論》（北京：中國人民大學出版社，2004年9月），頁111。
〔註9〕　參見〈與是仲明論學書〉，《戴震文集》卷九。
〔註10〕　參見〈論韻書中字義答秦尚書蕙田〉，《戴震文集》卷三。
〔註11〕　參見段玉裁〈王懷祖廣雅疏證序〉，收入《經韻樓集》卷八。

水、火是也。文字既立，則聲寄於字，而字有可調之聲；意寄於字，而字有可通之意，是又文字之兩大端也。因而博衍之，取乎聲諧曰諧聲，聲不諧而會合其意曰會意。四者，書之體止此矣。由是之於用，數字共一用者，如初哉首基之皆爲始，卬吾台予之皆爲我，其義轉相爲注，曰轉注；一字具數用者，依於義以引申，依於聲而旁寄，假此以施於彼，曰假借。所以用文字者，斯其兩大端也。〔註12〕

顯然的，戴震將「指事」、「象形」、「諧聲」（形聲）、「會意」四者當作造字之「體」，「轉注」、「假借」二者則爲字之「用」，明標六書「四體二用」之說。雖然，戴震對於「六書」的定義未必正確，頗有待修正之處，但其「四體二用」之說則甚有影響力，清代治《說文》之大家如段玉裁、桂馥、王筠、朱駿聲等人，皆同而從之，如段玉裁云：「戴先生曰：『指事、象形、形聲、會意四者，字之體也；轉注、假借，字之用也。』聖人復起，不易斯言矣。」〔註13〕

接著，戴震對於「轉注」、「假借」之說，則有新見。如「轉注」之說，《說文·敘》曰：「轉注者，建類一首，同意相受，考、老是也。」戴震云：

震謂考、老二字，屬諧聲、會意者，字之體也，引之言轉注者，字之用也。轉注之云，古人以其語言，立爲名類，通以今人語言，猶曰互訓云爾。轉相爲注，互相爲訓，古今語也。《說文》於「考」字訓之曰「老也」，於「老」字訓之曰「考」也，是以序中論轉注舉之，《爾雅·釋詁》有多至四十字共一義，其六書轉注之法歟？〔註14〕

戴震以「互訓」解釋「轉注」，受到段玉裁、王筠、黃式三等人支持，於各家學說中最具勢力，不過也受到很多非議。基本上，用「互訓」說「轉注」，定義各於寬泛，且只是說明「同意相受」，並未解釋「建類一首」，故其說仍有待修正。其後章太炎在戴氏的基礎上，再加入「語基」的說法，認爲「建類一首」即是同一聲類的共同語基之字〔註15〕，因此「轉注」就是同出一個語源的不同形體之字，彼此音相轉而義相通。章氏從語言學的角度看待「轉注」，從戴氏所舉的《爾雅》「初哉首基」之爲「始」，「卬吾台予」之爲「我」，則可用「同源字」的觀念來作解釋。後來王念孫、王引之父子在同源字上的

〔註12〕 參見〈答江愼修先生論小學〉，《戴震文集》卷三。
〔註13〕 參見段玉裁《說文解字注》十五卷上。
〔註14〕 參見〈答江愼修先生論小學〉，《戴震文集》卷三。
〔註15〕 參見章太炎〈轉注假借說〉，收入《國故論衡》。

研究,即受戴震之影響。

又如「假借」之說,《說文‧敍》曰:「假借者,本無其字,依聲託事,令、長是也。」戴震云:

> 大致一字既定其本義,則外此音義引申,咸六書之假借。其例:或義由聲出,如胡字,惟《詩》「狼跋其胡」,與《考工記》「戈胡、戟胡」用本義。至於「永受胡福」,義同「降爾遐福」,則因「胡」、「遐」一聲之轉,而「胡」亦從「遐」爲遠;「胡不萬年」、「遐不眉壽」,又因「胡」、「遐」、「何」一聲之轉,而「胡」、「遐」皆從爲「何」。又如《詩》中曰「寧莫之知」,曰「胡寧忍予」,曰「寧莫我聽」,曰「寧丁我躬」,曰「寧俾我遯」,曰「胡寧瘨我以旱」。「寧」字之義,傳《詩》者失之。以轉語之法類推,寧之言乃也。凡故訓之失傳者,於此亦可因聲而知義矣。或聲同義別:如蜥易之「易」,借爲變易之「易」;象犀之「象」,借爲象形之「象」。或聲義各別:如戶關之「關」爲關弓之「關」,燕燕之「燕」爲燕國之「燕」。六書假借之法,舉例可推。〔註16〕

又云:「假借依聲託事,不更制字。」「一字具數用者,依於義以引申,依於聲而旁寄,假此以施於彼,曰假借。」〔註17〕因此,戴震將「假借」分爲「依於義以引申」和「依於聲而旁寄」兩種,即是「字義引申」與「借字表音」兩種,前者可說明「令、長是也」之引申義,後者則說明「本無其字,依聲託事」的借音現象。其實,現代學者多主張將「引申義」排除在「假借」之外,認爲許慎舉「令、長是也」之例誤也〔註18〕。因此,真正的「假借」應該是純粹借字表音的現象,與「引申」無關。雖然戴震誤將「引申」當作「假借」,不過其分析經書中音聲假借的現象,仍值得後人參考。

再者,戴震在聲韻學上的成就亦大,嘗作《聲韻考》、《聲類表》二書,詳述鄭庠、顧炎武、江永、段玉裁諸人的古韻分部,戴震在他們的基礎上,更細分爲七類二十部,後再增改爲九類二十五部,而部目用喉音的影母字來表明各類韻部的音讀。戴氏又批判顧炎武諸人考古功多,而審音功淺,故自

〔註16〕 參見〈論韻書中字義答秦尚書蕙田〉,《戴震文集》卷三。
〔註17〕 參見〈答江慎修先生論小學〉,《戴震文集》卷三。
〔註18〕 參見裘錫圭《文字學概要》(臺北:萬卷樓圖書公司,1995 年 4 月),頁 125～126。

己開創「審音」一派。另外，戴震分韻將入聲九部獨立成部之說，亦爲其創見，聲韻學專家陳新雄先生即云：「戴氏古韻部分，就語音系統性著眼，而不徒恃古人用韻之文爲斷，實獨具慧眼，無怪其凌駕前修而傲視當代也。……入聲諸部之應獨立，據此觀之，殆無疑義者矣。」〔註19〕

另外，戴震又分古韻爲陰、陽、入三種，以入聲爲樞紐，而與陰陽兩聲相配，其云：

> 僕審其音，有入者如氣之陽、物之雄、衣之表；無入者如氣之陰，
> 如物之雌，如衣之裏。故有入之入，與無入之去近，從此得其陰陽、
> 雌雄、表裏之相配。〔註20〕

戴震認爲陽聲韻部是有入聲的韻部，陰聲韻部則是無入聲的韻部，此陰陽相配之說，開創聲韻學之先河，故王國維認爲是古韻上的三大發明之一，其云：

> 自明以來，古韻上發明有三：一爲連江陳氏古本音不同今韻之說；
> 二爲戴氏陰陽二聲相配之說；三爲段氏古四聲不同今韻之說，而部
> 目之分析，其小者也。〔註21〕

又戴震闡述古韻通轉之理，凡陰陽相配互轉，及同一聲類或相近聲類之韻部相轉，稱爲「正轉」；其餘隔類相轉，稱爲「旁轉」。此正轉、旁轉之理，影響後世章太炎之「成均圖」。

最後，戴震在訓詁學上的著作不少，如《爾雅文字考》、《轉語》、《方言疏證》等，皆闡述訓詁之書。其中《轉語》一書，闡述「以聲求義」之說，其〈序〉云：

> 人之語言萬變，而聲氣之微，有自然之節限。是故六書依聲託事，
> 假借相禪，其用至博，操之至約也。學士茫然，莫究所以。今別爲
> 二十章，各從乎聲，以原其義。……古今言音聲之書，紛然淆雜，
> 大致去其穿鑿，自然符合者近是。昔人既作《爾雅》、《方言》、《釋
> 名》，余以謂猶闕一卷書，創爲是篇，用補其闕。俾疑於義者，以聲
> 求之，疑於聲者，以義正之。〔註22〕

〔註19〕參見陳新雄《古音學發微》，頁223。
〔註20〕參見〈答段若膺論韻〉，《戴震文集》卷四。
〔註21〕參見王國維〈韻學餘論五聲說〉，收入《觀堂集林》卷八。
〔註22〕參見〈轉語二十章序〉，《戴震文集》卷四。

　　戴震這種「因聲求義」的訓詁方法，本書第四章第二節已有詳論，不再
贅述。總之，戴震這種訓詁方法，受到段玉裁以及王念孫、王引之等乾嘉考
據學家的普遍認同，如王引之云：「詁訓之旨，存乎聲音，字之聲同聲近者，
經傳往往假借，學者以聲求義，破其假借之字，而讀以本字，則渙然冰釋。」
〔註23〕可見「因聲求義」，在清楚認識文字本義上的重要性，也是清代考據學
取得優秀成果的重要方法。另外，戴震的《方言疏證》也首開清代研究《方
言》之先，爲後世學者立下典範。至於戴震提出的「訓詁方法」，更是系統地
綜合前人舊說，並增益以自己之創見，可說是開創乾嘉考據學精密考證的第
一人，故胡樸安評云：

> 訓詁之方法，至清朝漢學家，始能有條理、有系統之發現，戴氏震
> 開其始。戴氏之言曰：「經之至者道也，所以明道者詞也，所以成詞
> 者字也。由字以通其詞，由詞以通其道。」又曰：「搜考異文，以爲
> 訂經之助，廣攬漢儒箋注之存者，以爲綜核故訓之助。」戴氏眞能
> 以經傳注疏爲中心，而爲有條理有統緒之訓詁也。〔註24〕

　　因此，綜合而言，戴震在文字、聲韻、訓詁學方面，都能在前人的基礎上，
增益新見，而有力地提升小學在經學研究中的地位，也突顯了小學本身的價值。

二、釐清經書文義

　　戴震關於古代經典具體經文內容之考究，其成果可從《詩補傳》、《毛鄭
詩考正》、《杲溪詩經補注》、《尚書義考》、《考工記圖》以及《經考》、《經考
附錄》、《戴震文集》等相關著作中得見，茲將其中具有相當創見者分舉如下。
　　首先，在《詩經》方面，如〈小雅・四月〉首章「胡寧忍予」，鄭《箋》：
「寧，猶曾也。」戴震考云：「寧，猶乃也，語之轉。下『寧莫我有』同。」
〔註25〕又云：「《詩》中曰『寧莫之知』，曰『胡寧忍予』，曰『寧莫我聽』，曰
『寧丁我躬』，曰『寧俾我遯』，曰『胡寧瘨我以旱』。『寧』字之義，傳《詩》
者失之。以轉語之法類推，『寧』之言『乃』也。凡故訓之失傳者，於此亦可
因聲而知義矣。」〔註26〕

〔註23〕參見王引之《經義述聞・序》（南京：江蘇古籍出版社，2000 年 9 月），頁 2。
〔註24〕參見胡樸安《中國訓詁學史・自敍》。
〔註25〕參見《毛鄭詩考正》卷二。
〔註26〕參見〈論韻書中字義答秦尚書蕙田〉，《戴震文集》卷三。

按：《詩經》之「寧」字甚多，前人注解多不得其意，戴震以轉語之法類推，因聲求義，考求《詩經》「寧」字應訓爲「乃」，用此通解經文，無不暢達，也啓導了王念孫、王引之的虛詞研究。如王引之《經義述聞》有關《毛詩》之考訓，有「寧訓爲乃」一條，其云：

> 「燎之方揚，寧或滅之，赫赫宗周，褒姒滅之。」毛《傳》說「寧
> 或滅之」曰：「滅之者水也。」《箋》曰：「燎之方盛之時，炎熾熛怒，
> 寧有能滅息之者，言無有也。以無有喻有之者爲甚也。」家大人曰：
> 「寧猶乃也，言以燎火之盛，而乃有滅之者，以赫赫之宗周，而乃
> 爲褒姒所滅。四句以上興下，一氣相承，詞意甚爲迫切。若上言燎
> 火難滅，下言褒姒滅周，則上下相承之間，多一轉折而詞意迂回矣。
> 《箋》云『以無有喻有之者爲甚』，非也。水之滅火，非無有之事。
> 火勢方盛，而水滅之，則爲甚矣。不必先言其無有，而後見有之者
> 之爲甚也。《傳》言『滅之者水』，此正釋經文『或滅之』之意，不
> 如《箋》所云也。寧、乃，一聲之轉，故《詩》中多謂乃爲寧。」
> 戴先生《毛鄭詩考正》曰「〈四月〉首章『胡寧忍予』箋云『寧猶曾
> 也。』」案寧猶乃也，語之轉，下『寧莫我有』同。〈雲漢〉首章『寧
> 莫我聽』，寧亦乃也。篇內『寧丁我躬』、『寧俾我遯』、『胡寧忍予』、
> 『胡寧瘨我以旱』並同。」（以上戴先生說）〔註27〕

又王引之《經傳釋詞》亦釋「寧」字云：

> 寧猶乃也。《毛鄭詩考正》曰……家大人曰：「乃、寧、曾，其義一
> 也。〈日月〉之『寧不我顧』，〈小弁〉之『寧莫之知』，〈四月〉之『胡
> 寧忍予』，《箋》並曰『寧猶曾也。』又〈正月〉之『寧莫之懲』，〈四
> 月〉之『寧莫我有』，〈雲漢〉之『寧莫我聽』、『寧丁我躬』、『寧俾
> 我遯』，《箋》內皆以曾代寧。曾亦乃也。」〔註28〕

因此，王引之引用戴震「寧猶乃也，語之轉」的考證成果，王念孫「乃、寧、曾，其義一也」的考證亦由戴震之說推衍而出，王引之更進一步論證鄭《箋》「寧猶曾也」之說，並舉《論語》、《孟子》證明「曾」猶「乃」也，再舉出《禮記》、《左傳》、《史記》之例，證明古人謂「乃」爲「寧」也，將戴震考《詩》「寧」字之成果，推衍廣及其他古籍，更清楚地闡釋「寧」字作爲

〔註27〕參見王引之《經義述聞》卷六，頁14～15。
〔註28〕參見《經傳釋詞》卷六，頁5。

虛詞之定義也。

又戴震釋〈大雅‧文王〉「不顯」、「不時」之義，認為「《詩》之意，以周德昭於天，故曰丕顯；以天命適應乎民心，故曰丕時。」〔註29〕戴震以為《詩》中之「不」當為「丕」也，又云「然《經》、傳中言『丕顯』多矣，占人金石銘刻，『丕顯』多作『不顯』，二字通用甚明。」〔註30〕然而毛傳以為「不」乃無義之發聲詞，鄭箋則視為反言，戴震皆不以為然，批評二者乃緣詞生訓，所得者非其本義。戴震又釋〈小雅‧桑扈〉「不戢不難，受福不那」之義，舉出《書‧立政》「丕丕基」，《漢石經》作「不不其」，可證古代「丕」、「不」多可通用。因此，戴震結合《詩》、《書》等古籍以及金石銘刻資料，論證《詩》、《書》「丕」、「不」多通用之例，並得到學界之公認，如王引之《經義述聞》云：

> 不顯、不承，《毛鄭詩考正》曰「古字丕通作不。」……引之謹案：
> 「不顯」、「不承」，即「丕顯」、「丕承」，允哉斯言，長於傳箋矣！……
> 丕顯、丕承連文，俱是盛大之詞。〔註31〕

另外，〈周南‧卷耳〉「陟彼崔嵬」，毛傳：「崔嵬，土山之戴石者」；又下文「陟彼砠矣」，毛傳：「石山戴土曰砠」。戴震則據《爾雅》「石戴土謂之崔嵬」、「土戴石為砠」訂正毛傳之誤，認為其「轉寫互訛」。又〈魏風‧陟岵〉「陟彼岵兮」，毛傳：「山無草木曰岵」，戴震亦據《爾雅‧釋山》「多草木，岵」，訂正毛傳之失也。戴震的校正，得到錢大昕的認同，肯定當以《爾雅》糾正毛傳之訛誤。再如〈邶風‧匏有苦葉〉「深則厲」之意，毛傳說「以衣涉水為厲」，戴震則據《說文》引《詩》云「深則砅」，認為「厲」通「砅」也，又據《說文》：「砅，履石渡水也」，認為「深則厲」乃履石渡水之意。戴震的說法，古文字學者于省吾以甲骨文「砅」字為證，肯定其說〔註32〕。又今文詩之《韓詩》、《齊詩》亦作「深則砅」，亦可證戴震之說確有依據。

《尚書》方面，首先戴震創制〈義例〉十四條，對於《尚書》今古文的傳授存佚、篇章分合，以至於各類舊注的去取原則，都有清楚精要的陳述，甚有利於初學者入門參考。其中如論伏生所傳今文《尚書》，並無〈太誓〉一篇，今

〔註29〕 參見《毛鄭詩考正》卷三。
〔註30〕 同上注。
〔註31〕 參見《經義述聞》卷七，頁18～19。
〔註32〕 相關考證詳本書第五章第四節。

所見者乃後人偽託，故可刪去，實存二十八篇；又如主張《書序》非伏生所傳，以及梅賾所獻古文《尚書》中的二十五篇僞古文以及偽孔《傳》雖後人偽託，然多襲用古注，可次於賈馬鄭王等漢魏舊注之後，一並參考，並提高偽孔《傳》之價值；又如主張《爾雅》保存古訓，漢儒釋經亦多宗之，宜列於漢人傳注之前，故今注解《尚書》可取《爾雅》古注加以補證。另外，引用注解亦不刻意排斥宋人說法，並能參酌宋人意見，漢宋兼採而實事求是也。

　　至於對於《尚書》經文之考釋，多見於《尚書義考》一書，其中時有創見，如「光被四表」之訓，戴震頗爲自得，蓋〈堯典〉「光被四表」，鄭玄解「光」爲光耀，後人多從之，宋人蔡沈《書集傳》亦云「光，顯也」，則多以「光」爲光耀、顯耀之意，清人王鳴盛《尚書後案》亦宗信鄭玄之說。戴震則不然，特舉出偽孔《傳》「光，充也」之說法，而《禮記·樂記》鄭注云「橫，充也」，因此「光被」可通「橫被」，且漢人經史之書多有「橫被」之語，如《漢書·王莽傳》「昔唐堯橫被四表」，班固〈西都賦〉「橫被六合」，皆可爲證〔註 33〕。戴震此說，不墨守漢人注訓，並歸納偽孔《傳》、《爾雅》以及漢人經史之書，有效地打破漢人舊說，而能提出個人的新見。故王引之盛讚戴震「獨取『光，充也』之訓，其識卓矣」〔註 34〕，對於戴震的考證推崇備至。胡適論清代學者的治學方法，亦舉戴震「光被四表」之訓爲例，說明「大膽的假設」之後，仍須要「小心的求證」，才能得到眞理〔註 35〕，故極爲推崇戴震的治學方法。

　　又如「柔遠能邇」之考訓，〈堯典〉「柔遠能邇」，王肅云「能安遠者，先能安近」，偽孔《傳》云：「柔，安。邇，近。言當安遠乃能安近。」則舊注以爲「柔」、「能」皆有「安」之意。戴震則不然，其以聲義考之，云「能、而、如、若，一聲之轉」，後漢《督郵班碑》作「柔遠而邇」，可證能、而、若相通。又《爾雅》「若，善也，順也。」則「能」有「善」之意。故戴震認爲「柔有使之馴伏意，能有與之調善意，柔遠、能邇之爲對文」〔註 36〕。戴震此項創見，本著「因聲求義」的方法，並能舉出漢碑實物爲證，確是信而有徵。故王引之贊同戴震之說，並舉出《漢書·百官公卿表》「柔遠能邇」顏

〔註 33〕參見《尚書義考》卷一。
〔註 34〕參見王引之《經義述聞》卷三。
〔註 35〕參見〈清代學者的治學方法〉，收入胡適《中國哲學史大綱》附錄。
〔註 36〕參見《尚書義考》卷二。

師古注「能，善也」爲證〔註37〕，近一步發展了戴震的創見。

　　禮經方面，戴震主要用力於《考工記圖》一書，其書以補正古代舊禮圖、考究古代經注爲出發，將《考工記》中禮樂諸器、車輿、宮室、兵器、食器等古器物制度，詳考其記文及各家注疏，對部分訛誤之處予以糾謬補充；又繪製五十九幅古代器物簡圖，圖中注明尺寸、部件，使從事此學者能有所依據，開乾嘉時代研究禮圖、古代器物之先。

　　在考究古代器物上，戴震尤詳車制，《考工記圖》中將車子分爲若干部件，如輪、轂、輻、輿、輈、衡等，皆一一考究其相關部位、器具，並詳爲製圖表示，力求恢復古制，其中考釋如輈、轅之分，頗爲精善〔註38〕，破除前人輈轅乃同物異名說法之誤也。另外，戴震補正鄭玄禮注之失，並繪製禮圖，有功於禮學，清代學者對於古代禮圖之研究，亦多受戴震之影響，如陳澧即認爲戴震《考工記圖》有「草創之功」〔註39〕，並啓迪了阮元、程瑤田諸人的禮圖研究。另外，戴震對「明堂」、「深衣」等古代名物的考證，亦頗有新見。

　　其次，戴震又詳考古禮之曆法，考究《周禮・春官・太史》「正歲年以序事」，乃因當時兼用夏、周二曆，必須由太史辨正二者之不同，故《周禮》所謂歲終、正歲、春夏秋冬，皆用夏時；至於周之頒朔，必以周正，故《周禮》「正月之吉」，乃指周曆正月。因此，戴震考辨《周禮》歲、年之別，釐清了歷代經注混淆夏、周二曆之誤，既符合政治體制，又能切合人民日用。另外，戴震對於古代經書所言之「禮」，不僅在探討其文字訓詁，更要探求古聖賢制禮之義，也就是古禮背後的文化意義。例如〈詩摽有梅解〉一文，乃戴震考究《詩》中存有古人禮意，並舉《周禮・媒氏》男女嫁娶之時爲證，認爲古人制禮之法，在於「順民之性，遂民之欲」，以求切合人倫日用。又如〈答朱方伯書〉一文，戴震辨明古今「喪服」之制，認爲用禮應「斟酌古今，名實兩得」，而非「執禮太過」。戴震又有《中庸補注》一書，其中闡明「中庸」之道，乃須合於人倫日用之常，道在人事可見處，而非如宋儒所言懸虛之天理。因此，綜觀戴震的古禮思想，並不拘執於成文的禮教規範，而是認爲禮制乃爲服務人群，而非束縛人群，故主張一種切合人倫日用的禮教思想，也反映出戴震論「禮」有其個人獨到之見解。

〔註37〕參見王引之《經義述聞》卷三。
〔註38〕相關考釋，參見本書第七章第一節。
〔註39〕參見陳澧《東塾讀書記》卷七。

最後，關於《易》、《春秋》方面，戴震認爲《易傳》中實有後人之說，如〈說卦〉、〈序卦〉、〈雜卦〉三篇，不類孔子之言，或後世經師所記；又如〈雜卦〉末八卦，今本錯亂失正，前人有以「互體」釋之，戴震則認爲其言雖巧妙，但疑孔子之言不如是之巧也，亦可說明〈雜卦〉出於後人所爲。關於《易圖》之問題，戴震早年雖有維護朱子之意，中年以後則指出宋儒假託《易圖》之「理」，非孔子之本義，亦非伏羲畫卦之本義也。其後戴震更由考釋《易傳》出發，論《易》之道、性，闡明性、道均出於自然之氣，人之性、欲皆出於天，無有不善，逐漸與宋儒「理氣二元」、「欲在理外」之說區隔，進而發展出戴震自己的哲學體系。

至於《春秋》之學，戴震主張考究《春秋》一書之「義例」，以爲了解全經之助，故作〈《春秋改元即位考》三篇，分析《春秋》中有關「改元即位」之事，歸納出「繼正即君位」、「繼正之變」、「繼故即君位」、「繼故之變」等條例，對於了解《春秋》文義，頗有助益。

三、追溯古代典章制度

戴震嘗云「賢人聖人之理義非他，存乎典章制度者是也」、「理義不存乎典章制度，勢必流入異學曲說而不自知」〔註40〕，因此，考求古代典章制度，乃成爲戴震經學極爲重要的課題。

戴震在典章制度上的探究，大略包括天文曆法、宮室、車輿、衣服、官制、宗族禮法等，均散見於考述六經古籍之中。天文曆法上，如〈堯典〉「中星」、「璿璣玉衡」之考，對於釐清古代天文星象頗有助益，同時兼釋《周髀算經》之「北極璿璣」乃古代表現黃道與赤道關係的觀天之器。宮室制度方面，如〈明堂考〉、〈三門三朝考〉均其代表作，戴震詳考古代帝王所居之「明堂」，乃採正中一太室，而周圍有四堂的制度，此說雖不合近年出土西周宮室遺址之實況，不過其言明堂採前堂後室，有夾，有个的制度，則符合西周遺址實況。戴震又詳考古代禮書，鄭眾、鄭玄等漢代經師皆以爲古代天子有五門，由外而內，依次是皋門、庫門、雉門、應門、路門。戴震則根據《禮記·明堂位》：「庫門，天子皋門；雉門，天子應門」，推論天子與諸侯一樣，皆是三朝三門，其云：

〔註40〕參見〈題惠定宇先生授經圖〉，《戴震文集》卷十一。

天子諸侯皆三朝，則天子諸侯皆三門歟？《禮說》曰：「天子五門：
皋、庫、雉、應、路。」失其傳也。天子之宮，有皋門，有應門，
有路門。路門一曰虎門，一曰畢門，不聞天子庫門、雉門也。（〈郊
特牲〉云：「獻命庫門之內。」此亦據魯之事記者，以魯用天子禮樂，
故推魯事合於天子，所稱多傅會失實。）諸侯之宮，有庫門，有雉
門，有路門，不聞諸侯皋門、應門也。皋門，天子之外門；庫門，
諸侯之外門。應門，天子之中門；雉門，諸侯之中門。異其名，殊
其制，辨等威也。天子三朝，諸侯三朝；天子三門，諸侯三門。其
事同，君國之事侔體合也。〔註41〕

　　戴震「三門」的說法，較漢代經師「五門」合理，故後世禮學家亦多持
「三門」之說，如黃以周《禮書通故·宮室二》云：「天子宮垣之門有三：路
門爲宮門之終，亦曰畢門；應門爲宮門之中，亦曰中門；庫門爲宮門之外，
亦曰大門。……諸侯三門當以雉、庫、路爲次。」再者，西周早期銅器《小
盂鼎》銘文有云「入三門，即立中廷，北向」，其中出現「三門」之語；另外，
張光裕亦認爲西周天子至少有「三門」，並舉《書·顧命》明言南門、畢門、
應門等三門爲證〔註42〕。因此，可見西周宮室確曾有「三門」之制。

　　又如《詩·邶風·靜女》有「城隅」之制，前人解詩多不明其義，戴震
則據《考工記》言古代「城隅」之制，考「城隅」在城之上，高於城，言「城
隅」表示至城下將入門之所，古者諸侯娶必有媵，自郊外至城隅，待禮迎之，
然後入，故「靜女其姝，俟我於城隅」乃古代諸侯媵俟迎之禮。

　　古代官制方面，如《詩·周南·騶虞》之「騶虞」一詞，毛《傳》認爲
是古代義獸，朱熹《詩集傳》亦從之。戴震則不然，認爲義獸之說無據，反
而今文家《韓詩》說「騶虞」乃天子之掌鳥獸官較爲合理。戴震更進一步考
釋《周禮》有「山虞」、「澤虞」之官制，掌山林田獵之職；又有「七騶」、「六
騶」等掌馬之官。因此，戴震認爲「騶」爲趣馬，「虞」爲虞人，二者田獵必
共有事，《詩》乃兼言兩官也。戴震之說，驗諸《周禮》以及西周金文，確有
依據，可知「騶虞」乃古代隨王者田獵之官職。

　　宗族禮法方面，如戴震詳辨古代姓、氏之別，認爲古代姓氏制度，姓以

〔註41〕　參見〈三朝三門考〉，《戴震文集》卷二。
〔註42〕　參見張光裕〈金文中冊命之典〉，《雪齋學術論文集》（臺北：藝文印書館，1989
　　　　　年9月），頁19。

－358－

血緣受錫，諸侯則以先公之諡別族，族又與氏同。故考戴氏源於殷商子姓，春秋時宋國有戴族，則以先公之諡爲族名，戴氏乃由戴族而有氏之名，後世又姓氏混同，戴氏乃又轉爲戴姓也〔註43〕。戴震之說，切合古代姓氏與諡法之制，蓋《左傳》云「諸侯以字爲諡，因以爲族」、「公命以字爲展氏」，則可見古代諸侯以生時之字命死後之諡，又以諡號命名其氏族，因此古代氏族之名，乃得自先公（父）之字（諡）。故杜預《春秋左傳注》云「公孫之子以王父（祖父）字爲氏」，即孫以祖父之字爲氏的說法，顯然不合《左傳》本意，並非古代姓氏制度之實情。

又如關於古代「九族」之制，戴震則於考釋《書・堯典》「以親九族，九族既睦」云：

> 古人宗族稱謂，同祖而下，曰世父、叔父、從父昆弟；同曾祖而下，曰從祖祖父、從祖父、從祖昆弟；同高祖而下，曰族曾祖父、族祖父、族父、族昆弟。服制則同祖而下大功，同曾祖而下小功，同高祖而下緦。世父母、叔父母之期也，加隆也。《爾雅》「族昆弟之子相謂爲親同姓」，注云「同姓之親，無服屬。」明服之制，止於同高祖而下也。〈昏禮〉請期辭曰「惟是三族之不虞」，鄭以緦麻之服，不禁嫁女取妻，明異姓不在族中。據〈雜記〉云「大功之末，可以冠子，可以嫁子。父小功之末，可以冠子，可以嫁子，可以取婦。己雖小功，既卒哭，可以冠、取妻。」父小功，已爲之緦者也。〈昏禮〉以己上對父、下對子言之。己小功之末，乃可取婦，於子實緦麻之服。自子而數至族曾祖父，不得爲三族矣。族曾祖父同高祖者也，夏侯、歐陽說謂「五屬之內爲一族」，指此。鄭氏謂「女子雖適人，不與父兄爲異族」，考之服屬，姑姊妹之外，有父之姑、從父姊妹及從祖姑姊妹適人者，若姑姊妹女子別於五屬，則無以該之。《儀禮》緦麻三月者，列外孫、甥、姑之子，因姑姊妹女子子而及之，爲九族之三。又列舅與舅之子，此二者統於母之父姓。杜元凱獨舉外祖父，則遺此矣。又別從母及其子爲二，而遺五屬之內，尤失之。顧氏援《爾雅》於內宗曰族，於母妻則曰黨，證異姓不得言族。夫異姓之不得引爲己族，故就己而言，則於母妻稱黨。各就其族而言，固各爲一族，合之有九也。況〈堯典〉之九族，該舉甚廣，九族不必盡有服屬。詳言之曰九族，概言之三族。

《周禮》:「小宗伯掌三族之別,以辨親疏。」〈仲尼燕居篇〉曰:「以之閨門之內有禮,故三族和也。」三族承閨門言,不遺母黨、妻黨可知。「三族不虞」文辭,不過泛言,在喜樂時,本無庸拘泥。至〈喪服小記〉「親親以三爲五,以五爲九」,專以明「上殺下殺旁殺」之等,論服制,非論族屬。〔註44〕

戴震於此辨明〈堯典〉之「九族」乃就廣義之家族親屬而言,是兼顧血緣以及婚姻關係,故不能將母、妻排除於「九族」之外,亦不能據《禮記・喪服小記》之「喪服」論斷〈堯典〉之「九族」,二者定義不盡相同。

又如考究古代「百姓」之意,〈堯典〉「平章百姓,百姓昭明」,戴震考云:

《詩・小雅》「群黎百姓,遍爲爾德」,毛《傳》曰:「百官族姓也。」《周語》「百姓兆民」,韋昭注曰:「百姓,百官也。官有世功受氏姓也。」《楚語》子期對昭王曰:「民之徹官百,王公之子弟之質能言能聽徹其官者,而物賜之姓以監其官,是爲百姓。」注云:「徹,達也。自以名達於上者,有百官也。質,有賢行。物,事也。以功事賜之姓,官有世功,則有官族,若太史、司馬之屬。」據此,則百姓之稱,周時猶不指民,而謂唐虞時即以指民,非也。〔註45〕

戴震據《詩》毛傳以及《國語》韋昭注來闡釋古代「百姓」之意,蓋西周以及春秋時期,百姓不指平民,而是統治階層,即百官族姓之意。「百姓」指平民,則爲後起之說法,大略爲戰國以後之觀念。故古文字學者裘錫圭亦云:

「百姓」在西周、春秋金文裡都作「百生」,本是對族人的一種稱呼,跟姓氏並無關係。在宗法制度下,整個統治階級基本上就由大小統治者們的宗族構成,所以「百姓」同時又成爲統治階級的通稱。……根據一些可靠的史料來看,商代的統治階級也是稱爲百姓的。〔註46〕

因此,古代「百姓」之意原本指百官族姓等統治階層,乃古代宗法制度下的產物,與下層平民之「眾庶」不同,戰國以後,隨著王室衰微、宗法制度瓦解,「百姓」之意乃逐漸與平民混同。

以上所論,皆顯示戴震頗爲用心探究古代典章制度,藉著探究這些文化

〔註44〕 參見《尚書義考》卷一,收入《戴震全書》第一冊,頁26～28。

〔註45〕 同上注,頁29。

〔註46〕 參見裘錫圭〈關於商代的宗族組織與貴族和平民兩個階級的初步研究〉,《古代文史研究新探》(南京:江蘇古籍出版社,2000年1月),頁312～315。

遺跡，希望恢復三代典章制度之原貌，並期能由此深入探尋典章制度背後的聖人意識。

四、以自然科學考經

　　中國古代在自然科技上曾有重大之成就，如指南針、造紙術、火藥和活字印刷，所謂的四大發明，領先全世界。《周禮‧地官‧保氏》教國子以「六藝」，六藝指禮、樂、射、御、書、數，其中「九數」之學，即涉及數理等自然科學知識。又《周禮‧鄉大夫》亦有「考其德行道藝而勸之」之言，則除了「道」之外，也重視「藝」。因此，中國古代在自然科學上，曾投入不少心力，也取得一定之成績。然而，受到儒學傳統重視文獻典籍研究之影響，以及宋明理學家專務心性之學，自然科學被多數儒者視為方技之小道，而非學術關注之重點，因此，讀書人多著重於經史考據，或講究性命之學，而忽視自然科學之重要性。

　　明末以來，隨著西洋傳教士將西方天文曆算、物理測量、醫學等自然科技知識傳入中國，促成中西文化之交流，也刺激帶動中國知識份子之科學研究的風氣，於是所謂「實學」之自然科學逐漸受到重視，數理上如徐光啓與利瑪竇之《幾何原本》、李之藻與利瑪竇之《同文算指》，天文曆法上如徐光啓與湯若望之《崇禎曆書》，力學與機械工程上如鄧玉涵與王徵之《遠西奇器圖說》，農業上如徐光啓之《農政全書》，醫學上如李時珍之《本草綱目》，生產技術上如宋應星《天工開物》，中西綜合性科學論述上如方以智《物理小識》等，皆代表對中國傳統科學技術之總結以及吸取西洋科技之成果。

　　明末清初這種重視科學新知之風氣，除了是對專重道學、輕視科學技藝的理學之反動以外，也跟知識份子有感於國家社會衰退而思提倡「經世致用」之學有關，故清初如顧炎武提倡「徵實之學」，朝廷亦有《數理精蘊》、《曆象考成》、《時憲曆》等科學著作之編集，一時自然科學研究的風氣逐漸興起，知識份子多有投入其中者，如王錫闡、梅文鼎之輩。

　　這種重視自然科學之「實學」的觀念，如方以智云：「盈天地之間皆物也，人受其中以生，生寓于身，身寓于世，所見所用，無非事也，事一物也。」〔註47〕又云：「考測天地之學，象數、律曆、聲音、醫藥之說，皆質之通者，

───────────────

〔註47〕參見《物理小識》之〈自序〉。

皆物理也。」〔註48〕其子方中通亦云:「實學者何?內而性命,外而經濟,有典禮制度之學,有象數律曆之學,有音韻六書之學,有醫藥物理之學,凡有資于身心家國者,舉而謂之實學。」〔註49〕因此,所謂「實學」大不同於傳統的經史百家記誦之學,而是綜合了天文、數理、醫藥、觀測、工程等有助於現實人生的自然科學。

雖然,明末清初以來,「實學」逐漸受到重視,但學術的主流仍掌握在理學家或經史文士的手中,乾嘉時代雖盛行具科學精神的考據學,但考察的對象多限於經典訓詁與文字音韻,其中只有少數學者如江永、戴震、錢大昕、焦循、阮元等對天文曆算有深入研究,大部分學者幾乎不觸及自然科學的領域。

戴震以乾嘉漢學宗師的地位,大力倡導天文曆算之實學,天文學上,有《原象》、《迎日推策記》、《續天文略》等著作,對於日月運行軌道、日食月食之理、歲差、土圭測影之法、日月星辰曆數之五紀,皆條分縷析,發揚傳統天文學之成就;算數之學上,則有《策算》、《句股割圜記》之作,推演中國傳統算學之法,並吸收西洋算學之觀念,最後得出「西法源於中法」之結論,將傳統算學的價值推崇備至。同時,戴震又於四庫館閣校書時期,花費大量心力校定《周髀算經》、《九章算術》等古代算術典籍,校成《算經》十種,對於恢復傳統的算數科學知識,貢獻甚大,也有力地提升算學在傳統學術中之地位。故阮元云「自有戴氏,天下學者,乃不敢輕言算數」,可見戴震重視算數等自然科學,不同於乾嘉學者專重經典訓詁、文字聲韻之學。

戴震重視天文、算數之學,亦著眼於其在經學中的價值,可作為考察古書內容的基礎工具,故云「儒者仰不知天道,不可以通經」,又云「至若經之難明,尚有若干事:誦〈堯典〉數行,至『乃命羲和』,不知恆星七政所以運行,則掩卷不能卒業。……不知少廣旁要,則《考工》之器不能因文而推其制。」正因為戴震認為治經須要面對經書中有關天文、算數的問題,故儒者不宜忽置不講,必須重視自然科學之知識。同時,也因為戴震在自然科學上的研究超出乾嘉同時期的學者,故也使其經學研究,能夠更具備客觀、實證的科學方法與精神;又其在天文學上的研究,對於「天」之自然物質之義有深刻體會,故不認同理學家以「天」為「理」或「心」之抽象義,進而促使其思想朝向自然氣化的宇宙觀發展。

〔註48〕參見方以智《通雅》卷首之三,頁十二上。
〔註49〕參見方中通《古今釋疑‧序》。

五、建立獨特的義理哲學

　　清初學者強調「經世致用」，乾嘉以後又轉以「經典考據」為要，對於談論心性義理的宋學多所批判，在強調徵實的漢學風氣籠罩之下，影響所及，只要講論心性義理之學，多被學者當作空談，視為無益。因此，學界對於乾嘉學術的印象，多認為當時學者以經典考證之考據學為主，而極少涉及義理哲學。然而，戴震雖是漢學考據大師，卻不忽視義理哲學，反而認為「明道」是「通經」的最後目標，認為考究六經之遺文在求取聖人之理義。因此，戴震除了經典考據上為人稱道之外，其在義理哲學上的努力與成績，更是超越當時其他學者。

　　戴震雖為漢學家中兼談義理哲學者，但其義理哲學為其獨創，與宋儒理學大不相同，且亦不同於孔孟之義理，純粹是綜合六經孔孟之書，以及批判宋儒程朱之學後，戴震自己的研究心得，是其從事經典考據之後的研究成果。因此，義理哲學可說是戴震經學之一大創見，也是超出考據學範圍之外的研究成果。雖然在考據學風盛行的乾嘉時代，戴震義理之學不受重視，然仍有少數學者注意到其價值，如章學誠云「及戴著〈論性〉、〈原善〉諸篇，於天人理氣，實有發前人所未發者」〔註50〕，焦循亦云「東原生平所著書，惟《孟子字義疏證》三卷、《原善》三卷，最為精善。……其所謂義理之學，可以養心者，即東原自得之義理，非講學家《西銘》太極之義理。」〔註51〕

　　民國以後，戴震的義理學更受到前所未有之重視，如章太炎云「叔世有大儒二人，一曰顏元，再曰戴震。……戴君道性善，為孟軻之徒，持術雖異，悉推本於晚周大師，近校宋儒為得真。」〔註52〕梁啟超亦推崇戴震「其哲學發二千年所未發」，讚賞其「情感哲學」，並評其《孟子字義疏證》一書云：

　　　　綜其內容，不外欲以「情感哲學」代「理性哲學」。就此點論之，乃
　　　　與歐洲文藝復興時代之思潮本質絕相類。……戴震確有見於此，其
　　　　志願確欲為中國文化轉一新方向。其哲學之立腳點，真可稱二千年
　　　　一大翻案；其論尊卑順逆一段，實以平等精神，作倫理學上一大革
　　　　命。其斥宋儒之糅合儒佛，雖意極嚴正，隨處發揮科學家求真求是

〔註50〕參見章學誠〈書朱陸篇後〉，《文史通義》內篇二。
〔註51〕參見焦循〈申戴〉，《雕菰集》卷七。
〔註52〕參見章太炎〈說林〉，收入《中國現代學術經典・章太炎卷》。

之精神，實三百年間最有價值之奇書也。〔註53〕

胡適亦云「戴震的哲學，從歷史上看來，可說是宋明理學的根本革命，也就是新理學的建設——哲學的中興。」〔註54〕張壽安則概括戴震之義理學「最具建樹性的指向」有三：「一、重視人情人欲之滿足，理不可逆忤情欲；二、建立客觀性的理，理在具體事物中。天理並非『如有物焉得於天而具於心』，而是必須運用人的心『智』去審察剖析才能得知，因此不斷地學習知識以增進人的識斷能力，就成了戴震義理學的第三要點：重學主智。」〔註55〕

戴震所以能受到這麼多的推崇，乃與其建立一己獨特之哲學體系有關。例如提出「理生於氣」、「理氣一元」的主張，反對程朱等宋儒將理氣二分。蓋宋儒以「太極」為形上之天理，陰陽為形下之氣，推而論之，則天理為超越經驗世界之上，乃一純然之善，「氣」則有不善，為惡之來源。循著理善氣惡的思考發展，則又將性分作「天地之性」與「氣質之性」，天地之性又曰義理之性，乃代表純善之天理，氣質之性則混入物欲，故有不善，如此又將「性」區別為二，而以氣質之性為對治的目標。戴震則批評宋儒這種「理氣二分」的說法，乃雜糅老莊釋氏之說，因老莊釋氏之神識、真空亦超越經驗世界之上，與程朱所言之天理相近，故戴震認為宋儒所謂天理乃雜糅老釋而非孔孟之道，欲從根本上否定理學之中心，而回復先秦儒學之真面貌。

其次，戴震在人性論上主張孟子之性善說，然而其「性善」之內容實與孟子頗有不同，乃是借孟子之言闡述自己的人性論。蓋孟子言性，乃是就其先驗、超越的道德性而言，而不落入生理需求、情欲感覺的經驗層面，故孟子以耳目鼻口之欲為「命」，而不謂「性」，此可與告子「生之曰性」之說區別。戴震則改造孟子之說，主張血氣心知之自然人性，此乃由其氣化的宇宙論發展而來，以為「理」、「性」皆出於「氣」，皆是自然之氣所化生，故人性、物性皆出於「氣」，故不僅耳目鼻口之欲是性，仁義禮智等道德也是性。戴震此說頗有採告子、荀子人性論之處，但仍有不同，即荀子雖主張耳目鼻口之欲為人性，卻將仁義禮智之性歸於聖人，而非在一般人性之中。另外，戴震對於「心」之定義亦與孟子不同，孟子以「心」為道德心，是仁義禮智之根

〔註53〕 參見梁啓超《清代學術概論》十一。
〔註54〕 參見胡適《戴東原的哲學》，頁83。
〔註55〕 參見張壽安《以禮代理——凌廷堪與清中葉儒學思想的轉變》（臺北：中研院近史所，1994年5月），頁28。

源，故言「心善即性善」；戴震則不然，其「心」之定義與荀子相近，乃是一個能察覺善惡、通明事理的能力，是一種認知心，而不是道德價值之根源。因此，戴震的性善，乃是用心知覺察通明人性之中的理義，「有於內而資於外」，透過外在的學習擴大內在的自然善性，故言「德性資於學問」，此與宋明理學重視內在道德性之涵養有所不同。綜而言之，戴震之「性善」說，雖標榜孟子，實雜糅了告子、荀子之說，而又能自出己見，創造出一種獨特的人性論體系。

　　最後，戴震更將其義理哲學伸展至倫理學之社會層面，而提出「理存乎欲」、「體民之情，遂民之欲」的主張，而反對宋儒「存天理，滅人欲」之說，以及強力抨擊「以理殺人」的傳統禮教流弊。蓋宋儒由於將理氣二分，高懸一超越的天理善性，而將惡歸於自然之形氣，推而論之，則人之耳目鼻口等自然情欲需求，乃是惡之產生來源，故要極力對治此種不善之人欲。由於使用詞語不夠準確，以及強調士人成德之重要，故本為知識份子修身飭行之言，反被誤用於牢籠世道人心之上，於是社會輿論不敢輕言情欲而壓抑生理需求，並變成排除人之情欲的虛偽禮法。另外，由於理學強調尊卑長幼上下之節，「理」轉為尊者、長者、貴者所控制，上位者乃以一己之意見當理，而不同乎人群之情欲需求，則其理脫離人情之常，進而產生尊者貴者「以理殺人」的禍害。雖然，「存天理，滅人欲」之說過度簡化宋儒修身之學，有斷章取義之嫌，而「以理殺人」的禍害乃後世掌握權勢者假託理學所為，未可歸咎程朱等宋儒。但是戴震藉由批判程朱之學，重新詮釋原始孔孟儒學乃是「體民之情，遂民之欲」之學，聖人之「理」非一己之意見，乃是歸納人心所同然的普遍公理，則有破除壓抑人民自然情欲的虛偽禮教，進而發展出一種通情達欲的倫理觀，並建立一個滿足人民合理情欲需求，切合人倫日用的正常社會。故胡適肯定戴震之學，乃是接近西方邊沁、彌爾一派「謀最大多數人的最大幸福」的「樂利主義」，對於戴震能突破傳統禮教觀念，推崇備至。

第二節　戴震經學對乾嘉學術之影響

　　戴震對於乾嘉學術之影響甚大，主要在於訓詁考據以及義理哲學兩方面，以下分別論述之。

一、訓詁考據之影響

戴震爲考據學皖派之宗師，在訓詁考據的研究上與吳派惠棟並列，章太炎云：「吳始惠棟，其學好博而尊聞。皖南始江永、戴震，綜形名，任裁斷。此其所異也。」〔註56〕所謂「綜形名，任裁斷」，鄭吉雄先生認爲「綜形名」即綜理名實，探究文字語言與事物實體之間的關係；「任裁斷」即在綜理名實的基礎上斷定其是非眞理所在〔註57〕。故戴震的考據學就是要藉由鑽研文字聲韻訓詁之學，並以此作爲考究經典的工具、手段，來還原古代經典之眞面目，進而通曉經典之義理。因此，戴震以小學來通經明道的治學方法，爲其考據學超出眾人的主要原因，也深遠地影響戴氏門人及後學，故章太炎云：「弟子最知名者，金壇段玉裁，高郵王念孫。玉裁爲《六書音韻表》以解《說文》，《說文》明。念孫疏《廣雅》，以經傳諸子轉相證明，諸古書文義詰詘者皆理解；授子引之，爲《經傳釋詞》，明三古辭氣，漢儒所不能理繹。其小學訓詁，自漢以來，未嘗有也。」〔註58〕

段玉裁、王念孫、王引之乃繼承戴震由小學以通經的方法中最傑出者，其學更是青出於藍而勝於藍，這一派學界稱爲戴段二王之學，可謂考據學中成就最大，最具代表性的派別，亦是乾嘉學術之主流。就連反漢宗宋的方東樹也不得不承認此學之價值云：「高郵王氏《經義述聞》，實足令鄭、朱俯首，漢、唐以來未有其比。」〔註59〕梁啓超認爲戴段二王之學所以超出惠棟一派者，乃因「惠派之治經也，如不通歐語之人讀歐書，視譯人爲神聖，漢儒則其譯人也，故信憑之不敢有所出入。戴派不然，對於譯人不輕信焉，必求原文之正確然後即安。惠派所得，則斷章零句，援古正後而已。戴派每發明一義例，則通諸群書而皆得其讀。」〔註60〕歸結梁氏之言，則以「實事求是」當作此派之共同主張，而皆無盲目尊古、門戶之見的弊病。至於「實事求是」，則爲戴震治學之要，戴震爲學「不以人蔽己，不以己自蔽」，求「十分之見」，避免「鑿空」、「株守」之弊，皆是「實事求是」的表現，故錢大昕評曰「由

〔註56〕 參見章太炎《檢論·清儒》。
〔註57〕 參見鄭吉雄〈乾嘉治經方法中的思想史線索—以王念孫《讀書雜志》爲例〉，收入林慶彰、張壽安主編《乾嘉學者的義理學》（臺北：中研院文哲所，2003年2月），頁35。
〔註58〕 參見章太炎《檢論·清儒》。
〔註59〕 參見方東樹《漢學商兌》卷中之下。
〔註60〕 參見梁啓超《清代學術概論》十二。

聲音、文字以求訓詁，由訓詁以求義理，實事求是，不偏主一家。」〔註61〕

凌廷堪亦評戴震云：

> 故其為學，先求之於古六書九數，繼乃求之於典章制度。以古人之義釋古人之書，不以己見參之，不以後世之意度之。……昔河間獻王實事求是，夫實事在前，吾所謂是者，人不能強辭而非之，吾所謂非者，人不能強辭而是之也，如六書九數及典章制度之學是也。〔註62〕

王引之亦綜論其父念孫與其自己的治學主張云：

> 大人又曰：「說經者期於得經意而已，前人傳注不皆合於經則擇其合經者從之，其皆不合則以己意逆經意而參之他經，證以成訓，雖別為之說亦無不可，必欲專守一家，無少出入，則何邵公之墨守見伐於康成者矣。」故大人之治經也，諸說並列則求其是，字有假借則改其讀，蓋孰於漢學之門戶而不囿於漢學之藩籬者也。〔註63〕

所謂「孰（熟）於漢學門戶而不囿於漢學之藩籬」，即學無門戶之見，乃實事求是之治學表現。因此，「實事求是」的治學主張以及由小學以通經的解經方法，乃是戴段二王之學的共同主張，也是戴震給予段玉裁與王念孫、王引之父子最大的學術影響。

其次，如戴震對於《說文》等古代字書之重視，影響了段玉裁從事《說文》之研究，而有《說文解字注》之作，故陳奐云：「段先生曰：余之治《說文》也，以字考經，以經考字，大指本徽郡戴氏。」〔註64〕《說文解字注》中亦時有引用戴震之說者，例如《說文・車部》：「軓，車軾前也。」段注云：「戴先生云：車旁曰輢，式前曰軓，皆掩輿版也。軓以掩式前，故漢人亦呼曰掩軓。《詩》謂之陰，《考工記・輈人》『軓前十尺』，書或作䡅。」又《說文・車部》：「軾，車峕也。」段注云：

> 戴先生曰：「軾與較皆車闌上之木，周於輿外，非橫在輿中。較有兩，在兩旁。軾有三面，故《說文》概言之曰車前。軾卑於較者，以便車前射御執兵，亦因之伏以式敬。」玉裁謂輿四圍，旁謂之輢，前謂之軾，軾卑於較二尺二寸，說詳先生《考工記圖》。〔註65〕

〔註61〕參見錢大昕〈戴先生震傳〉。
〔註62〕參見凌廷堪〈戴東原先生事略狀〉，收入《校禮堂文集》卷三十五。
〔註63〕參見王引之《經義述聞・自序》。
〔註64〕參見陳奐〈王石臞先生遺文編次序〉。
〔註65〕參見《說文解字注》十四篇上，頁41。

以上則藉戴震《考工記圖》考釋古代車制，詳明「軹」、「軓」之字，可謂「以經考字，以字考經」。又《說文·王部》：「閏，餘分之月，五歲再閏也。」段注云：

> 戴先生《原象》曰：「日循黃道右旋，邪絡乎赤道而南北，凡三百六十五日。小餘不滿四分日之一，曰發斂一終，月道邪交乎黃道，凡二十七日。小餘過日之半，月逡其道一終，日月之會，凡二十九日。小餘過日之半以起朔，十二朔凡三百五十四日有奇分而近。歲終積其差數置閏月，然後時序之從乎日行發斂者以正。故〈堯典〉曰：『朞三百有六旬有六日，以閏月正四時成歲。』言六日者，舉成數。」
> 玉裁按：五歲再閏，而無餘日。〔註66〕

此則引用戴震《原象》之天文曆法考釋，詳明「閏」字之意，亦取資戴震考究古代典章制度之成果。又如《說文·玉部》：「理，治玉也。」段注云：

> 戴先生《孟子字義疏證》曰：「理者，察之而幾微必區以別之名也，是故謂之分理，在物之質曰肌理，曰腠理，曰文理。得其分則有條不紊，謂之條理。鄭注《樂記》曰：『理者，分也。』許叔重曰：『知分理之可相別異也。』古人之言天理，何謂也？曰理也者，情之不爽失也。未有情不得而理得者也。天理云者，言乎自然之分理也。自然之分理，以我之情絜人之情，而無不得其平是也。」

此則引用戴震《孟子字義疏證》「理」字之考釋，詳明分理、文理、條理，乃至情理等引申之義。以上可證《說文解字注》中，段玉裁屢引戴震之說以論述考辨，其受戴震影響之大，不言可喻。

再者，戴震「故訓音聲，相為表裡」的「以聲求義」的訓詁方式，亦深遠地影響段玉裁以及王念孫、王引之父子，如段玉裁云：

> 聖人之制字，有義而後有音，有音而後有形。學者之考字，因形以得其音，因音以得其義。治經莫重於得義，得義莫切於得音。〔註67〕

王念孫亦云：

> 竊以訓詁之旨本于聲音，故有聲同字異、聲近義同，雖或類聚群分，實亦同條共貫，譬如振裘必提其領，舉網必挈其綱，故曰本立而道生，知天下之至嘖而不可亂也。此之不寤，則有字別為音，音別為

〔註66〕 參見《說文解字注》一篇上，頁9。
〔註67〕 參見段玉裁《廣雅疏證·序》。

義，或望文虛造而違古義，或墨守成訓而匙會通，易簡之理既失，
而大道多歧矣。今則就古音以求古義，引申觸類，不限形體，苟可
以發明前訓，斯凌雜之譏亦所不辭。〔註68〕

段玉裁「治經莫重於得義，得義莫切於得音」，王念孫「就古音以求古義，
引申觸類，不限形體」的主張，無疑繼承了戴震「以聲求義」的方法，而且
更加以發揚光大。王念孫之《廣雅疏證》、《讀書雜志》以及王引之的《經義
述聞》、《經傳釋詞》等著作，皆充分發揮「以聲求義」的治學方法。王氏父
子考校古書時，常用雙聲通轉、疊韻通轉、一聲之轉、語之轉、轉語等音聲
通轉之理，如「猶豫」一詞，王引之考云：

家大人曰：「猶豫，雙聲字也。字或作猶與。分言之，則曰猶，曰豫。
《管子·君臣篇》曰：『民有疑惑貳豫之心。』《楚辭·九章》曰：『壹
心而不豫兮』，王逸注：『豫，猶豫也。』《老子》曰：『與兮若冬涉
川，猶兮若畏四鄰。』《淮南·兵略篇》曰：『擊其猶猶，陵其與與。』
合言之則曰猶豫，轉之則曰夷猶，曰容與。《楚辭·九歌》：『君不行
兮夷猶』，王注曰『夷猶，猶豫也。』《九章》曰：『然容與而狐疑』，
容與亦猶豫也。案《曲禮》曰：『卜筮者，先聖王之所以使民決嫌疑，
定猶與也。』《離騷》曰：『心猶豫而狐疑兮』，《史記·李斯傳》曰：
『狐疑，猶豫，後必有悔。』〈淮陰侯傳〉曰：『猛虎之猶豫，不若
蜂蠆之致螫；麒麟之躕躅，不如駑馬之安步；孟賁之狐疑，不如庸
夫之必至也。』嫌疑、狐疑、猶豫、躕躅，皆雙聲字。狐疑與嫌疑，
一聲之轉耳。後人誤讀狐疑二字，以為狐性多疑，故曰狐疑。又因
《離騷》猶豫、狐疑相對為文，而謂猶是犬名。……夫雙聲之字，
本因聲以見義，不求諸聲而求諸字，固宜其說之多鑿也。」〔註69〕

又考「無慮」一詞，王引之亦引其父之言云：「無慮、勿慮、摹略、莫絡、
孟浪，皆一聲之轉。大抵雙聲、疊韻之字，其義即存乎聲，求諸聲則得，求
諸其文則惑矣。」〔註70〕可見王念孫在雙聲、疊韻字之考釋，已能超出形體
的限制，而以聲求義也。

另外，戴震分析經書中「音聲假借」的現象，如「胡」、「寧」等字，取

〔註68〕參見王念孫《廣雅疏證·自序》。
〔註69〕參見王引之《經義述聞》卷三十一，頁5～6。
〔註70〕同上注，頁8～10。

得一定之成果，王引之《經義述聞》更是發揮聲音通假之理，闡釋古代經文中使用通假字頻繁的現象，如云：

> 至於經典古字，聲近而通，則有不限於無字之假借者，往往本字見存，而古本則不用本字，而用同聲之字，學者改本字讀之，則怡然理順，依借字解之，則以文害辭。是以漢世經師作注，有「讀為」之例，有「當作」之條，皆由聲同聲近者，以意逆之，而得其本字，所謂好學深思，心知其意也。然亦有改之不盡者，迄今考之文義，參之古音，猶得更而正之，以求一心之安，而補前人之闕。如借光為廣，而解者誤以為光明之光；借有為又，而解者誤以為有無之有；借簪為撍，而解者誤以為冠簪之簪。……若是者，由借字之古字，以考同音之本字，惟求合於經文，不敢株守舊說。〔註71〕

以上可證戴震在訓詁考據上，給予段玉裁以及王念孫、王引之父子甚大的啟發，並促使其訓詁方法更加精密，達到考據學成就之高峰。故莊雅洲評云：「在轉語的研究上，在經義的探討上，戴震都切實去推展其以聲求義的理念，他的理論與實踐對其弟子如段玉裁、王念孫以及乾嘉後學，乃至整個清代學術都產生深遠的影響。」〔註72〕陳祖武亦評云：「王念孫、王引之父子則專精校勘訓詁，較之戴震，實是青出於藍而勝於藍。」〔註73〕皆肯定王氏父子在訓詁考據上受到戴震甚多之影響。

二、義理哲學之影響

胡適認為東原義理思想，造成清代中葉學術史起了重大變化，就是經學家漸漸傾向哲學化了，其云：

> 戴學的影響卻漸漸發展，使清代中葉的學術史起一種重大的變化。什麼變化呢？這時期的經學家漸漸傾向於哲學化了，凌廷堪、焦循、阮元很可以代表這個傾向。他們的學說雖然都不算是戴學的真傳，然而他們都想在經學上建立他們的哲學思想，這一點不能不說是戴

〔註71〕 參見參見王引之《經義述聞》卷三十二。

〔註72〕 參見莊雅洲〈論高郵王氏父子經學著述中的因聲求義〉，收入蔣秋華主編《乾嘉學者的治經方法》（臺北：中研院中國文哲研究所，2000年10月），頁353～354。

〔註73〕 參見陳祖武〈關於乾嘉學派的幾點思考〉，《清代經學國際研討會論文集》（臺北：中研院文哲所，1994年），頁257。

學的影響。〔註74〕

胡適正確地指出戴震除了訓詁考據上的成就之外，另外也開創出重大之學術成果——他的義理哲學，並對凌廷堪、焦循、阮元等後學產生深遠影響。因此，戴震在義理哲學上的影響，可以舉凌廷堪、焦循、阮元等三人為觀察重心。

首先，關於凌廷堪，其義理哲學主要表現在禮學思想方面，主張「以禮代理」。凌廷堪（1755～1809），字次仲，安徽歙縣人，生於乾隆二十年乙亥，卒於嘉慶十四年己巳。凌氏雖與戴震本人無直接接觸，但嘗讀其書，心慕戴氏之學，自許為私淑弟子，嘗言「至於《原善》三篇、《孟子字義疏證》三卷，皆標舉古義，以刊正宋儒，所謂由故訓而明理義者，蓋先生至道之書也。」〔註75〕又云「理義固先生晚年極精之詣，非造其境者，亦無由知其是非也。」〔註76〕以上可證凌廷堪對戴震義理學有一定之了解，也受其學之影響。

凌廷堪深通古禮之學，詳於古代典章制度，嘗撰《禮經釋例》一書，凡八類：曰通例，曰飲食之例，曰賓客之例，曰射例，曰變例，曰祭例，曰器服之例，曰雜例，共十三卷。又著《校禮堂文集》三十六卷，收錄禮學相關論文，其中〈復禮〉三篇，代表凌氏之禮學思想，阮元稱許為「唐宋以來儒者所未有也」〔註77〕，江藩贊曰「由禮而推之於德性，闢蹈空之蔽，探天命之原，豈非一代之禮宗乎！」〔註78〕茲以〈復禮〉三篇，考究凌氏之禮學思想，並比較分析其與戴震學術之關係。例如凌廷堪云：

> 夫人之所受於天者，性也。性之所固有者，善也。所以復其善者，學也。所以貫其學者，禮也。是故聖人之道，一禮而已矣。孟子曰：「契為司徒，教以人倫，父子有親，君臣有義，夫婦有別，長幼有序，朋友有信。」此五者皆吾性之所固有者也。聖人知其然也，因父子之道而制為士冠之禮，因君臣之道而制為聘覲之禮，因夫婦之道而制為士昏之禮，因長幼之道而制為鄉飲酒之禮，因朋友之道而制為士相見之禮。自天子以至於庶人，少而習焉，長而安焉。禮之外，別無所謂學也。夫性具於生初，而情則緣性而有者也。性本至

〔註74〕參見胡適《戴東原的哲學》（臺北：臺灣商務印書館，1967 年），頁 172～173。
〔註75〕參見〈戴東原先生事略狀〉，《校禮堂文集》卷三十五。
〔註76〕同上注。
〔註77〕參見阮元〈次仲凌君傳〉，《揅經室二集》卷四。
〔註78〕參見江藩〈校禮堂文集序〉。

中，而情則不能無過不及之偏，非禮以節之，則何以復其性焉。父
子當親也，君臣當義也，夫婦當別也，長幼當序也，朋友當信也，
五者根於性者也，所謂人倫也。〔註79〕

又云：

蓋道無跡也，必緣禮而著見，而制禮者以之；德無象也，必藉禮為
依歸，而行禮者以之。故曰：「苟不至德，至道不凝焉。」是故禮也
者，不獨大經大法悉本夫天命民彝而出之，即一器數之微，一儀節
之細，莫不各有精義彌綸於其間，所謂「物有本末，事有終始」是
也。格物者，格此也。〈禮器〉一篇皆格物之學也。若泛指天下之物，
有終身不能盡識者矣。……蓋脩身為平天下之本，而禮又為脩身之
本也。後儒置子思之言不問，乃別求所謂仁義道德者，於禮則視為
末務，而臨時以一理衡量之，則所言所行不失其中者鮮矣。〈曲禮〉
曰：「道德仁義，非禮不成。」此之謂也。〔註80〕

又云：

《論語》記孔子之言備矣，但恆言禮，未嘗一言及理也。……彼釋
氏者流，言心言性，極於幽深微眇，適成其為賢知之過。聖人之道
不如是也。其所以節心者，禮焉爾，不遠尋夫天地之先也；其所以
節性者，亦禮焉爾，不侈談夫理氣之辨也。……後儒熟聞夫釋氏之
言心言性極其幽深微眇也，往往怖之，愧聖人之道以為弗如，於是
竊取其理事之說而小變之，以鑿聖人之遺言，曰「吾聖人固已有此
幽深微眇之一境也」。復從而闘之，曰「彼之以心為性，不如我之以
理為性也」。嗚呼！以是為尊聖人之道而不知適所以小聖人也，以是
為闘異端而不知陰入於異端也誠如是也。……後儒之學本出於釋
氏，故謂其言之彌近理而大亂真。不知聖學禮也，不云理也，其道
正相反，何近而亂真之有哉！〔註81〕

由上所論，可以推知凌氏之學：第一，極端重「禮」，更以「禮」當作聖
人之學的全體，故言「聖人之道，一禮而已矣」、「禮之外，別無所謂學也」。
凌氏之如此，乃繼承江永、戴震等徽學重禮學之傳統，戴震本人極為重視禮

〔註79〕 參見〈復禮上〉，《校禮堂文集》卷四。
〔註80〕 參見〈復禮中〉，《校禮堂文集》卷四。
〔註81〕 參見〈復禮下〉，《校禮堂文集》卷四。

學，嘗言「爲學須先讀《禮》，讀《禮》要知聖人禮意。」又云「聖人之理義非它，存乎典章制度者是也」、「理義不存乎典章制度，勢必流入異學曲說而不自知」，其《七經小記》又有〈學禮篇〉，皆顯示戴震重視保存古代聖人理義的文化遺跡——禮學，故治學進程中，考究古代典章制度乃成爲戴震學術之重要主張。錢穆亦指出凌氏重禮乃承自江、戴之學云：

> 夫徽歙之學，原於江氏，胎息本在器數、名物、律曆、步算，以之
> 治禮而獨精。然江氏之治禮，特以補紫陽之未備。一傳爲東原，乃
> 大詈朱子，而目其師爲婺源之老儒焉。再傳爲次仲，則分樹理、禮，
> 爲漢宋之門戶焉。至曰格物即格禮之器數儀節，是宋儒以格物爲窮
> 理者，次仲以格物爲考禮。〔註82〕

然而，戴震雖重視禮學，雖重視客觀之「器」，但最重視的仍是「禮」背後的聖人之意，所追求的是「道」。故戴震認爲「義理即考覈、文章之源」，「義理」才是第一義，訓詁名物、典章制度都是明道的手段，而非目的。而今凌廷堪過度強調「禮」之重要，進而欲以禮代理，則有將手段當目的的傾向，此與戴震之主張有所不同。蓋戴震雖反對宋儒之「理」，但並不反對言「理」，只是要循著訓詁考據的手段，客觀徵實地求得古聖人賢人之理義。

第二，凌氏之言「性」，頗受戴震之影響，認爲「夫人之所受於天者，性也。性之所固有者，善也。」人性受於天，則同於戴震「人之血氣心知本乎陰陽五行者，性也」的自然人性論。又凌氏認爲「父子有親，君臣有義，夫婦有別，長幼有序，朋友有信」，「此五者皆吾性之所固有者也」，則以人倫道德爲人性所本有，非荀子所言乃聖人所獨得者。戴震亦云「荀子知禮義爲聖人之教，而不知禮義亦出於性。……就孟子之書觀之，明理義之爲性，舉仁義禮智以言性者，以爲亦出於性之自然，人皆弗學而能，學以擴而充之耳。」〔註83〕可見二者主張之近同也。

第三，凌氏認爲宋儒之言理、言心、言性，乃援據釋氏之學而變之，非孔孟聖賢之道，故言「後儒熟聞夫釋氏之言心言性極其幽深微眇也」、「後儒之學本出於釋氏」，此論亦承戴震之言而來。戴震批評程朱之學「借階於老莊、釋氏」、「程朱以理如有物焉，實雜乎老莊、釋氏之言」，亦可見凌氏批判宋儒

〔註82〕參見錢穆《中國近三百年學術史》（臺北：臺灣商務印書館，1995 年 9 月）下
　　　　冊，頁 547。
〔註83〕參見《孟子字義疏證》卷中。

踏虛而雜入釋氏之說，其持論乃源自戴震也。

以上所舉，皆可反映出戴震對凌廷堪禮學之影響，也促使其學朝向「以禮代理」之治學目標。

其次，關於焦循，其受戴震思想影響亦深，嘗云：「循讀東原戴氏之書，最心服其《孟子字義疏證》。」〔註84〕又著《孟子正義》一書，其中有關心性之論，多引戴震之說，梁啓超評其書「雖以訓釋、訓詁、名物爲主，然於書中義理也解得極爲簡富」、「此書實在後此新疏家模範作品，價值是永永不朽的」〔註85〕。另外，焦循亦同戴震，主張孟子「性善」之說，實其內容定義與孟子頗有不同，錢穆云：「里堂言性善，以人之有智慧言之，又以人之能進化言之，其說亦本於東原，而人類之自以其智慧而進化者，其一段之歷程，里堂名之曰『變通』，變通之所得即善也，仁義則善之大者。」〔註86〕部分學者亦主張焦循繼承並發展了戴震「重智主義」的義理學說，如張麗珠云：「焦循繼承且發揚戴震學說的『能知故善』命題，打破了長期以來以『道德』爲獨尊的學術發展局面，不僅爲清代考據學之興盛，提供了補強的理論根據；也改寫了傳統義理中居於領導地位的『性體至善』、『價值內在』性善論。」〔註87〕在繼承荀子「認知心」的重學傳統，以及發揮「心知爲性」的重智傾向方面，戴、焦二人確有其共通性，也是乾嘉考據學伸入義理學領域的共同特徵。

然而，焦循雖然在「性」之定義上有部分主張同於戴震，如主張「自然的人性論」、「性出於氣」、「心知爲性」，但卻主張人性不能自覺理義，必待聖人之教化而後然，此則異於孟子、戴震，而反取荀子之說，可證其思想亦有自己的取捨安排，雖有繼承戴震者而又能自出己見，本書第九章第五節已有論述，不再贅述。

最後，關於阮元，亦爲乾嘉考據學家中兼具義理哲學者，其學亦受戴震之影響。阮元（1764～1849），字伯元，號芸臺，江蘇儀徵人，生於乾隆二十九年甲申，卒於道光二十九年己酉，年八十六。阮元爲乾嘉時期漢學名家，曾刊刻《十三經注疏》、《皇清經解》，又於兩廣總督任內創立學海堂，獎掖漢

〔註84〕參見焦循〈寄朱休承學士書〉，《雕菰集》卷十三。

〔註85〕參見梁啓超《中國近三百年學術史》（臺北：里仁書局，1995 年 2 月），頁 276。

〔註86〕參見錢穆《中國近三百年學術史》下冊（臺北：臺灣商務印書館，1995 年 9 月），頁 502。

〔註87〕參見張麗珠《清代義理學新貌》（臺北：里仁書局，2002 年 3 月），頁 204。

學不遺餘力，錢穆稱其「實清代經學名臣最後一重鎮」〔註88〕。阮元著作之大者，如《經籍纂詁》、《揅經室集》，皆繼承戴震由訓詁考據以通經明道的路線，故錢穆云：「芸臺講學，頗師承東原，守以古訓發明義理之意」〔註89〕。

　　阮元有關義理哲學之論，多見於《揅經室集》中，如〈性命古訓〉、〈塔性說〉、〈復性辨〉、〈論語論仁論〉、〈孟子論仁論〉等，皆由語言文字、名物制度以考釋經義的方法，錢穆云：「芸臺長於歸納，其法先羅列古訓，寧繁勿漏，繼乃爲之統整，加以條貫，如前舉〈性命古訓〉之例」〔註90〕。茲以阮元有關「性」、「仁」之說，分析其義理學說，並論證其說對戴震義理學的繼承與發展。首先，在論「性」方面，阮元主張「節性」，反對宋明理學「復性」之說，其云：

　　性命之訓起於後世者，且勿說之。先說其古者，古性命之訓雖多，而大指相同。試先舉《尚書・召誥》、《孟子・盡心》二說，以建首可以明其餘矣。〈召誥〉曰「節性，惟日其邁，王敬作所，不可不敬德。」又曰：「若生子，罔不在厥初生，自貽哲命。今天其命哲、命吉凶、命歷年。」又曰：「王其德之用，祈天永命。」按〈召誥〉所謂命，即天命也，若子初生即祿命福極也。哲與愚、吉與凶、歷年長短，皆命也。哲愚授於天爲命，受於人爲性，君子祈命而節性，盡性而知命。故《孟子・盡心》亦謂口耳鼻四肢爲性也，性中有味色聲臭安佚之欲，是以必當節之。古人但言節性，不言復性也。「王敬作所，不可不敬德」，即性之所以節也。……凡人則任情從欲而求可樂，君子之道則以仁義爲先，禮節爲制，不以性欲而苟求之也，故君子不謂之性也。惟其味色聲臭安佚爲性，所以性必須節，不節則性中之情欲縱矣。惟其仁義禮知聖爲命，所以命必須敬德，德即仁義禮知聖也。〔註91〕

　　按：阮元於此舉《尚書・召誥》、《孟子・盡心》言「性」之意，認爲耳目鼻口之欲爲性，仁義禮智聖爲命，「性必須節，不節則性中之情欲縱矣」，故主張「節性」。其以耳目鼻口之欲爲性，頗與戴震「人之血氣心知本乎陰陽

〔註88〕參見錢穆《中國近三百年學術史》下冊（臺北：臺灣商務印書館，1995 年 9 月），頁 529。

〔註89〕同上注。

〔註90〕同上注，頁 540。

〔註91〕參見〈性命古訓〉，《揅經室一集》卷十。

五行者，性也」之說相近，皆以人之自然情欲爲性之固有，非性外之事也。阮元以爲人性之情欲若放縱則可能成惡，故須節之，故其「節性」實即「節欲」。阮元又舉《禮記・樂記》「人生而靜，天之性也，感於物而動，性之欲也」釋云：

> 〈樂記〉「人生而靜，天之性也」二句，就外感未至時言之，樂即外感之至易者也，即孟子所說「耳之於聲也，性也」。孟子所說「有命焉，君子不謂性也」，即〈樂記〉反躬節人欲之說也。欲生於情，在性之內，不能言性內無欲，欲不是善惡之惡。天既生人以血氣心知，則不能無欲，惟佛教始言絕欲。若天下人皆如佛絕欲，則舉世無生人，禽獸繁矣。此孟子所以說味色聲臭安佚爲性也，欲在有節不可縱，不可窮。若惟以靜明屬之於性，必使說性中本無欲而後快，則此經文明云性之欲也，欲不能離性而自成爲欲也。〔註92〕

此言「天既生人以血氣心知，則不能無欲」、「欲不能離性而自成爲欲」，顯然繼承戴震血氣心知的自然人性，以及「理存乎欲」的理欲一元論。至於說「欲在有節不可縱，不可窮」，同於戴震所云「性之欲之不可無節也，節而不過，則依乎天理，非以天理爲正，人欲爲邪也」、「天理者，節其欲而不窮人欲也。是故欲不可窮，非不可無，有而節之，使無過情，無不及情，可謂之非天理乎！」〔註93〕可見戴震主張節制性之情欲，反對宋儒隔斷天理與人欲，此乃阮元「節性」之說的思想根源。

又唐代李翱言「復性」，宋儒論性喜言「復其初」，皆以「性」爲超乎經驗世界之上的純然本善，阮元則指出其說乃據莊子、釋氏之學，非孔孟之道也，其云：

> 元讀《莊子》，未嘗不歎其說爲堯舜孔顏之變局也。彼所謂性，即「馬蹄天放」也，即所謂「初」也。以「天放」爲「初」而復之，此老、莊之學也。唐李翱《復性》之書本之於此，而反飾爲孔、顏之學，外孔、顏而內老、莊也。〔註94〕

又云：

> 商周人言性命多在事，在事故實而易於率循；晉唐人言性命多在心，

〔註92〕參見〈性命古訓〉，《揅經室一集》卷十。
〔註93〕參見《孟子字義疏證》卷上。
〔註94〕參見〈復性辨〉，《揅經室續集》卷三。

在心故虛而易於傅會，習之此書是也。……至於釋典內有云「佛者
何也？蓋窮理盡性大覺之稱也。其道虛乎，固已妙絕常境，心不可
以智知，形不可以象測，同萬物之爲，而居不爲之域，處言教之內，
而止無言之鄉，寂寞虛曠，強名曰覺。……」以上各釋氏之說，皆
李習之《復性》之說所由來，相比而觀，其跡自見。蓋釋氏見性，
只是明心，不但不容味色聲臭安佚存於性內，即喜怒哀樂亦不容於
性內，甚至以不生情爲正覺，性明照則情不生。〔註95〕

阮元此說，亦承戴震批判宋儒雜入老釋之道而來，蓋戴震嘗云：

宋儒以理爲「如有物焉，得於天而具於心」，人之生也，由氣之凝結
生聚，而理則湊泊附著之，因以此爲「完全自足」，如是，則無待於
學。然見古賢聖之論學，與老莊、釋氏之廢學，截然殊致，因謂「理
爲形氣所污壞，故學焉以復其初」。「復其初」之云，見莊周書。蓋其
所謂理，即如釋氏所謂「本來面目」，而其所謂「存理」，亦即如釋氏
所謂「常惺惺」。……程子、朱子謂氣稟之外，天與之以理，非生知
安行之聖人，未有不污壞其受於天之理者也，學而後此理漸明，復其
初之所受。……程子、朱子就老莊、釋氏所指者，轉其說以言天理，
非援儒而入釋，誤以釋氏之言雜入於儒耳；陸子靜、王文成諸人就老
莊、釋氏所指者，即以理實之，是乃援儒以入於釋者也。〔註96〕

又云：

古聖賢所謂仁義禮智，不求於所謂欲之外，不離乎血氣心知，而後
儒以爲別如有物而湊泊附著以爲性，由雜乎老莊、釋氏之言，終昧
於六經、孔孟之言故也。……程子、朱子亦見學之不可以已，非本
無，何待於學？故謂「爲氣質所污壞」，以便於言本有者之轉如本無
也。於是性之名移而加之理，而氣化生人生物，適以病性。性譬水
之清，因地而污濁，不過從老莊、釋氏所謂眞宰眞空者之受形以後，
昏昧於欲，而改變其說。〔註97〕

因此，戴震批判宋儒「復其初」，來自莊子、釋氏之說；又其截性爲氣質
之性與義理之性二者，以氣質歸於人，故有不善，故須待於學，而義理歸於

───────────

〔註95〕參見〈性命古訓〉，《揅經室一集》卷十。
〔註96〕參見《孟子字義疏證》卷上。
〔註97〕參見《孟子字義疏證》卷中。

天，故無有不善。宋儒以爲「變化氣質」，以學轉化不善之性，而將可歸於純善之天與我之義理性，即復其初也。此與阮元相較，皆以爲宋儒雜入老莊、釋氏之說，誤以「性」之善爲出於天理，超出形體、氣質之上，故須外求而復其初之天性。

其次，關於阮元論「仁」，主張「相人偶爲仁」，其云：

> 元竊謂詮解仁字，不必煩稱遠引，但舉《曾子・制言篇》「人之相與也，譬如舟車然相濟達也，人非人不濟，馬非馬不走，水非水不流」，及《中庸篇》「仁者人也」鄭康成注「讀如相人偶之人」，數語足以明之矣。春秋時孔門所謂仁也者，以此一人與彼一人相人偶，而盡其敬禮忠恕等事之謂也。相人偶者，謂人之偶之也。凡仁必於身所行者驗之而始見，亦必有二人而仁乃見。若一人閉戶齊居，瞑目靜坐，雖有德理在心，終不得指爲聖門所謂之仁矣。蓋士庶人之仁，見於宗族鄉黨；天子諸侯卿大夫之仁，見於國家臣民。同一相人偶之道，是必人與人相偶而仁乃見也。鄭君「相人偶」之注，即《曾子》「非人不濟」、《中庸》「仁者人也」、《論語》「己立立人己達達人」之旨。〔註98〕

按：阮元引《中庸》鄭玄注「相人偶」釋「仁」字，認爲「必有二人而乃見」，才可盡其敬禮忠恕等事，則「仁」非形上之虛理，而是落在經驗世界的社會關係，換言之，「仁」是人己關係，是自己與社會人群之對應之理。因爲強調人己關係，故「仁」非主觀冥想，而須朝向客觀實踐的方向進行，故反對理學家以內省靜坐爲得仁之法。張麗珠云：「如此一來，則『仁』之實現，就必須要落實在經驗領域裡，而不能如理學家講形上價值，可以經由內省以默識之了。從這一個角度論『仁』，仁便完全脫離了形上道德學的進路，而以一種走入人群的姿態——『必於身所行者驗之而始見』、『必有二人，而仁乃見』，亦即必以經驗領域講人我、重實踐的社會關係，爲其實現之必要條件。」〔註99〕此亦可說明阮元論「仁」重視道德實踐之客觀課題，其關注之重點由己身而推展至社會人群。

阮元此說，實亦承自戴震，戴震嘗論「仁」云：

> 問：《論語》言「克己復禮爲仁」，朱子釋之云：「己，謂身之私欲；

〔註98〕參見〈論語論仁論〉，《揅經室一集》卷八。
〔註99〕參見張麗珠《清代義理學新貌》（臺北：里仁書局，2002年3月），頁325。

礼者，天理之節文。」又云：「心之全德，莫非天理，而亦不能不壞
於人欲。」蓋與其所謂「人生以後此理墮在形氣中」者互相發明。……

日：克己復禮之為仁，以「己」對「天下」言也。禮者，至當不易
之則，故曰「動容周旋中禮，盛德之至也」。凡意見少偏，德性未純，
皆己與天下阻隔之端；能克己以還其至當不易之則，斯不隔於天下，
故曰：「一日克己復禮，天下歸仁焉。」〔註100〕

戴震認為「己」對「天下」言也，以克己還其至當不易之則，而不隔於
天下，故己與天下相通，自可歸於仁矣。戴震又云「就人倫日用而語於仁」、
「舍人倫日用，無所謂仁」、「仁也者，言乎其不私也」、「無私，仁也」，皆顯
示出戴震認為「仁」須切於人倫日用，是無私之德，乃落實在具體人己往來
的社會關係，而「仁」非無欲，而是求己之欲能同人之欲，己之情能通天下
之情，故云「聖賢之道，無私而非無欲」、「人倫日用，聖人以通天下之情，
遂天下之欲，權之以分理不爽，是謂理。」〔註101〕因此，阮元「相人偶」之
仁論，實與戴震「通情達欲」、「無私非無欲」的仁論相近，皆朝向「己立立
人，己達達人」的人己關係發展，以建立一合理合情的正常社會。戴、阮二
人皆就客觀的經驗世界論「仁」，皆反對在先驗、形上的層次論「仁」，而重
視「仁」在社會倫理上的具體實踐，顯示出乾嘉學者重客觀實證的共同學術
傾向。

　以上藉由阮元在「性」與「仁」之詮釋，並比較戴震之義理主張，可以
發現阮元之義理學確實源自戴震，其重要主張皆未出戴震之範疇，可謂繼承
戴學的後勁。

〔註100〕參見《孟子字義疏證》卷下。
〔註101〕同上注。

第十一章　結　論

　　梁啓超云：「清學自當以經學爲中堅」〔註1〕，乾嘉時代尤其是經學全盛之時，而戴震更是乾嘉經學的盟主，足以代表一時之風氣。戴震經學所以能夠傲視當代，並啓迪後學，與其具有嚴密具體的考據方法，以及由自身考據所獨得之義理密切相關。戴震的考據方法，上承顧炎武、閻若璩、惠棟等人，下開段玉裁、王念孫、王引之等後學，在考據學風興盛的乾嘉時代，戴震實居關鍵地位，故梁啓超云：「苟無戴震，則清學能否卓然自樹立，蓋未可知也。」〔註2〕戴震秉持「實事求是」的治學精神，以及藉由文字聲韻訓詁等小學工夫作基礎，追溯典章制度等古代文化遺跡，吸收西洋科技以考究古代天文數理，同時兼備各種治經能力與工夫，才能取得眾多之成績，而被當時學界譽爲「通儒」。另外，戴震又能在義理思想方面自造新境，不僅在考據成績方面凌駕宋人，更在哲學方面與宋人爭勝，乃是乾嘉學者中哲理成就最高者。

　　因此，綜合本文對於戴震經學之研究，可以得到幾項結論，首先，在實際解經考經的方面：

　　第一，戴震的經學領域是多面向的，而落實在六經孔孟之書的考釋上亦能超越前人，如《詩補傳》、《毛鄭詩考正》、《杲溪詩經補注》、《尚書義考》、《考工記圖》、《孟子字義疏證》等經學專著，以及《經考》、《經考附錄》等治經札記，雖未能包括全部經文，但考據之精詳、義例之明確、方法之創新，亦足以自立一家之言，而啓迪後學。戴震曾有《七經小記》之規劃，針對《詩》、《書》、《易》、《禮》、《春秋》、《論語》、《孟子》等七經而發，雖未能具全，

〔註1〕　參見梁啓超《清代學術概論》十四。
〔註2〕　參見梁啓超《清代學術概論》十。

但也取得不少成績。因此，全面性的整理六經孔孟之書，是其解經的基本工作，也是必經之路。戴震早年完成的《經考》、《經考附錄》，即是對於群經之疏解札記，也是後來《毛鄭詩考正》、《杲溪詩經補注》、《尚書義考》、《考工記圖》、《孟子字義疏證》等專著的先期準備工作。因此，通貫群經，乃是戴震治經解經極重要的工作以及目標。

第二，在《詩經》學的研究上，戴震以《爾雅》、《說文》、《方言》、《釋名》等文字聲韻之書考釋《詩經》文字，本著形、音、義三者綜合的訓詁方式，考定「胡」、「寧」等詞乃古代虛詞之用；並且校正「不顯」、「不時」、「不承」等詞，古書多通「丕顯」、「丕時」、「丕承」；以及據《爾雅》考定《毛傳》解釋「崔嵬」、「岨」、「岵」之轉寫訛誤；另據《說文》考定「深則厲」之「厲」乃通「砅」也。以上皆顯示戴震純熟地運用小學以解經，並取得相當的成果。

其次，其《詩補傳》一書，更是乾隆年間唯一疏解《詩經》全書之專著，對於打破宋元以來專宗朱熹《詩集傳》的經解觀點，以及重新審視漢人《詩經》傳注的成績，皆有卓越之貢獻，並開啟乾嘉考據學對《詩經》研究之風。另《詩補傳》「就全詩，考其字義名物於各章之下，不以作詩之意衍其說」的專重訓詁名物方式，較為客觀徵實，可謂「治詩之良法」，其後之《毛鄭詩考正》、《杲溪詩經補注》亦循著此一方法論述。

再者，戴震在解《詩》工作上，亦看重典章制度等古代禮制之追溯，故常以禮解《詩》，並以《詩》說禮，進而會通《詩》、《禮》。其〈詩生民解〉、〈詩摽有梅解〉等文，以《周禮》等相關禮制解《詩》，考究《詩》文之本義，確有依據。又如考釋「騶虞」、「城隅」等古代名物制度，對於釐清經文，亦甚有助益。

最後，戴震在解《詩》觀點上，並非「一宗漢詁」，乃漢宋兼採，不專主一家，本著「實事求是」的精神，建立一種客觀而有條理的解《詩》方式。與時代較早的陳啟源《毛詩稽古篇》相比，陳書專以毛傳鄭箋為主，申漢黜宋，完全排除宋人注解，戴震解《詩》諸作則不專主毛詩一家，兼取今文三家詩之說；與時代較晚之段玉裁《詩經小學》、《毛詩故訓傳》與胡承珙《毛詩後箋》以及陳奐《詩毛氏傳疏》相比，段、胡、陳諸人之作亦普遍反映出「申漢黜宋」之傾向，皆墨守漢學門戶，而貶抑宋學，胡、陳二人更將範圍限縮至毛詩一家，故三人可謂典型的漢學家。

同樣時代晚於戴震的馬瑞辰則不同於段、胡、陳諸人，其解詩亦不專宗

漢詁，而兼取朱熹等宋人之說，另於毛詩之外亦取今文三家詩說，毛傳、鄭箋皆採，又能發揮以小學考究經文的訓詁考據方式，其治《詩》頗近於戴震，皆爲清代詩經學客觀徵實研究之典範。

　　第三，在《尚書》學的研究上，戴震著有《尚書義考》一書，雖其書僅完成〈堯典〉二卷，但已爲清代的《尚書》研究，立下科學性考證的典範。在書前列有「義例」十四條，戴震將《尚書》今古文流傳、篇章分合以及眞僞、時代等外部問題一一釐清，將各項疑問條分屢析，整理出簡單明瞭的條例，頗有利於後學入門。

　　其次，自閻若璩、惠棟等考據學家指出梅賾本二十五篇古文《尚書》乃後人僞託之後，連帶影響孔安國《傳》之價值，而多被人廢棄不論。戴震則認爲僞孔傳雖爲後人僞託，然亦魏晉學者根據保存之古注而來，其說亦自有師承，較之馬融、鄭玄、王肅之注，頗有值得參考之處，不可貿然置之不論也。另外，戴震將《爾雅》列爲古注之先，取《爾雅》相關字詞注解以補《尚書》古訓之缺廢，亦甚有助於《尚書》經文注解之工作。

　　再者，戴震在「光被四表」、「柔遠能邇」等字詞之考釋，則能充分運用自己標舉的嚴密訓詁方式，突破前人舊說，而取得令人信服之創見。又能運用天文曆算之知識，考究〈堯典〉「中星」、「璿璣玉衡」等自然星象，取得一定之成果。另外，戴震又能運用考究古代典章制度的成果，對於〈堯典〉「九族」、「百姓」等詞語，作出合理的解釋，而能更合乎三代制度之原貌。

　　最後，戴震在《尚書》注解之觀點上，亦是不專主漢人，實事求是，不僅詳列漢人注解，亦參酌宋人意見。當時皖派學者如江聲《尚書集注音疏》、王鳴盛《尚書後案》、孫星衍《尚書今古文注疏》等書雖皆遍注全經，規模浩大而較佔勢力，唯多以漢人經注爲主，且株守馬、鄭之注，而完全廢棄孔《傳》，並排除朱熹、蔡沈等宋人之作，有過度墨守漢學家法之弊，而不如戴氏客觀徵實的治學之法來得持平。另外，江、王、孫之書襲用前人之說多，而出於己身之創見較少，訓釋之精審不如戴氏。

　　第四，戴震在禮學的研究上，表現在名物制度、文字訓詁、曆法歲時、數學算法以及禮治思想等方面。首先，戴震著《考工記圖》一書，將《周禮‧考工記》文中關於禮樂諸器、車輿、宮室、兵器、食器、服飾等古代器物制度，詳考其內容形制，並繪製器物圖表，注明尺寸、部件，使學者治經能有依據，並開啓乾嘉學者研究禮圖、古代器物之先河，程瑤田、凌廷堪、阮元、

黃以周等均受其禮學之影響。

其次，戴震考校《詩》、《禮》有關「軓」、「軌」、「軹」、「軝」等字之本義，釐清經注之混亂訛誤，並能結合器物形制，分辨其功能與部位之不同，對於古代車制，考辨特詳。另外，戴震又以天文曆法之知識，考校《周禮》歲、年之別，釐清了經注之混淆。

再者，戴震又著《策算》、《句股割圜記》等算數之書，並校定《九章算術》、《周髀算經》等古代算經，發揚了《周禮》「九數」之學，也有助於對古禮之句股、測算、少廣、旁要之制的了解。另外，戴震吸收西洋算學之新知，並與中國傳統數學作比對會通，而有恢復傳統數學之功，也引領乾嘉學者研究數學等自然科技之風。

最後，戴震認為「為學要先學禮，學禮要知得聖人禮意。」故戴氏鑽研禮學，不僅在於典章制度，更在於其後面的聖人之意。基本上，戴震將三禮記載之古代典章制度內容，當作承載聖人之「道」的「器」，故不僅要求得禮之「器」，更要由「器」而求得「道」。戴震在《中庸補注》一書中，闡釋所謂「中庸」乃是合於人倫日用之道；又於〈詩摽有梅解〉一文認為古人制禮乃為「順民之性」、「遂民之欲」；在〈答朱方伯書〉一文辨明古今喪服之禮制，認為用禮應「斟酌古今，名實兩得」，而不應「執禮太過」，故言「君子行禮，不求變俗，要歸於無所茍而已矣。」因此，綜合戴震的禮治思想，可以發現其主張一種通達人情，隨時俗調整而不拘泥古禮條文的禮教思想，其重視制禮的目的——切合人倫日用，而非執守禮制本身。戴震這種通達人情的禮教觀，也深遠地影響其思想趨向，轉而批判拘執理學之道學家，進而發展出其「理欲一元」的義理學。

第五，戴震在易學、春秋學的研究上，雖無專著，但其研究成果仍可由《戴震文集》以及《經考》、《經考附錄》之相關考證文章中窺見，亦時有過人之見。在易學研究上，首先，戴震早年主張頗有贊同宋儒之處，如主張「《周易》當讀程子《易傳》」；又於〈易取變易之義〉一文，引用宋儒胡瑗、程頤、朱熹之言，認為「易」當取變易之義，而批評鄭玄「易有三義」之說；又於〈河圖洛書〉、〈先後天圖〉等文中，維護朱熹等宋儒以《易圖》解《易》之說。以上所舉皆可顯示出，戴震早年在《經考》、《經考附錄》中，其學術主張頗有近同宋儒之說者，尤以《易》學最為明顯。然而，中年以後，戴震逐漸不以宋儒之說為然，尤其在《易圖》之理解上有極大轉變，在《緒言》、《孟

子字義疏證》等書中，戴震認為宋儒託於《易圖》之「太極」，構成其「氣生於理」、「理在氣先」之說，而並非孔子之言，亦非伏羲氏畫卦之本義，乃宋儒借階於老莊之學後所得。因此，觀察戴震在易學研究的前後轉變，亦可掌握其學與宋儒逐漸分立之脈絡。

其次，戴震在〈互體〉一文中，對於《易・雜卦》「大過」以下八個卦位之錯亂，先儒或以「互體」釋之，即以卦爻二至四、三至五，兩體交互，各成一卦。戴震雖認為「互體」之釋可通，但疑孔子之言不如是之巧也，則頗有疑〈雜卦〉不出於孔子。戴震又於〈十翼〉一文中，認為《易傳》實有後人之說，如〈說卦〉、〈序卦〉、〈雜卦〉三篇，不類孔子之言，或後世經師所記。現代研究《易》學者多已認同「十翼」非孔子之作，亦非一時一人之作，乃孔子之後學者增補而成，亦足證戴震之言有據也。

最後，在〈讀《易・繫辭》論性〉一文，則為戴震之學與宋儒逐漸區別之先聲。戴震藉由對《易・繫辭》「一陰一陽之謂道，繼之者善也，成之者性也」之言的闡釋，認為人之性、欲皆出於天，無有不善，所謂「欲也者，性之事也」、「本五行陰陽以成性」、「所謂善，無他焉，天地之化，性之事能」，故已經與宋儒主張天理人欲相對，以及天理為善而人欲、人性為惡之說不同，此文後來收入《原善》上卷，亦可見戴震的易學研究，乃是後來其義理學發展的基礎，亦可反映出戴震的義理學頗有借助於易學研究之功。

在春秋學的研究上，戴震重在歸納《春秋》之義例，故作〈春秋改元即位考〉三篇，並云：「倘能如此文字做得數十篇，《春秋》全經之大義舉矣。」戴震歸納《春秋》君位繼承之法為四例：繼正即君位、繼正之變、繼故即君位、繼故之變，可作為研究《春秋》一書的助益。又於〈周正朔〉中，考釋《春秋》「春王正月」之文，批評程頤、胡安國以為「春王正月」乃用夏時之誤，認為「春」為周曆之春，「月」為周曆之月，《春秋》既為魯國史書，其曆法必奉周正，而不必改從夏時也。戴震在此考釋中，提醒學者勿以空言說經，而應返歸原典，並遍求時代相近之文獻以為佐證，才能求得古書之原委。

第六，戴震在《孟子》學研究上，以《原善》、《緒言》、《孟子私淑錄》、《孟子字義疏證》為代表。戴震之義理學特為宋儒而發，其宇宙論、人性論、倫理觀皆與宋儒區分，雖言繼承孔孟等先秦儒學，實多有其自得之處。首先，在宇宙論上，戴震主張一種氣化的天地觀，認為「理」出於「氣」中，非有「氣」外之「理」，故反對宋儒以為形氣之外別有所謂「天理」。戴震既然以

為「理氣一元」，則「理」必須求於經驗世界之中，落在人事之「理」，則須歸納人心分殊之「理」，而求得心之所同然之「理」。因此，戴震的求「理」之法，非如宋儒先標舉　外在之「天理」，而要人人共同奉行；戴震乃是要人先認清彼此的個別差異，要由分理中求得條理，歸納條理之共同特徵，而才能得出共同之「理」。所以依此法求得之「理」，才是內在於所有人心之「公理」，而非少數人之「意見」。

人性論上，戴震雖標舉孟子「性善論」，實其「性」之定義與孟子有所不同。孟子對人之「性」重在其超越、先驗的道德層面，故不以耳目鼻口之欲為性。戴震則不然，其界定「性」為自然之情性，以為「性者，分於陰陽五行以為血氣、心知」、「血氣心知，性之實體也」，故主張血氣心知的自然人性論，此點反近於荀子的人性論，而異於孟子，更與宋儒區分「性」為「天地之性」與「氣質之性」不同。不過，荀子以為人性之情欲有趨向惡之可能，而人性中無禮義，故有待於聖人禮義之教化，始能為善，故荀子以為禮義非出於人性之中。戴震則不然，其以為情欲是人性，禮義亦是人性，而非聖人獨有禮義之性，聖人只是先得人心所同然者。又戴震雖認為人性中即有禮義，但起初處於蒙昧狀態，必須藉由外在學習的工夫，「有於內而資於外」，才能達到聖智的境界。故戴震以為「性善」非如宋儒所言之「復其初」，而是要藉由外在求學的工夫，長養擴大內心蒙昧的德性，使其由自然達到必然之極至，乃是一種重智重學的道德觀。

倫理觀方面，戴震既然以為情欲為人性，則反對宋儒將「天理」與「人欲」對立，反對宋儒以人之情欲為惡之主張。戴震主張「理欲一元」，認為執政者要「體民之情」、「遂民之欲」，而不能以私人之意見當理而抹滅人民之合理情欲。因此，真正的「理」是不離開人之情欲需求，是要「無私」而非「無欲」，故「以我之欲同人之欲，以我之情絜人之情，而得其平」才是真正的「理」。故戴震不僅批判理學家「理欲對立」的不當，更要批判假借理學行私欲的虛偽禮教，有力地揭露了當時「以理殺人」的不良社會弊病。

戴震嘗云：「僕聞事於經學，蓋有三難：淹博難，識斷難，精審難。三者，僕誠不足與於間。」〔註3〕由以上戴震對六經孔孟之書的解經考經概況可印證，戴震經學實已得淹博、識斷以及精審三者，實不愧一代「通人」之稱譽。

其次，戴震在清代學術乃至整個中國經學史上的表現與定位，亦可歸納

〔註3〕 參見〈與是仲明論學書〉，《戴震文集》卷九。

如下：

第一，戴震的經學給予乾嘉考據學者最大的影響，應該是解經方法、觀念上的啓發，而不是破解了多少經文，貫通了多少經義。蓋學術是不斷推陳出新的，戴震的治學精神、解經方法以及經文考釋，揆諸前人以及當世，罕有匹敵，而將乾嘉考據學風推向更高境界。至於其後之段玉裁在文字學，王念孫、王引之父子在經書、諸子書考訓以及古代虛詞，淩廷堪在典章制度等禮學，焦循在易學、孟子學，均後出轉精，更甚而超越戴震之成就，但不能就此忽視或否定戴震之影響。蓋苟無戴氏，後出之眾學者的考據成果或未能如是之精也，乾嘉考據學也無法取得如此巨大的成就。故吾人研究戴震經學，切不可因其部分考釋成果爲後人更正、糾補，而輕忽其貢獻與影響力。

第二，戴震的經學研究並非純粹的訓詁考據之學，而是由訓詁考據進至義理哲學領域，並不僅停留在考據層面。戴震本人哲理興趣甚高，主張「此學不僅在故訓，則以志乎聞道也」，故「聞道」乃是故訓所求者，是故訓之目的。戴震的主張也影響焦循、阮元等後學，也促使他們涉入義理之學，故乾嘉經學並不全然忽略義理思想，考據學亦非乾嘉時代唯一的學術。後世學者頗有批評乾嘉學術只是零碎的考據訓詁之學，而毫無思想性，如徐復觀舉出惠棟、錢大昕、戴震、阮元爲清代漢學家代表，並批評云：

> 清代漢學家，正如龔自珍所指出，停頓在零碎餖飣的詁訓考據之上，以爲即此而義理已明。決沒有想到由歸納、抽象，以構成有條理、有系統的知識，而值得稱爲「思想」的，才是研究人文學科的到達點。他們對凡具有思想性的東西，必以「玄學」這類的名詞加以抹煞。所以他們是一群缺乏思想性的學者，離近代的「知識」的要求，差得很遠。嚴格地說，他們所做的，根本不能算是一種完整性的「學問」。〔註4〕

徐氏以爲清代漢學家如龔自珍所言爲「停頓在零碎餖飣的訓詁考據」，然而龔自珍並非批評整個清代學術，而只是針對考據學的末流而已，本書第二章第一節已有論述，龔自珍只是不贊成用「漢學」之名，而主張清朝自有學，亦有非漢非宋、實事求是的考據之學，故不只是瑣碎餖飣之學。另外，徐氏批判戴震等人缺乏思想性，然而，細觀戴震之孟子學，其思想體系之完整且

〔註4〕 參見徐復觀〈「清代漢學」衡論〉，《大陸雜誌》第五十四卷第四期 1977 年，頁 169。

有條理系統，若仍說此學非屬義理思想，則難以令人信服。故徐氏之言實爲過激，並非事實也。因此，任何批判乾嘉學術或清代學術沒有思想性的人，當其面對戴震之學，恐怕皆必須有所調整，必須認清戴震之學並不只是停頓在訓詁考據之學，更能運用考據之學切入義理思想的層面，故不能輕視戴震義理學在清學中的地位與價値。

　　第三，戴震的經學是「道」、「器」合一的學術。「六經」乃聖人理義之遺文，「典章制度」等古代禮制乃聖人文化意識之遺跡，皆蘊藏聖人理義的「器」，是聖人通天下之情理，爲百世不可易之人倫規範，故要窮究「器」以明「道」，不能捨「器」而論「道」，亦不能以「器」爲「道」也。戴震云「聖人之道在六經」、「六經者，道義之宗，而神明之府也」、「賢人聖人之理義非它，存乎典章制度者是也」，皆顯示戴震之經學藉由研究客觀之「器」，以尋求古聖人同於天下人心之「道」也。故戴震治經，皆反映出一種客觀實證的精神，藉由文字訓詁、名物制度的考釋，較能排除主觀冥想的意見，而求更接近聖人之「道」。故如戴震義理學最具代表性的著作，亦命名《孟子字義疏證》，即循著客觀考證的方式求得聖人義理，這是戴震一貫的治學方式，也是其循「器」以求「道」的表現。胡適認爲戴震採用《孟子字義疏證》之名乃是不敢輕視程朱之學的權威〔註5〕，余英時則認爲戴震乃避忌朱筠、錢大昕等考證派〔註6〕，二者皆不明戴震一貫循「器」以求「道」的治經路線，也是戴震所以不同於捨「器」求「道」的宋學家的必然表現。

　　第四，戴震的經學非只在紙上與古人爭勝負，亦關心現實的社會文化問題，具有「經世」的觀念。過去學者多有批評乾嘉學術脫離實際，只是狹隘的古典文獻考據之學，如熊十力批判清儒云：「不知措意於社會、政治與文化方面之大問題，而但爲零碎事件之搜考，學者相沿成風，而成爲無頭腦之人。」〔註7〕侯外廬亦批評清代漢學家「脫離社會實際生活」、「脫離實際而缺乏現實感」〔註8〕，似乎以爲乾嘉學者與社會生活脫節。然而，戴震提出「理欲一元」、「通民之性」、「遂民之欲」等主張，批判道學家以一己之意見當「理」，將導致社會上「以理殺人」的不合理現象，則是對宋明清以來的不合理禮教社會

<hr>

〔註5〕　參見胡適《戴東原的哲學》，頁 87。
〔註6〕　參見余英時《論戴震與章學誠》（臺北：東大圖書公司，1996 年 11 月），頁121。
〔註7〕　參見熊十力《十力語要》（臺北：明文書局，1982 年 10 月），頁 277。
〔註8〕　參見侯外廬《中國思想史綱》（臺北：五南圖書公司，1993 年 9 月），頁 420。

的嚴厲抨擊，是針砭當時社會問題極重要的思想利器。另外，戴震提醒主政者要以「追求最大多數人的幸福」爲目標，要能同天下人之情、欲，而非以虛理壓制民情、民欲，亦具有強烈的政治意義。因此，戴震由「考古」推衍出「經世」之理，此人心所同然之「理」，不僅是三代聖人所得，更是百世之人所共遵，故仍然歸結到人民實際生活，認爲「切合人倫日用」的才是「公理」，而非「虛理」。此外，戴震在實際的解經中，亦時時表現出體察人情、合乎民欲的觀點，主張用禮應「斟酌古今」，不可「執禮太過」，顯示戴震亦頗留意當世，而不拘泥執著於古禮。所以，戴震並非脫離現實生活的考據學家，而是能將考據成果運用於當世，並提出解決現實政治社會問題之方法的經學家。

第五，戴震的經學代表清學超出漢、宋之外，爲傳統的經學樹立新的典範。戴震雖大力批判宋學，但也不盲目宗信漢學，而是「實事求是」、「漢宋兼採」，不同於株守漢學家法的惠棟一派。戴震的經學，有其嚴密的解經方法，不只是「求古」，更是「求是」之學。戴震發揚了文字聲韻訓詁等小學，運用考究古代典章制度、天文曆算等學作爲解經的基礎，建立了前人所未有的科學考證方法，也促使清代學術產生超越前代的解經成果，於是清代經學乃足與漢代經學、宋代經學分庭並峙也。故梁啓超云：「是故惠派可名之曰漢學，戴派則確爲清學而非漢學。」〔註9〕因此，戴震及其後學段玉裁、王念孫、王引之、焦循等人，不可稱之漢學，而是具有客觀實證精神的清學。

綜觀戴震的經學成就，雖不能說盡善盡美，但已足可在歷史留名，而影響學界深遠。戴震的治學嚴謹，尤其更具有持續不倦的研究精神，一直到其過世之前數月，雖因病在家休養，仍繫念於著述研究之事，其丁酉正月與段玉裁書云：「竭數年之力，勒成一書，明孔孟之道。餘力整其從前所訂於字學、經學者。」〔註10〕惜乎戴震當年五月即辭別人世，而無法爲中國學術貢獻更多心力。戴震生前曾有《七經小記》之規劃，其內容浩大，友人金榜嘗謂震云：「歲不我與，一人有幾多精神？」戴震答曰：「當世豈無助我者乎？」觀戴震以五十五歲盛年過世，亦與窮一人之力於治學工作，耗盡心力所致有關。「哲人其萎，典型在夙昔」，戴震這種奮勉進取的治學精神，當值得今世學者效法學習。

〔註 9〕參見《清代學術概論》十二。
〔註10〕參見〈與段茂堂書〉第九札，收入《戴震全書》第六冊，頁 542。

參考資料

一、**古籍**（按編作者筆劃順序，以下例同此）

1. （唐）孔穎達等編撰，《十三經注疏本》，臺北：藝文印書館 1993 年 9 月。
2. （宋）朱熹撰，《近思錄》，臺北：臺灣商務印書館 1965 年。
3. （宋）朱熹撰，《朱文公文集》，臺北：臺灣商務印書館 1967 年。
4. （宋）朱熹撰，《朱子語類》，臺北：臺灣商務印書館 1969 年。
5. （宋）朱熹撰，《詩集傳》，臺北：藝文印書館 1974 年。
6. （宋）朱熹撰，《周易本義》，臺北：臺灣商務印書館 1976 年。
7. （宋）朱熹撰，《四書集注》，臺北：學海出版社 1979 年。
8. （宋）張載撰，《張子全書》，臺北：臺灣商務印書館 1979 年。
9. （宋）程顥、程頤撰，朱熹編集，《二程遺書》，上海、上海古籍出版社 1987 年。
10. （明）王陽明撰，《傳習錄》，臺北：臺灣商務印書館 1974 年。
11. （明）方以智撰，《物理小識》，臺北：臺灣商務印書館 1978 年。
12. （清）王鳴盛撰，《蛾術編》，臺北：信誼書局 1976 年。
13. （清）王念孫撰，《廣雅疏證》，南京：江蘇古籍出版社 2000 年 9 月。
14. （清）王念孫撰，《讀書雜志》，南京：江蘇古籍出版社 2000 年 9 月。
15. （清）王引之撰，《經義述聞》，南京：江蘇古籍出版社 2000 年 9 月。
16. （清）王引之撰，《經傳釋詞》，南京：江蘇古籍出版社 2000 年 9 月。
17. （清）王先謙撰，《詩三家義集疏》，臺北：明文書局 1988 年 10 月。
18. （清）方東樹撰，《漢學商兌》，臺北：臺灣商務印書館 1978 年。
19. （清）方東樹撰，《書林揚觶》收入，《四庫未收書輯刊》，第九輯第十五

冊，北京、北京出版社 2000 年。

20. （清）皮錫瑞撰，《經學歷史》，臺北：漢京文化公司 1983 年 9 月。

21. （清）皮錫瑞撰，《經學通論》，臺北：學海出版社 1985 年。

22. （清）甘鵬雲撰，《經學源流考》，臺北：學海出版社 1985 年。

23. （清）江藩撰，《漢學師承記》，臺北：明文書局 1985 年。

24. （清）江藩撰，《經解入門》，臺北：廣文書局 1977 年。

25. （清）朱彝尊撰，楊晉龍等編，《點校補正經義考》，臺北：中研院文哲所 1987 年 6 月。

26. （清）朱駿聲撰，《尚書古注便讀》，臺北：廣文書局 1977 年 1 月。

27. （清）李慈銘撰，《越縵堂讀書記》，臺北：世界書局 1975 年。

28. （清）阮元編，《皇清經解》，臺北：復興書局 1972 年。

29. （清）阮元撰，《揅經室集》，臺北：世界書局 1982 年 3 月。

30. （清）阮元撰，《疇人傳》，北京：中華書局 1991 年。

31. （清）阮元撰，《經籍纂詁》，北京：中華書局 1995 年 8 月。

32. （清）邵晉涵撰，《爾雅正義》收入，《續修四庫全書·經部·小學類》，上海、上海古籍出版社 1995 年。

33. （清）周中孚撰，《鄭堂讀書記》，臺北：臺灣商務印書館 1978 年。

34. （清）段玉裁撰，《六書音韻表》，臺北：世界書局 1962 年。

35. （清）段玉裁撰，《段玉裁遺書》，臺北：大化書局 1986 年。

36. （清）段玉裁撰，《說文解字注》，臺北：天工書局 1987 年 9 月。

37. （清）胡承珙撰，《毛詩後箋》，臺北：藝文印書館 1990 年。

38. （清）姚鼐撰，《惜抱軒全集》，臺北：世界書局 1967 年。

39. （清）姚際恆撰，《詩經通論》，臺北：廣文書局 1993 年 10 月。

40. （清）秦蕙田主編，《五禮通考》，上海：上海古籍出版社 1987 年。

41. （清）孫星衍撰，《尚書今古文注疏》，北京：中華書局 1998 年 12 月。

42. （清）孫希旦撰，《禮記集解》，北京：中華書局 1998 年 12 月。

43. （清）孫詒讓撰，《周禮正義》，北京：中華書局 2000 年 3 月。

44. （清）唐鑑撰，《清學案小識》，臺北：臺灣商務印書館 1969 年。

45. （清）乾隆敕纂、紀昀等編修，《四庫全書總目》，臺北：臺灣商務印書館 1985 年 5 月。

46. （清）馬瑞辰撰，《毛詩傳箋通釋》，臺北：廣文書局 1999 年 5 月。

47. （清）凌廷堪撰，《校禮堂文集》，臺北：藝文印書館 1971 年。

48. （清）陳奐撰，《詩毛氏傳疏》，臺北：廣文書局 1979 年 4 月。

49. （清）陳奐撰，《師友淵源錄》收入，《叢書集成續編》，上海：上海書店 1994 年。

50. （清）陳澧撰，《東塾讀書記》，臺北：臺灣商務印書館 1997 年 6 月。

51. （清）焦循撰，《雕菰集》，臺北：鼎文書店 1977 年。

52. （清）焦循撰，《孟子正義》，北京：中華書局 1998 年 12 月。

53. （清）崔述撰，《讀風偶識》，臺北：學海出版社 1992 年。

54. （清）章學誠撰，《章氏遺書》，臺北：漢聲出版社 1973 年 1 月。

55. （清）章學誠撰，《文史通義》，臺北：頂淵文化公司 2002 年 9 月。

56. （清）惠棟撰，《松崖筆記、九曜齋筆記》，臺北：臺灣學生書局 1971 年。

57. （清）惠棟撰，《周易述》，上海：上海古籍出版社 1990 年。

58. （清）劉寶楠撰，《論語正義》，北京：中華書局 1998 年 12 月。

59. （清）盧文弨撰，《抱經堂文集》，北京：中華書局 1985 年。

60. （清）錢大昕撰，《潛研堂文集》，臺北：臺灣商務印書館 1979 年。

61. （清）戴震撰，《戴東原先生全集》，臺北：大化書局 1987 年。

62. （清）戴震撰，《戴震文集》，臺北：華正書局 1974 年 10 月。

63. （清）戴震撰，張岱年主編、安徽古籍叢書編委會編纂，《戴震全書》七冊，合肥、黃山書社 1995 年。

64. （清）戴震撰，戴震研究會、徽州師範專科學校、戴震紀念館合編，《戴震全集》（一）至（七）北京、清華大學出版社 1991 年。

65. （清）戴望撰，《顏氏學記》，臺北：明文書局 1985 年。

66. （清）龔自珍撰，《龔自珍全集》，上海：上海古籍出版社 1999 年 6 月。

67. （清）顧炎武撰，《亭林詩文集》，臺北：臺灣商務印書館 1968 年。

68. （清）顧炎武撰，《日知錄》，臺北：明倫出版社 1970 年。

二、專　書

1. 于省吾撰，《甲骨文字釋林》，北京：中華書局 1979 年 6 月。

2. 于省吾撰，《尚書新證》，臺北：崧高書社 1985 年 4 月。

3. 于省吾撰，《澤螺居詩經新證》，北京：中華書局 2003 年 4 月。

4. 上海大學古代文明研究中心、清華大學思想文化研究所合編，《上海館藏戰國楚竹書研究》，上海：上海書店 2002 年 4 月。

5. 王茂撰，《戴震哲學思想研究》，合肥：安徽人民出版社 1980 年。

6. 王國維撰，《觀堂集林》，北京：中華書局 1994 年 12 月。

7. 王俊義撰，《清代學術探研錄》，北京：中國社會科學出版社 2002 年 8 月。

8. 王俊義、黃愛平合撰,《清代學術文化史論》,臺北:文津出版社 1991 年 11 月。

9. 王壽南主編,《中國歷代思想家》,臺北:臺灣商務印書館 1999 年 8 月。

10. 中山大學清代學術中心編,《清代學術論叢》(一)~(六)輯,臺北:文津出版社 2001 年 11 月。

11. 支偉成撰,《清代樸學大師列傳》,長沙:岳麓書社 1998 年 8 月。

12. 方利山、杜英賢合編,《戴學縱橫》,北京:中國文聯出版社 1999 年。

13. 文幸福撰,《詩經周南召南發微》,臺北:學海出版社 1986 年 8 月。

14. 文幸福撰,《詩經毛傳鄭箋辨異》,臺北:文史哲出版社 1989 年 10 月。

15. 文幸福撰,《孔子詩學研究》,臺北:臺灣學生書局 1996 年 3 月。

16. (日)本田成之撰,《中國經學史》,臺北:古亭書屋 1975 年 4 月。

17. 古國順撰,《清代尚書學研究》,臺北:文史哲出版社 1981 年。

18. 申笑梅、張立真合撰,《獨樹一幟:戴震與乾嘉學派》,瀋陽、遼寧人民出版社 1997 年 8 月。

19. 丘為君撰,《戴震學的形成》,臺北:聯經出版社 2004 年 7 月。

20. (日)安井小太郎等撰,連清吉:林慶彰合譯,《經學史》,臺北:萬卷樓圖書公司 1996 年 10 月。

21. 牟宗三撰,《中國哲學十九講》,臺北:臺灣學生書局 1991 年 12 月。

22. 朱廷獻撰,《尚書研究》,臺北:臺灣商務印書館 1987 年 1 月。

23. 朱鳳瀚撰,《商周家族形態研究》,天津:天津古籍出版社 1990 年。

24. 朱維錚撰,《中國經學史十講》,上海:復旦大學出版社 2003 年 3 月。

25. 李開撰,《戴震評傳》,南京:南京大學出版社 1992 年。

26. 李開撰,《戴震語文學研究》,南京:江蘇古籍出版社 1998 年。

27. 李迪撰,《中國數學通史》(明清卷),南京:江蘇教育出版社 2004 年 6 月。

28. 李鏡池撰,《周易探源》,北京:中華書局 1982 年。

29. 李威熊撰,《中國經學發展史論》上冊,臺北:文史哲出版社 1988 年 12 月。

30. 李學勤撰,《簡帛佚籍與學術史》,臺北:時報文化公司 1994 年 12 月。

31. 李學勤撰,《周易經傳溯源》,高雄:麗文文化公司 1995 年 10 月。

32. 李學勤撰,《古文獻叢論》,上海:上海遠東出版社 1996 年 11 月。

33. 李學勤撰,《走出疑古時代》,瀋陽:遼寧大學出版社 1997 年 12 月。

34. 李學勤撰,《夏商周年代學札記》,瀋陽:遼寧大學出版社 1999 年 10 月。

35. 李明輝撰，《孟子重探》，臺北：聯經出版社 2001 年 6 月。

36. 李衡眉撰，《先秦史論集》（續），濟南：齊魯書社 2003 年 1 月。

37. 李紀祥撰，《道學與儒林》，臺北：唐山出版社 2004 年 10 月。

38. 李澤厚撰，《中國古代思想史論》，臺北：華京出版社 1990 年。

39. 吳闓生撰，《吉金文錄》，臺北：樂天書局影印本 1971 年。

40. 吳其昌撰，《金文歷朔疏證》，上海：商務書局 1936 年。

41. 吳承仕撰，《經典釋文序錄疏證》，臺北：崧高書社 1985 年 4 月。

42. 呂思勉撰，《經子解題》，高雄：復文出版社 1993 年 6 月。

43. 余英時撰，《歷史與思想》，臺北：聯經出版社 1995 年 3 月。

44. 余英時撰，《論戴震與章學誠》，臺北：東大圖書公司 1996 年 11 月。

45. 余英時撰，《中國思想傳統的現代詮釋》，臺北：聯經出版社 1999 年 9 月。

46. 余培林撰，《詩經正詁》，臺北：三民書局 1999 年 3 月。

47. 余嘉錫撰，《四庫提要辨證》，北京：中華書局 1974 年。

48. 余嘉錫撰，《古書通例》，上海：上海古籍出版社 2003 年 5 月。

49. 汪學群撰，《錢穆學術思想評傳》，北京：北京圖書館出版社 1998 年 8 月。

50. 沈玉成撰，《春秋左傳學史稿》，南京：江蘇古籍出版社 2000 年 1 月。

51. 沈長雲撰，《上古史探研》，北京：中華書局 2002 年 12 月。

52. 岑溢成撰，《詩補傳與戴震解經方法》，臺北：文津出版社 1992 年 3 月。

53. （日）村瀨裕也撰，《戴震的哲學》，濟南：山東人民出版社 1995 年。

54. 杜正勝撰，《古代社會與國家》，臺北：允晨文化公司 1992 年 10 月。

55. 吳雁南等撰，《中國經學史》，福州市、福建人民出版社 2001 年 9 月。

56. （日）近藤光男撰，《清朝考證學の研究》，東京：研文出版 1987 年 7 月。

57. 季旭昇撰，《詩經古義新證》，臺北：文史哲出版社 1995 年 3 月。

58. 周予同撰，《中國經學史講義》，上海：上海文藝出版社 1998 年。

59. 周予同撰，《群經概論》，高雄：復文出版社 1986 年 11 月。

60. 周兆茂撰，《戴東原哲學新探》，安徽人民出版社 1997 年。

61. 周積明撰，《文化視野下的四庫全書總目》，北京：中國青年出版社 2001 年 10 月。

62. 周裕鍇撰，《中國古代闡釋學研究》，上海：上海人民出版社 2003 年 11 月。

63. 林義光撰，《詩經通解》，臺北：臺灣中華書局 1969 年 12 月。

64. 林慶勳、竺家寧合撰，《古音學入門》，臺北：學生書局 1990 年 10 月。

65. 林澐撰，《林澐學術文集》，北京：中國大百科全書出版社 1998 年 12 月。

66. 林慶彰、張壽安主編，《乾嘉學者的義理學》，臺北：中研院文哲所 2003 年 2 月。

67. 林慶彰主編，《詩經研究論集》（一），臺北：臺灣學生書局 1992 年 9 月。

68. 林慶彰主編，《中國經學史論文選集》，臺北：文史哲出版社 1992 年 10 月。

69. 林慶彰主編，《五十年來的經學研究》，臺北：臺灣學生書局 2003 年 5 月。

70. 林慶彰撰，《清代經學研究論集》，臺北：中研院文哲所 2002 年 8 月。

71. 林葉蓮撰，《中國歷代詩經學》，臺北：臺灣學生書局 1995 年 8 月。

72. 屈萬里撰，《書傭論學集》，臺北：臺灣開明書店 1980 年。

73. 屈萬里撰，《古籍導讀》，臺北：臺灣開明書店 1985 年 10 月。

74. 屈萬里撰，《詩經詮釋》，臺北：聯經出版公司 1998 年 1 月。

75. 屈萬里撰，《尚書集釋》，臺北：聯經出版公司 1999 年 4 月。

76. 金景芳、呂紹綱合撰，《尚書虞夏書新解》，瀋陽：遼寧古籍出版社 1996 年 6 月。

77. 胡適撰，《胡適文存》，臺北：遠東圖書公司 1953 年。

78. 胡適撰，《戴東原的哲學》，臺北：臺灣商務印書館 1967 年。

79. 胡適撰，《中國哲學史大綱》（外一種），石家莊、河北教育出版社 2002 年 1 月。

80. 胡樸安撰，《詩經學》，臺北：臺灣商務印書館 1988 年。

81. 胡樸安撰，《中國訓詁學史》，臺北：臺灣商務印書館 1988 年 11 月。

82. 胡樸安撰，《中國文字學史》，臺北：臺灣商務印書館 1992 年 9 月。

83. 胡楚生撰，《清代學術史研究》，臺北：臺灣學生書局 1988 年 2 月。

84. 胡楚生撰，《訓詁學大綱》，臺北：華正書局 1990 年 9 月。

85. 侯外盧撰，《中國思想史綱》，臺北：五南圖書公司 1993 年 9 月。

86. 冒懷辛撰，《孟子字義疏證全譯》，成都：巴蜀書社 1992 年 7 月。

87. 洪誠撰，《訓詁學》，南京：江蘇古籍出版社 1984 年。

88. 洪文婷撰，《毛詩傳箋通釋析論》，臺北：文津出版社 1993 年。

89. 姜昆武撰，《詩書成詞考釋》，濟南：齊魯書社 1989 年 11 月。

90. 姜廣輝主編，《中國經學思想史》一、二卷，北京：中國社會科學出版社 2003 年 9 月。

91. 孫作雲撰，《詩經與周代社會研究》，北京：中華書局 1966 年。

92. 孫作雲撰，《詩經研究》（《孫作雲文集》第二卷），開封：河南大學出版社 2003 年 9 月。

93. 孫欽善撰,《中國古文獻學史簡編》,北京:高等教育出版社 2003 年 8 月。

94. 唐蘭撰,《西周青銅器銘文分代史徵》,北京:中華書局 1986 年 12 月。

95. 唐君毅撰,《中國哲學原論》,臺北:臺灣學生書局 1978 年 3 月。

96. 夏傳才撰,《詩經研究史概要》,臺北:萬卷樓圖書公司 1994 年 11 月。

97. 高亨撰,《詩經今注》,上海:上海古籍出版社 1987 年 2 月。

98. 高亨撰,《古字通假會典》,濟南:齊魯書社 1997 年 7 月。

99. 高亨撰,《周易大傳今注》,濟南:齊魯書社 1998 年。

100. 徐世昌撰,《清儒學案》,臺北:燕京文化 1976 年月 6 月。

101. 徐復觀撰,《中國思想史論集續編》,臺北:時報文化公司 1985 年 11 月。

102. 徐中舒撰,《甲骨文字典》,成都:四川辭書出版社 1995 年 5 月。

103. 馬宗霍撰,《中國經學史》,臺北:商務印書館 1992 年 11 月。

104. 郭沫若撰,《金文叢考》,人民出版社 1954 年。

105. 郭康松撰,《清代考據學研究》,武漢、崇文書局 2003 年 5 月。

106. 郭書春匯校,《匯校九章算術》,瀋陽:遼寧教育出版社 2004 年 8 月。

107. 晏炎吾等點校,《清人詩說四種》,武昌、華中師範大學出版社 1986 年 7 月。

108. 韋政通撰,《中國思想史》,臺北:水牛出版社 1991 年。

109. 鄒昌林撰,《中國禮文化》,北京:社會科學文獻出版社 2002 年 6 月。

110. 章太炎撰徐復注,《訄書詳注》,上海:上海古籍出版社 2000 年 12 月。

111. 章太炎撰,《春秋左傳讀》,臺北:學海出版社 1984 年 4 月。

112. 章太炎撰,《國學概論》,香港:三聯書店 2001 年 4 月。

113. 張西堂撰,《尚書引論》,臺北:崧高書社 1985 年 9 月。

114. 張亞初、劉雨合撰,《西周金文官制研究》,北京:中華書局 1986 年 5 月。

115. 張光裕撰,《雪齋學術論文集》,臺北:藝文印書館 1989 年 9 月。

116. 張立文撰,《戴震》,臺北:東大圖書公司 1991 年 4 月。

117. 張岱年撰,《中國倫理思想研究》,臺北:貫雅文化 1991 年 7 月。

118. 張壽安撰,《以禮代理——凌廷堪與清中葉儒學思想之轉變》,臺北:中研院近史所 1994 年 5 月。

119. 張維屏撰,《紀昀與乾嘉學術》,臺北:臺灣大學出版委員會 1998 年 6 月。

120. 張麗珠撰,《清代義理學新貌》,臺北:里仁書局 1999 年 5 月。

121. 張麗珠撰,《清代新義理學——傳統與現代的交會》,臺北:里仁書局 2003 年 1 月。

122. 陳垣撰,《校勘學釋例》,臺北:臺灣學生書局 1971 年。

123. 陳新雄撰，《古音學發微》，臺北：文史哲出版社 1983 年。

124. 陳子展撰，《詩經直解》，臺北：書林出版公司 1992 年 8 月。

125. 陳子展撰，《詩三百解題》，上海：復旦大學出版社 2001 年 10 月。

126. 陳勝長撰，《考證與反思》，臺北：東大圖書公司 1995 年 8 月。

127. 陳祖武撰，《中國學案史》，臺北：文津出版社 1994 年 4 月。

128. 陳祖武撰，《清儒學術拾零》，長沙：湖南人民出版社 2002 年 6 月。

129. 陳夢家撰，《西周銅器斷代》，《考古學報》1955 年。

130. 陳夢家撰，《尚書通論》，石家莊：河北教育出版社 2001 年 5 月。

131. 陳鼓應撰，《易傳與道家思想》，北京：三聯書店 1997 年 9 月。

132. 梁啟超撰，《中國近三百年學術史》，臺北：里仁書局 1995 年 2 月。

133. 梁啟超撰，《清代學術概論》，上海：上海古籍出版社 2000 年 9 月。

134. 梁啟超撰，《戴東原》，臺北：臺灣中華書局 1974 年。

135. 許蘇民撰，《戴震與中國文化》，貴陽：貴州人民出版社 2001 年 10 月。

136. 彭浩撰，《張家山漢簡「算數書」註釋》，北京：科學出版社 2001 年 7 月。

137. 曾運乾撰，《尚書正讀》，臺北：華正書局 1982 年 5 月。

138. 童書業撰，《春秋史》，濟南：山東大學出版社 1987 年 5 月。

139. 斯維至撰，《中國古代社會文化論稿》，臺北：允晨文化公司 1997 年 4 月。

140. 程元敏撰，《書序通考》，臺北：臺灣學生書局 1999 年 4 月。

141. 馮友蘭撰，《中國哲學史》，北京：中華書局 1961 年。

142. 馮友蘭撰，《中國哲學史新編》六冊，北京：人民出版社 1982～1989 年。

143. 馮友蘭撰，《中國哲學簡史》，北京：北京大學出版社 2003 年 1 月。

144. 勞思光撰，《新編中國哲學史》，臺北：三民書局 1989 年 10 月。

145. 黃建斌撰，《清代學術發展史》，臺北：幼獅書店 1974 年 1 月。

146. 黃俊傑撰，《孟子》，臺北：東大圖書公司 1993 年 2 月。

147. 黃俊傑主編，《孟子思想的歷史發展》，臺北：中研院文哲所 1995 年。

148. 黃沛榮撰，《易學乾坤》，臺北：大安出版社 1998 年 8 月。

149. 黃愛平撰，《樸學與清代社會》，石家莊：河北人民出版社 2003 年 1 月。

150. 湯志鈞撰，《經學史論集》，臺北：大安出版社 1995 年 6 月。

151. 裘錫圭撰，《文字學概要》，臺北：萬卷樓圖書公司 1995 年 4 月。

152. 裘錫圭撰，《古代文史研究新探》，南京：江蘇古籍出版社 2000 年 1 月。

153. 楊筠如撰，《尚書覈詁》，臺北：學海出版社 1978 年 2 月。

154. 楊向奎撰，《清儒學案新編》，濟南：齊魯書社 1994 年 3 月。

155. 楊伯峻撰,《春秋左傳注》,高雄:復文出版社 1991 年 9 月。

156. 楊伯峻撰(合撰),《經書淺談》,臺北:萬卷樓圖書公司 1993 年 9 月。

157. 楊希枚撰,《先秦文化史論集》,北京:中國社會科學出版社 1995 年 8 月。

158. 楊樹達撰,《積微居金文說》,北京:中華書局 1997 年 12 月。

159. 楊寬撰,《西周史》,臺北:臺灣商務印書館 1999 年 4 月。

160. 楊寬撰,《戰國史》,臺北:臺灣商務印書館 1998 年 3 月。

161. 楊朝明撰,《儒家文獻與早期儒學研究》,濟南:齊魯書社 2002 年 3 月。

162. (日)溝口雄三原著,林右崇翻譯,《中國前近代思想的演變》,臺北:國立編譯館 1994 年 12 月。

163. 葉國良等撰,《經學通論》,臺北:國立空中大學 1997 年 8 月。

164. 葛兆光撰,《中國思想史》,上海:復旦大學出版社 2003 年 6 月。

165. 蒙培元,《理學的演變——從朱熹到王夫之戴震》,臺北:文津出版社 1990 年 1 月。

166. 趙令揚、馮錦榮合編,《亞洲科技與文明》,香港:明報出版社 1995 年 10 月。

167. 漆永祥撰,《乾嘉考據學研究》,北京:中國社會科學出版社 1998 年。

168. 廖名春撰,《周易經傳與易學史新論》,濟南:齊魯書社 2001 年 8 月。

169. 熊十力撰,《十力語要》,臺北:明文書局 1982 年 10 月。

170. 蔣善國撰,《尚書綜述》,上海:上海古籍出版社 1988 年 3 月。

171. 蔣秋華主編,《乾嘉學者的治經方法》,臺北:中研院文哲所籌備處 2000 年 10 月。

172. 聞一多撰,《聞一多學術文鈔·詩經研究》,成都:巴蜀書社 2002 年 12 月。

173. 黎建球撰,《中國百位哲學家》,臺北:東大圖書公司 1984 年 1 月。

174. 臧克和撰,《尚書文字校詁》,上海:上海教育出版社 1999 年 5 月。

175. 劉起釪撰,《尚書學史》,北京:中華書局 1996 年 8 月。

176. 劉起釪撰,《古史續辨》,北京:中國社會科學出版社 1997 年 4 月。

177. 劉夢溪主編,《中國現代學術經典·章太炎卷》,石家莊:河北教育出版社 1996 年 8 月。

178. 劉夢溪主編,《中國現代學術經典·黃侃、劉師培卷》,石家莊:河北教育出版社 1996 年 8 月。

179. 劉夢溪主編,《中國現代學術經典·顧頡剛卷》,石家莊:河北教育出版社 1996 年 8 月。

180. 劉夢溪主編,《中國現代學術經典·郭沫若卷》,石家莊:河北教育出版

社 1996 年 8 月。

181. 劉毓慶撰，《詩經圖注》（國風），高雄：麗文文化公司 2000 年 4 月。

182. 劉毓慶撰，《詩經圖注》（雅頌），高雄：麗文文化公司 2000 年 8 月。

183. 劉龍勳撰，《詩經風雅識論》，臺北：大安出版社 2001 年 4 月。

184. 劉述先撰，《儒家思想開拓的嘗試》，北京：中國社會科學出版社 2001 年 7 月。

185. 劉信芳撰，《孔子詩論述學》，合肥：安徽大學出版社 2003 年 1 月。

186. 劉丰撰，《先秦禮學思想與社會的整合》，北京：中國人民大學出版社 2003 年 12 月。

187. 鄭吉雄撰，《清儒名著述評》，臺北：大安出版社 2001 年 8 月。

188. 蔡元培撰，《中國倫理學史》，臺北：臺灣古籍出版社 2004 年 10 月。

189. 錢穆撰，《中國學術思想史論叢》八冊，臺北：東大圖書公司 1976～1978 年。

190. 錢穆撰，《中國近三百年學術史》，臺北：臺灣商務印書館 1995 年 9 月。

191. 錢穆撰，《朱子新學案》，臺北：三民書局 1982 年。

192. 錢玄撰，《三禮通考》，南京：南京師範大學出版社 1996 年 10 月。

193. 鮑國順撰，《荀子學說析論》，臺北：華正書局 1987 年 8 月。

194. 鮑國順撰，《戴震研究》，臺北：國立編譯館 1997 年。

195. 鮑國順撰，《清代學術思想論集》，高雄：高雄復文圖書出版社 2002 年 9 月。

196. 鮑國順撰，《儒學研究集》，高雄：高雄復文圖書出版社 2002 年 9 月。

197. 應裕康、王忠林合撰，《說文研究》，高雄：復文圖書出版社 1994 年 10 月。

198. 謝雲飛撰，《中國聲韻學大綱》，臺北：臺灣學生書局 1990 年 3 月。

199. 龍宇純撰，《中國文字學》，臺北：臺灣學生書局 1987 年 9 月。

200. 戴震研究會編，《戴震學術思想論稿》，合肥：安徽人民出版社 1987 年。

201. 戴璉璋撰，《易傳之形成及其思想》，臺北：文津出版社 1997 年 2 月。

202. 羅炳綿撰，《清代學術論集》，臺北：食貨出版社 1978 年 4 月。

203. （日）瀧川龜太郎撰，《史記會注考證》，臺北：洪氏出版社 1986 年 9 月。

204. 顧頡剛撰，《史林雜識》，北京：中華書局 1977 年 11 月。

205. 顧頡剛撰，《中國上古史研究講義》，北京：中華書局 2002 年 8 月。

206. 續修四庫全書編委會主編，《續修四庫全書》，上海：上海古籍出版社 1995 年。

三、學位論文

（一）臺　灣

1. 王梓凌，《戴震孟子字義疏證研究》，臺灣大學碩士論文 1975 年。
2. 林鯤洋，《戴震之哲學思想研究——以性論爲中心》，文化大學碩士論文 1994 年。
3. 邱惠芬，《胡承珙、馬瑞辰、陳奐三家詩經學研究》，臺灣師大博士論文 2003 年。
4. 胡健財，《戴震反程朱思想之研究》，政治大學碩士論文 1989 年。
5. 柯雅卿，《戴震孟子學研究》，成功大學碩士論文 1996 年。
6. 耿志宏，《惠棟之經學研究》，政治大學碩士論文 1984 年。
7. 高在旭，《戴東原哲學析評》，輔仁大學博士論文 1990 年。
8. 陳智賢，《清儒以《說文》釋《詩》之研究》，政治大學博士論文 1997 年。
9. 孫劍秋，《清代吳派經學之研究》，政治大學博士論文 1993 年。
10. 張麗珠，《乾嘉時期的義理學趨向研究》，高雄師大碩士論文 1995 年。
11. 張政偉，《戴震、段玉裁、陳奐〈周南〉、〈召南〉論述辨異》，暨南大學碩士論文 2001 年。
12. 莊清輝，《四庫全書總目經部研究》，政治大學碩士論文 1988 年。
13. 黃沛榮，《周書研究》，臺灣大學博士論文 1976 年。
14. 黃順益，《惠棟、戴震與乾嘉學術研究》，中山大學博士論文 1999 年。
15. 黃勇中，《胡適的戴東原研究述論》，中山大學碩士論文 2003 年。
16. 楊錦富，《阮元經學之研究》，高雄師大博士論文 2000 年。
17. 趙世瑋，《戴震倫理思想研究》，中山大學碩士論文 1995 年。
18. 劉玉國，《朱子與戴震思想比較研究》，臺灣大學碩士論文 1996 年。
19. 劉昭仁，《戴東原思想研究》，臺灣師大碩士論文 1974 年。
20. 劉錦賢，《戴東原思想析論》，臺灣師大博士論文 1989 年。
21. 鮑國順，《戴東原學記》，政治大學博士論文 1978 年。
22. 簡澤峰，《胡承珙毛詩後箋析論》，暨南大學碩士論文 2001 年。

（二）大　陸

1. 漆永祥，《乾嘉考據學研究》，北京大學博士論文 1996 年。
2. 婁毅，《戴震的哲學與考據學》，北京大學博士論文 1997 年。
3. 劉巍，《二三十年代梁啓超、胡適、錢穆的戴震研究》，清華大學碩士論文 1998 年。

4. 李紅英，《戴震治經方法考論》，北京大學博士論文 2002 年。
5. 戴繼誠，《戴震程朱理學批判研究》，華南師範大學碩士論文 2002 年。
6. 王鵠秋，《戴震重知哲學研究》，華東師範大學博士論文 2003 年。
7. 陳徽，《性與天道——戴東原哲學研究》，復旦大學博士論文 2003 年。
8. 周朗生，《戴震倫理思想管窺》，雲南師範大學碩士論文 2003 年。
9. 徐道彬，《戴震考據學研究》，安徽大學博士論文 2004 年。
10. 歐陽雪榕，《戴震重知學的傳承與轉變》，河南大學碩士論文 2004 年。
11. 陳多旭，《戴震道德哲學評析》，安徽大學碩士論文 2004 年。
12. 石開玉，《戴震的歷史文獻學成就初探》，安徽大學碩士論文 2004 年。
13. 張迎春，《孟子字義疏證研究》，安徽大學碩士論文 2004 年。

四、期刊論文

1. 王杰，〈戴震義理之學的歷史評價及近代啓蒙意義〉，《文史哲》2003 年二期。
2. 王世光，〈由故訓以明理義——戴震哲學方法論思想的新闡釋〉，《江海學刊》2001 年四期。
3. 丘爲君，〈梁啓超的戴震研究——動機、方法與意義〉，《東海學報》三五期 1994 年 7 月。
4. 丘爲君，〈批判的漢學與漢學的批判：章太炎對考據學的反省及對戴震漢學的闡釋〉，《清華學報》新二九卷三期 1999 年 9 月。
5. 史次耘，〈戴東原學術思想精義〉，《輔仁人文學報》第二期 1972 年 1 月。
6. 李帆，〈章太炎、劉師培、梁啓超與近代的戴學復興〉，《安徽史學》2003 年四期。
7. 李振興，〈尚書大、小序辨疑〉，《孔孟月刊》十九卷三期。
8. 李紅英，〈近十五年戴學研究綜述〉，《安徽史學》2002 年二期。
9. 余國慶，〈戴震文獻學著作述評〉，《徽學》第二卷 2002 年 12 月。
10. 沈長雲，〈《書・牧誓》「友邦冢君」釋義〉，《人文雜志》1986 年三期。
11. 汪學群，〈關于清前期學術思想的爭論〉，《清史論叢》2001 年號（北京、中國廣播電視出版社 2001 年 9 月）。
12. 何佑森，〈清代漢宋之爭平議〉，《文史哲學報》二七期 1978 年 12 月。
13. 林文華，〈戴東原哲學析論〉，《中國文化月刊》二二〇期 1998 年 7 月。
14. 林文華，〈《金文編》補正三例〉，《美和技術學院學報》二二卷一期，2003 年 4 月。
15. 林存陽，〈清代禮學思想演進探析〉，《清史論叢》2002 年號（北京、中

國廣播電視出版社 2002 年 7 月）。

16. 周昌龍，〈戴東原哲學與胡適的智識主義〉，《漢學研究》十二卷一期 1994 年 6 月。

17. 周積明，〈四庫全書總目的經學批評〉，《孔孟學報》七一期 1996 年 3 月。

18. 周兆茂，〈略論戴震的治學態度與方法〉，《江淮論壇》1997 年一期。

19. 孫以昭，〈戴震經學方法論初探〉，《安徽大學學報》（社會科學版）1979 年二期。

20. 徐復觀，〈清代漢學衡論〉，《大陸雜誌》五四卷四期 1977 年 4 月。

21. 陳榮捷，〈論戴震緒言與孟子私淑錄之先後〉，《大陸雜誌》五七卷三期。

22. 陳其泰，〈乾嘉考據學風的形成及其文化意義〉，《文史知識》1995 年十一期。

23. 陳祖武，〈乾嘉吳皖分野說商榷〉，《貴州社會科學》1992 年七期。

24. 陳祖武，〈乾嘉學術與乾嘉學派〉，《文史知識》1994 年九期。

25. 陳祖武，〈關於乾嘉學派的幾點思考〉，《清代經學國際研討會論文集》（台北：中研院文哲所 1994 年）。

26. 陳祖武，〈論章實齋家書札記〉，《清史論叢》2001 年號。

27. 陳居淵，〈清代乾嘉新義理學探究〉，《求索》2003 年五期。

28. 張壽安，〈戴震義理思想的基礎及其推展〉，《漢學研究》十卷一期 1992 年 6 月。

29. 張壽安，〈戴震對宋明理學的批評〉，《漢學研究》，十三卷一期 1995 年 6 月。

30. 張麗珠，〈戴震「發狂打破宋儒太極圖」的重智主義道德觀〉，《興大中文學報》十二期 1999 年 6 月。

31. 陸忠發，〈戴震對清代以來中國學術研究的影響〉，《江淮論壇》2002 年六期。

32. 黃懿梅，〈戴東原哲學之評析〉，《臺灣大學哲學論評》第五期 1982 年 1 月。

33. 黃啟華，〈乾嘉考據學興起的一些線索〉，《故宮學術季刊》第八卷第三期 1991 年 4 月。

34. 黃愛平，〈乾嘉漢學治學宗旨及其學術實踐探析——以戴震、阮元為中心〉，《清史研究》第三期 2002 年 8 月。

35. 黃忠慎，〈清代中葉毛詩學三大家解經之歧異〉，《彰師大國文學誌》第六期 2002 年 12 月。

36. 婁毅，〈訓詁與義理：中國傳統釋義學的兩難選擇——戴震的釋義理論及其反映的問題〉，《中國哲學史》2004 年一期。

37. 路新生,〈錢穆戴震學研究平議〉,《孔孟學報》八一期 2003 年 9 月。

38. 楊國榮,〈乾嘉學派的治學方法〉,《經學研究論叢》第一輯 1994 年 4 月。

39. 楊合鳴,〈《說文》引《詩》略考〉,《第五屆詩經國際學術研討會論文集》,北京學苑出版社 2002 年 7 月。

40. 廖名春,〈郭店楚簡引《書》、論《書》考〉,《郭店楚簡國際學術研討會論文匯編》第二冊,武漢大學 1999 年 10 月。

41. 鄭吉雄,〈論宋代,《易》,圖之學及其後之發展〉,《中國文學研究》第一期 1987 年 3 月。

42. 鄭吉雄,〈乾嘉學者經典詮釋的歷史背景與觀念〉,《台大中文學報》第十五期 2001 年 12 月。

43. 鄭吉雄,〈戴震「分限」、「一體」觀念的思想史考察〉,《中國詮釋學》第一輯（濟南：山東大學詮釋學研究中心）2003 年。

44. 劉巍,〈試從科玄論戰看二十年代梁啟超、胡適的戴震研究之異同離合〉,《清華大學思想文化研究所集刊》第二輯 2002 年 3 月。

45. 劉起釪,〈《堯典·羲和章》研究〉,《中國社科院歷史研究所學刊》第二集 2004 年 4 月。

46. 暴鴻昌,〈清代漢學與宋學關係辨析〉,《史學集刊》1992 年第二期。

47. 暴鴻昌,〈乾嘉考據學流派辨析——吳派、皖派說質疑〉,《史學集刊》1992 年第三期。

48. 錢宗範,〈朋友考〉,《中華文史論叢》第八輯。

49. 鮑國順,〈戴東原著作考述〉,《孔孟學報》五九、六〇期。

50. 鮑國順,〈戴震與段玉裁的師弟情誼與學術關係〉,《中山人文學報》1993 年 4 月。

51. 鮑國順,〈戴震與孟荀思想的關係探究〉,《第一屆清代思想與文學研討會》論文。

52. 顧頡剛,〈詩經研究〉,《中國社科院歷史研究所學刊》第二集 2004 年 4 月。

附錄一：戴震經學著述年表

清 帝 紀 元	歲次	西元	東原年歲	事　　　　略
乾隆七年	壬戌	1742	二十	作〈嬴旋車記〉、〈自轉車記〉。
乾隆九年	甲子	1744	二十二	作《籌算》一卷，後增改更名爲《策算》。
乾隆十年	乙丑	1745	二十三	孟冬成《六書論》三卷，辨正諸家說六書之謬誤者。
乾隆十一年	丙寅	1746	二十四	《考工記圖》成，圖後附以己說而無注，至乾隆二十一年丙子重新刪改增注，仍名《考工記圖》，由紀昀刻行。
乾隆十二年	丁卯	1747	二十五	作《轉語》二十章，乃因聲求義之書。
乾隆十四年	己巳	1749	二十七	作《爾雅文字考》十卷，認爲學者治經，宜自《爾雅》始。
乾隆十七年	壬申	1752	三十	著成《屈原賦注》初稿。
乾隆十八年	癸酉	1753	三十一	著成《詩補傳》二十六卷，有〈序〉，乃乾隆年間唯一一部遍注《詩經》之作。 又與江陰是仲明相晤，是仲明欲借閱《詩補傳》，東原辭謝之，並作〈與是仲明論學書〉一文回覆。
乾隆十九年	甲戌	1754	三十二	參與秦蕙田主持之《五禮通考》編修工作，其中「觀象授時」之部分頗多採用東原之意見。
乾隆二十年	乙亥	1755	三十三	作《句股割圜記》、〈周禮太史正歲年解〉、〈周髀北極璿璣四游解〉、〈與方希原書〉等文。 東原與王鳴盛議論《書·堯典》「光被四表」之意，並作〈與王內翰鳳喈書〉答之。 姚鼐欲拜東原爲師，東原作〈與姚孝廉姬傳書〉辭謝之。
乾隆二十二年	丁丑	1757	三十五	作〈大戴禮記目錄後語〉。 《經考》、《經考附錄》作於此年以前。 《毛鄭詩考正》，約作於甲戌至本年之間。
乾隆二十四年	己卯	1759	三十七	作〈書小爾雅後〉、〈鄭學齋記〉、〈春秋究遺序〉。
乾隆二十五年	庚辰	1760	三十八	客揚州，作〈沈處士戴笠圖題詠序〉、〈與盧侍講召弓書〉、〈與任孝廉幼植書〉。 仲春，《屈原賦注》定稿，多付刻。
乾隆二十六年	辛巳	1761	三十九	作〈冉與盧侍講書〉，論校《大戴禮》之事。
乾隆二十七年	壬午	1762	四十	江永去世，卒年八十二，東原作〈江慎修先生事略狀〉紀念表彰之。

乾隆二十八年	癸未	1763	四十一	作〈詩比義述序〉、〈鳳儀書院碑〉、〈書玉篇卷末聲論反紐圖後〉、〈書劉鑑切韻指南後〉、〈顏氏音論跋〉、〈書盧侍講所藏宋本廣韻〉。 《原善》初稿、〈尚書今文古文考〉、〈春秋改元即位考〉三篇,乃本年以前,癸酉、甲戌以後十年內之作。 〈讀易繫辭論性〉、〈讀孟子論性〉、〈法象論〉約爲丁丑至本年之作。 《尚書義考》二卷,約爲壬午、癸未此二年內之作。 《中庸補注》、《大學補注》約作於本年之前。
乾隆三十年	乙酉	1765	四十三	據《水經注》,釐清經、注之混,自定《水經》一卷。 入都過吳,作〈題惠定宇先生授經圖〉,時惠棟過世已八年。
乾隆三十一年	丙戌	1766	四十四	完成《原善》三卷擴大本,作《杲溪詩經補注》二卷。
乾隆三十三年	戊子	1768	四十六	應直隸總督方觀承之聘,往修《直隸河渠書》,校未畢,適方氏卒,書乃未成。
乾隆三十四年	己丑	1769	四十七	修成《汾州府志》三十四卷。 作《聲韻考》四卷、〈古經解鉤沉序〉。又草創《緒言》,欲發狂打破宋儒之《太極圖》。
乾隆三十五年	庚寅	1770	四十八	作〈答朱方伯書〉、〈與曹給事書〉、〈重刊五經文字九經字樣序〉等。
乾隆三十六年	辛卯	1771	四十九	入都會試不第,受汾陽縣事李文起之聘,往修《汾陽縣志》。
乾隆三十七年	壬辰	1772	五十	《緒言》完稿寫定。
乾隆三十九年	甲午	1774	五十二	東原於四庫館校成《水經注》、《九章算術》、《五經算術》,三書均有提要一篇。
乾隆四十年	乙未	1775	五十三	校成《海島算經》、《儀禮識誤》,各有提要一篇。
乾隆四十一年	丙申	1776	五十四	作〈與段玉裁書論韻〉、〈與段玉裁書〉。 完成《孟子字義疏證》,自許爲生平著述最大者。
乾隆四十二年	丁酉	1777	五十五	作〈六書音韻表序〉、〈與段玉裁書〉。 作《方言疏證》、《聲類表》、《水地記》。 校定《周髀算經》、《孫子算經》、《張丘建算經》、《夏侯陽算經》、《五曹算經》、《儀禮釋宮》、《儀禮集釋》、《項氏家說》、《蒙齋中庸講義》、《大戴禮》、《方言》等十一種,皆於四庫館四年內所成,均各有提要一篇。 作〈答彭進士允初書〉,凡五千言。

附　圖

一、「輈」之部件圖（錄自戴震《考工記圖》）

輈

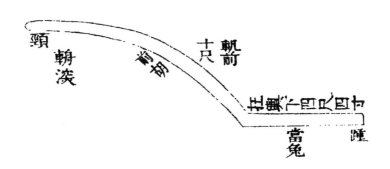

二、「輿」之部件圖（錄自戴震《考工記圖》）

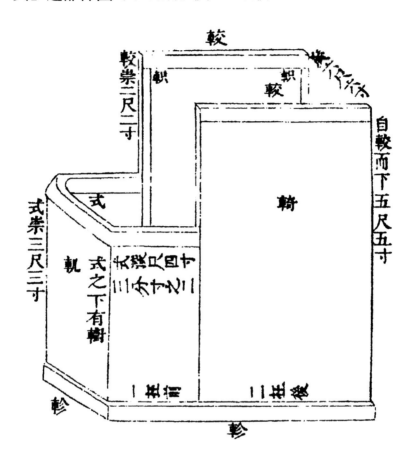

三、戴震推測之古代車輿圖（錄自戴震《考工記圖》）

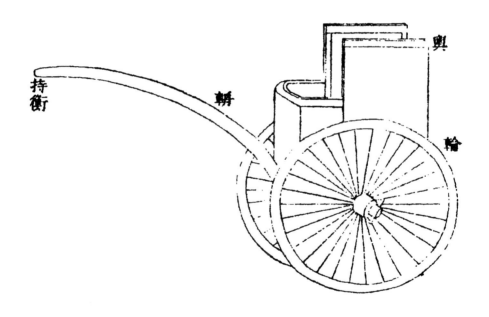

四、古代戰車復原圖（錄自朱鳳瀚《古代中國青銅器》）

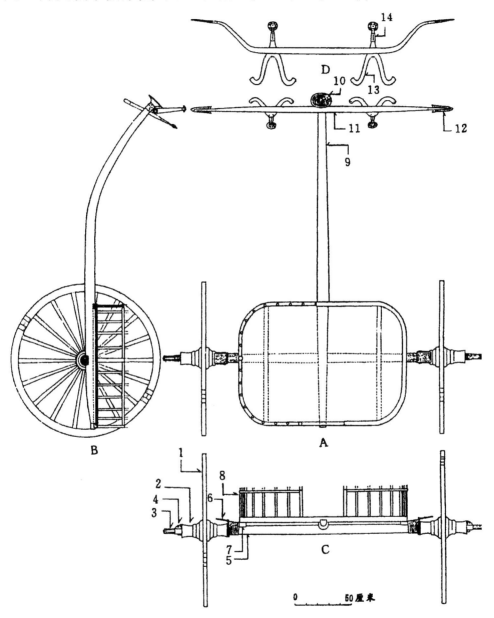

插圖四‧二五　車子構成示意圖（浚縣辛村 M1 出土車之複原）

（A. 府視圖　B. 側視圖　C. 後視圖　D. 衡的正視圖）

1. 輪　2. 轂　3. 軎　4. 轄　5. 軸　6. 軸飾　7. 伏兔　8. 輿

9. 轅　10. 軏　11. 衡　12. 衡末飾　13. 軛　14. 鑾

五、古鐘圖（錄自戴震《考工記圖》）

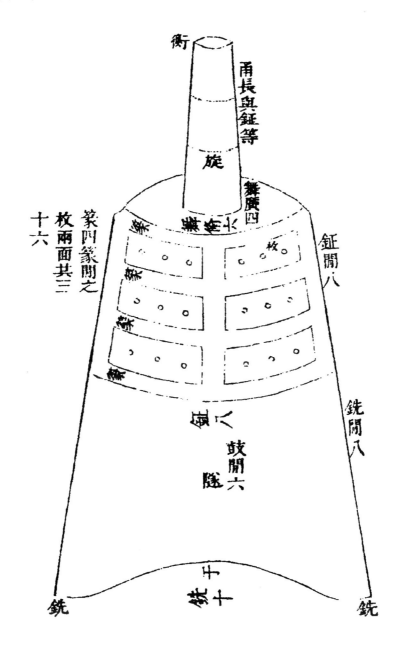

六、戴震推測之古代明堂圖（錄自戴震《考工記圖》）

明堂

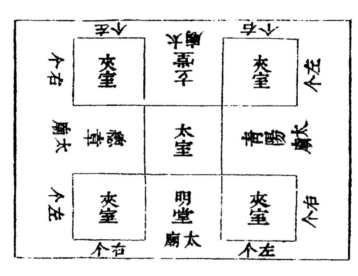

二十四戶四十窗九階與世室同

七、周原出土西周宮殿遺址平面圖（錄自陳全方《周原與周文化》）

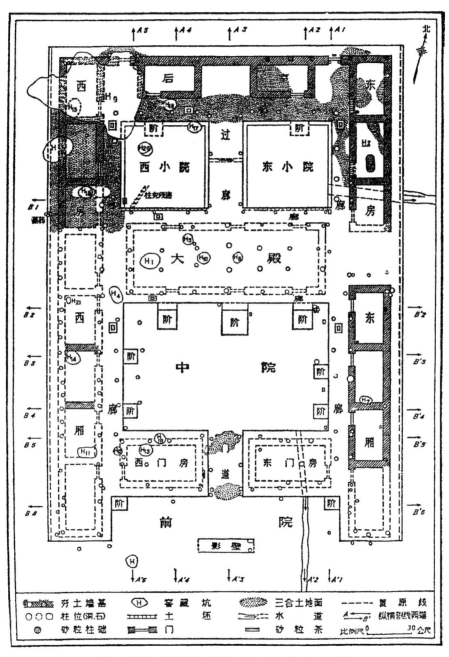

岐山鳳雛西周甲組宮殿（宗廟）基址平面圖

八、深衣圖（錄自戴震《深衣解》）

深衣〔二九〕

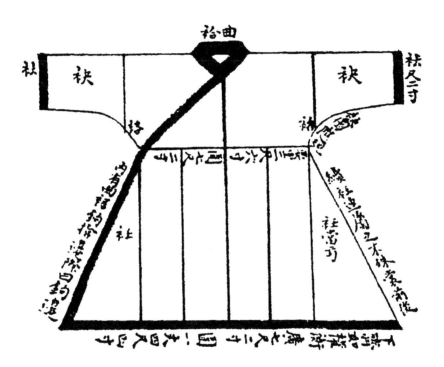

九、策式圖（錄自戴震《策算》）

策式

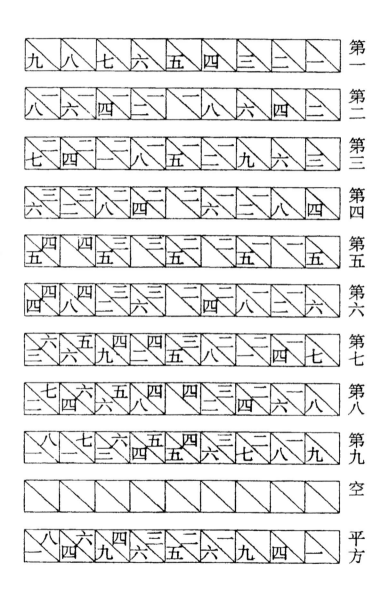

十、《句股割圓記》第五十三、五十四圖（錄自戴震《句股割圓記》）

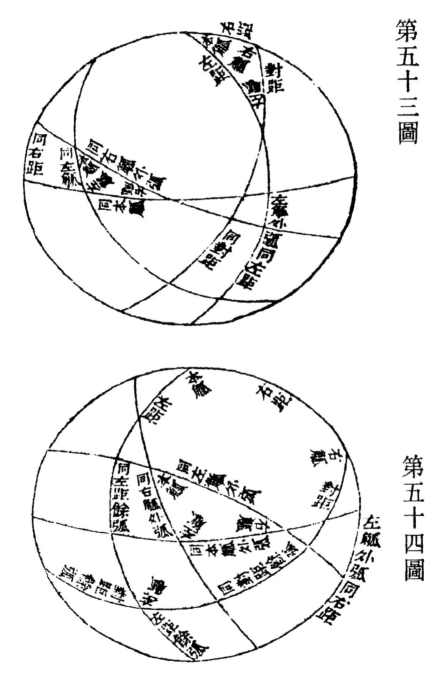

十一、戴震畫像圖 （錄自《戴震全書》）

十二、戴震手稿圖（錄自《戴震全書》）

去冬寄提標中營舍姪處書今年二月廿日
始自杭赴任想亦送到矣茲有信希轉寄
僕足疾已瘉一載不能出戶定于秋初乞假
南旋定定不復出也擬卜居江寧俟居定當開
明以便音問相通吾

兄尚未得實地而素性方正則難與俗諧然
君子斷乎主于中者先來不失己有急迫
無急進也 僕生平論述最大者為孟子字義
疏證一書此正人心之要今人無論正邪盡以
意見誤名之曰理而禍斯民故疏證不得不
作頃未得人抄寄並附致五經算術一部其
九章算術尚未印出順候

連祉馳溯不宣上

若臍賢弟足下

震頓首 四月廿四日

戴震致弟子段玉裁書札手跡

十一、戴震畫像圖 （錄自《戴震全書》）

十二、戴震手稿圖（錄自《戴震全書》）

去冬寄提標中營舍姪處書今年二月廿日
始自杭赴任想亦送到美兹有信希轉寄
傑足疾已瘉一載不能出戶定于秋初乞假
南旋定不復出也擬卜居江寧俟居定當開
明以便音問相通吾
兄尚未得實地而素性方正則難與俗諧然
君子斷乎主于中者先求不失己有急追
無急進也傑生平論述最大者為孟子字義
疏證一書此正人心之要令人無論正邪盡以
意見誤名之曰理而禍斯民故疏證不得不
作頃未得人抄寄兹附致五經算術一部其
九章算術尚未印出順候
連祉馳溯不宣上
若膺賢弟足下
　　　　震頓首　四月廿日

戴震致弟子段玉裁書札手跡